Inhalt

Die Welt und Deutschland von den 1960er- bis zu den 1980er-Jahren

Der Ostblock zerfällt und Deutschland wird wiedervereint

Europa und die Welt nach dem Ost-West-Konflikt

Fächerübergreifende Unterrichtsprojekte*

Grundwissen der Jahrgangsstufen 6 bis 10

Anhang

** Die vom Lehrplan geforderten fächerübergreifenden Unterrichtsprojekte mit Sozialkunde. Die Projekte „Bayerische Ortschaften im Wandel" und „Bürgergesellschaft – Verantwortung für jeden" sind in unserem Sozialkundebuch „Verfassung und politischer Prozess in Deutschland" der Reihe „Politik aktuell" (Best.-Nr. 6861) enthalten.*

Mit diesem Buch erfolgreich lernen

Liebe Schülerinnen und Schüler,

der 5. Band eures Geschichtsbuches schlägt zeitlich und geografisch einen weiten Bogen: Er führt euch von den 1960er-Jahren bis in die Gegenwart und behandelt deutsche, europäische und internationale Themen.

- Auch dieser Band soll eure historische Kompetenz weiter entwickeln. Was das heißt, erläutern wir auf der Umschlaginnenseite vorne im Buch.
- Die Auftaktseiten bieten großformatige Abbildungen und zitieren unter der Überschrift Positionen markante Meldungen und Meinungen. Damit werden Themen und Probleme des folgenden Kapitels angesprochen. Sie laden euch zur kritischen Auseinandersetzung ein.
- Die von uns geschriebenen Texte (die sogenannte *Darstellung*) fassen zusammen, was die Autoren zum jeweiligen Thema erforscht und erarbeitet haben. Alle im Lehrplan genannten Daten und Begriffe sind gelb unterlegt.
  Informative Abbildungen, Internet- und CD-ROM-Tipps ermöglichen es euch, eigene Wege im Umgang mit den Themen zu erproben.
- Anhand der Seiten Mit Material arbeiten könnt ihr euch eigenständig aus wechselnden Perspektiven ein Bild historischer Entwicklungen erarbeiten. Unsere *Arbeitsvorschläge* geben euch vielfältige Anregungen, ihr könnt aber auch neue Fragen stellen und sie mit den *Materialien* beantworten, um mehr denn je herauszufinden, welche historischen Wurzeln aktuelle politische Zustände haben.
- Wie ihr dabei am besten vorgeht, erklären euch unsere Lerntipps auf fortgeschrittenem Niveau. Vorne und hinten in diesem Buch geben wir euch zunächst allgemeine einführende Informationen zu den wichtigsten Arbeitsweisen. Auf weiteren Seiten im Inneren findet ihr konkrete Beispiele, mit denen ihr eure Methodenkompetenz vervollkommnen könnt.
- Die fächerübergreifenden Unterrichtsprojekte bieten euch inhaltlich und methodisch originelle Angebote, mit denen ihr in kreativer Form interessante Themen aus historischer und sozialkundlicher Perspektive erarbeiten könnt.
- Damit ihr nicht den Überblick verliert, findet ihr nach jedem Großkapitel Seiten mit der Frage Was war wichtig? Dort könnt ihr die zentralen Inhalte, Daten und Begriffe wiederholen.
- Das vom Lehrplan festgeschriebene **Grundwissen** (*Daten, Begriffe und Namen*) der Jahrgangsstufen 6 bis 10 erklären wir nochmals am Ende des Buches.
- Die **Stichwort- und Namensregister** (siehe *Wo steht was?* und *Wer steht wo?*) helfen bei der gezielten Suche nach Informationen.
- Die **Lesetipps** am Schluss des Bandes bieten eine Auswahl aktueller und informativer Jugendbücher.

Die Herausgeber wünschen euch viel Freude bei der Arbeit mit diesem Buch – auch im Namen aller, die daran mitgearbeitet haben.

Dieter Brückner und Harald Focke

Die Welt und Deutschland von den 1960er – bis zu den 1980er – Jahren

Positionen

„Wir müssen uns mit der Welt befassen, wie sie ist, und nicht, wie sie hätte sein können [...]. Wir müssen daher in der Suche nach Frieden ausdauernd bleiben, in der Hoffnung, dass konstruktive Veränderungen innerhalb des kommunistischen Blocks Lösungen in Reichweite bringen könnten, die heute noch unerreichbar scheinen. Wir müssen unsere Politik so betreiben, dass es schließlich das eigenste Interesse der Kommunisten wird, einem echten Frieden zuzustimmen."

US-Präsident John F. Kennedy im Juni 1963

„Wir müssen der Gewalt und der Androhung von Gewalt im Verkehr der Staaten entsagen, endgültig und ohne Ausnahme. Das schließt die Unverletzlichkeit bestehender Grenzen notwendig ein. Unantastbarkeit der Grenzen kann jedoch nicht heißen, sie als feindliche Barrieren zu zementieren."

Bundeskanzler Willy Brandt anlässlich der Verleihung des Friedensnobelpreises am 11. Dezember 1971 in Oslo

„In direkter Abhängigkeit von der Macht und dem internationalen Einfluss der sozialistischen Staatengemeinschaft sahen sich führende Kreise in nahezu allen imperialistischen Staaten zum Eingehen auf eine Politik der Entspannung gezwungen. In einem sehr komplizierten Prozess normalisierten sich schrittweise die Beziehungen zwischen sozialistischen und kapitalistischen Staaten."

Zitat aus dem DDR-Lehrbuch „Geschichte" für Klasse 10 von 1983

Ohne Worte.

Zeichnung des amerikanischen Karikaturisten Steve Kelley aus den 1980er-Jahren.

Die Kuba-Krise

1 „Einverstanden, Herr Präsident, wir reden miteinander."
Karikatur aus der britischen Zeitung „Daily Mail" von 1962; Wiederabdruck: „Der Spiegel" vom 7. November 1962. Kremlchef Nikita Chruschtschow und US-Präsident John F. Kennedy. Hinweis: „H" ist das Zeichen für Wasserstoff.
Erörtere die Aussage der Karikatur.

Das Ende der „Politik der Stärke"?

Die Niederschlagung der Aufstände in Polen und Ungarn und die Suez-Krise (1956) hatten – wie schon zuvor der Korea-Krieg (1950-1953) – die Grenzen der amerikanischen Außenpolitik unter den Bedingungen des atomaren Patts gezeigt. Als dann die Sowjetunion 1957 den Vereinigten Staaten mit dem Start des ersten Satelliten *Sputnik* (dt. *Wegbegleiter*) in den Weltraum ihre wissenschaftliche und militärische Ebenbürtigkeit demonstrierte, war die westliche Welt schockiert.
Noch mehr staunte sie im Mai 1961, als der sowjetische Kosmonaut *Juri Gagarin* als erster Mensch die Erde umkreiste. Die Sowjetunion hatte das Zeitalter der bemannten Raumfahrt eröffnet. Erstmals war eine atomare Bedrohung der USA aus dem All durch sowjetische Raketen denkbar. Die amerikanische „Politik der Stärke" war fragwürdig geworden.
Der von der Sowjetunion nach ihrem Weltraumflug verkündete Friedensappell und die Aufforderung, ein Ende des Wettrüstens einzuleiten, beruhigten weder die Amerikaner noch deren Verbündete. Bestätigt sahen sie sich, als die Sowjetunion die „Schwäche" der USA im August 1961 nutzte und die „Berliner Mauer" errichten ließ.
Nach 1961 verlagerten die beiden Atommächte ihre Feindseligkeiten aus dem industrialisierten Mitteleuropa in die politisch zerbrechlichen und armen Staaten Asiens, Afrikas und Südamerikas. Einen Monat nach dem Mauerbau ordnete *John F. Kennedy*, der 1960 zum Präsidenten der USA gewählt worden war, die Verstärkung der amerikanischen Unterstützung Südvietnams an.*

Am Rande des Atomkriegs

Ende Oktober 1962 hielt die Welt den Atem an: Ein atomarer Krieg zwischen der Sowjetunion und den Vereinigten Staaten schien bevorzustehen.
Auf der Karibikinsel Kuba war 1959 die Militärdiktatur durch eine Revolution gestürzt worden. Der neue Regierungschef *Fidel Castro* hatte Enteignungen und Bodenreformen eingeleitet und sowjetische Unterstützung erhalten. Washington befürchtete, dass Kuba zum Vorbild für eine Ausdehnung des Kommunismus in Süd- und Mittelamerika werden würde, und versuchte im April 1961, Castro mithilfe von Exilkubanern zu stürzen. Der Versuch scheiterte. Er stärkte ungewollt das revolutionäre Regime in Havanna und trieb es in die Arme der Sowjetunion. Der sowjetische Regierungschef *Nikita Chruschtschow* überredete den kubanischen Regierungschef, sowjetische Atomraketen zum Schutze der Insel und zur Einschüchterung der USA aufzustellen.
Im Oktober 1962 entdeckten amerikanische Aufklärungsflugzeuge den Bau von Abschussvorrichtungen sowie bereits gelieferte Mittelstreckenraketen auf Kuba. Die US-Regierung, die 1959 atomare Mittelstreckenraketen in Italien und der Türkei zum Schutz Westeuropas stationiert hatte, wollte die atomare Bedrohung vor der eigenen Haustür nicht hinnehmen.
Die Welt erfuhr von den Vorgängen am 22. Oktober durch eine Fernsehansprache Kennedys. Er forderte die Sowjetunion und Kuba auf, die Raketen bedingungslos abzubauen; zugleich gab er eine Seeblockade um Kuba bekannt. Die Lage spitzte sich dramatisch zu, als am 27. Oktober ein amerikanisches Flugzeug über Kuba abgeschossen wurde. Während Kennedy die Streitkräfte mobilisierte und Castro Moskau aufforderte, den atomaren Erstschlag gegen die USA zu riskieren, ordnete Chruschtschow am 28. Oktober den Abbau der Raketen an. Warum?
Während der Verhandlungen zwischen Moskau und Washington hatte der amerikanische Präsident versprochen, keine Gewalt gegen Kuba anzuwenden und Raketenstellungen in der Türkei abzubauen, die den Süden der Sowjetunion bedrohten. Beide Atommächte hatten Zugeständnisse gemacht und damit jeder Seite einen „ehrenvollen" Rückzug ermöglicht.

Entspannung und Wettrüsten

Die Kuba-Krise von 1961/62 hatte den beiden Supermächten deutlich gemacht, wie schnell ein atomarer Krieg ausbrechen könnte. Im Juni 1963 zogen sie daraus Konsequenzen: Zwischen dem Kreml und dem Weißen Haus wurde ein „Heißer Draht", eine direkte Fernschreiberverbindung, eingerichtet. Zwei Monate später unterschrieben die USA, die UdSSR und Großbritannien einen Vertrag über die teilweise Einstellung von Atomwaffenversuchen über der Erde, im Weltraum und unter Wasser (*Atomteststopp-Vertrag*). Der Ost-West-Gegensatz entspannte sich, aber die Rüstungsanstrengungen gingen weiter.

** Zum Krieg in Vietnam siehe Seite 10.*

M 1 „Wir schrecken nicht zurück“

Kennedy erklärt am 22. Oktober 1962 in einer Fernsehansprache:

Diese eilige Verwandlung Kubas in einen bedeutenden strategischen Stützpunkt – durch das Vorhandensein dieser großen, weitreichenden und eindeutig offensiven Waffen für die schlagartige Massenvernichtung – stellt einwandfrei eine Bedrohung des Friedens und der Sicherheit ganz Amerikas [...] dar. [...] Wir werden nicht verfrüht oder unnötigerweise einen weltweiten Kernwaffenkrieg riskieren, bei dem selbst die Früchte des Sieges in unserem Munde zu Asche würden. Aber wir werden vor diesem Risiko auch nicht zurückschrecken, wenn wir ihm gegenüberstehen.

Klaus Schoenthal (Hrsg.), Der neue Kurs. Amerikas Außenpolitik unter Kennedy, München 1964, S. 231 u. 234

M 2 Ein Briefwechsel

Während der Krise kommt es zu einem Briefwechsel zwischen Washington und Moskau. Auf die Vorschläge Chruschtschows vom 26. Oktober antwortet Kennedy einen Tag später:

Wie ich aus Ihrem Schreiben entnehme, sind die Kernpunkte Ihrer Vorschläge, die – so wie ich sie verstehe – im Allgemeinen annehmbar erscheinen, die Folgenden:

1. Sie würden der Beseitigung dieser Waffensysteme auf Kuba unter angemessener Beobachtung und Überwachung der Vereinten Nationen zustimmen und sich unter geeigneten Garantien verpflichten, die weitere Einfuhr solcher Waffen nach Kuba zu stoppen.
2. Wir würden unsererseits nach Ausarbeitung entsprechender Vereinbarungen [...] zustimmen:

a) sofort die jetzt bestehenden Sperrmaßnahmen aufzuheben und

b) Garantien gegen eine Invasion Kubas zu geben. [...]

Chruschtschow schreibt Kennedy am 28. Oktober:

Um den gefährlichen Konflikt schneller zu beseitigen, hat die sowjetische Regierung zur Einstellung der weiteren Arbeiten an den Waffenbaustellen eine neue Anordnung zum Abbau der Waffen und zur Rückführung in die Sowjetunion erlassen. [...]

Ich betrachte mit Achtung und Vertrauen Ihre Erklärung, dass kein Angriff auf Kuba unternommen wird, dass keine Invasion stattfinden wird, nicht nur vonseiten der USA, sondern auch vonseiten anderer Länder der westlichen Welthälfte. [...] In Anbetracht dessen sind die Motive, die uns veranlassten, Kuba Hilfe dieser Natur zu gewähren, nicht länger wirksam.

Archiv der Gegenwart 32 (1962), S. 10200 f.

M 3 Reichweite der sowjetischen Atomraketen auf Kuba.

M 4 Reichweite der amerikanischen Atomraketen in der Türkei.

→Filmtipp: Der amerikanische Regisseur Roger Donaldson stellt die Kuba-Krise in dem Film „Thirteen Days“ (2000) als Polit-Thriller dar.

M 5 „Was für eine Unverschämtheit, mir Raketen vor die Haustür zu stellen!“

Zeichnung aus dem „Evening Standard“; Wiederabdruck: „Der Spiegel“ vom 31. Oktober 1962.

1. *Erläutere mit der Darstellung und den Materialien (M 1 bis M 5) die Bedeutung der Kuba-Krise für*
   - *Kubas Sicherheit,*
   - *die UdSSR als Weltmacht,*
   - *die USA und die internationale Politik.*
2. *Untersuche den Briefwechsel (M 2). Nenne die Stellen, die Kompromissbereitschaft und Entspannung andeuten.*

1 Vietnam und die Nachbarstaaten während des Vietnam-Krieges.

Der Krieg in Vietnam

Der amerikanische Albtraum

Lyndon B. Johnson, der nach der Ermordung Kennedys 1963 das Präsidentenamt übernahm, war wie seine Vorgänger von der Aufgabe der USA überzeugt, den Vormarsch des Kommunismus zurückdrängen zu müssen. Ihre Haltung rechtfertigten die Amerikaner mit der *Domino-Theorie* von Präsident *Dwight D. Eisenhower* von 1954, wonach der Fall eines Dominosteines (Staates) zum Fall aller Steine führen würde. Anders ausgedrückt: Die USA wollten verhindern, dass sich von Vietnam aus weitere kommunistische Regime über ganz Südostasien ausbreiteten. Diese Einstellung ließ in Fernost aus dem „kalten" einen „heißen" Krieg entstehen, der zum Albtraum der Amerikaner wurde.

Ein „Stellvertreterkrieg"?

Vietnam war lange Zeit französische Kolonie gewesen und während des Zweiten Weltkrieges von Japan besetzt worden. Nach der Kapitulation Japans rief *Ho Chi Minh*, der Führer der „Front für den Kampf um die Unabhängigkeit Vietnams" (*Viet Minh*), am 2. September 1945 die *Demokratische Republik Vietnam* aus. Als 1946 die Franzosen das zwischen Anhängern und Gegnern Ho Chi Minhs zerstrittene Land wieder zur Kolonie machen wollten, brach der erste *Indochina-Krieg* aus. Er geriet in den Sog des Ost-West-Gegensatzes. Während die Viet Minh von der Sowjetunion und der Volksrepublik China unterstützt wurden, stand Frankreich den Gegnern Ho Chi Minhs bei. Die französischen Truppen unterlagen in dem Dschungelkrieg. Vietnam wurde von den Großmächten auf der *Genfer Indochina-Konferenz* 1954 entlang des 17. Breitengrades geteilt. Die USA übernahmen den Schutz Südvietnams und unterstützten das dortige diktatorische Regime. Die UdSSR und die Volksrepublik China unterstützten Nordvietnam.

Einstieg mit Beratern

Aufstände der Vietcong (*Nationale Front zur Befreiung Südvietnams*) sowie Übergriffe Nordvietnams steigerten das Engagement der USA. Im November 1963 standen 16000 amerikanische „Militärberater" in Südvietnam. Aus begrenzten Konflikten war ein gesamtvietnamesischer Krieg geworden. Als die südvietnamesischen Regierungstruppen schwere Niederlagen erlitten, ermächtigte der amerikanische Kongress Präsident Lyndon B. Johnson 1964, Nordvietnam bombardieren zu lassen. Ein Jahr später griffen erstmals amerikanische Bodentruppen in den Krieg ein. 1967 kämpften rund 550000 amerikanische Soldaten in Vietnam, darunter Wehrpflichtige. Trotzdem gelang es den Amerikanern nicht, den Dschungel- und Partisanenkrieg zu gewinnen.

Der Rückzug

Im Mai 1968, also noch unter Johnson, wurden in Paris Friedensverhandlungen aufgenommen. Ende 1968 fanden in den USA Präsidentenwahlen statt. Angesichts der Proteste gegen den Krieg war klar, dass nur ein Politiker gewinnen würde, der das schnelle Ende des *Vietnam-Krieges* versprach. Die Amerikaner wählten deshalb *Richard Nixon*. Er versprach die „Vietnamisierung" des Krieges, reduzierte die amerikanischen Bodentruppen und rüstete die südvietnamesische Regierung mit modernsten Waffen aus. Die Bombardierung Nordvietnams ging weiter. Erst als 1973 ein Waffenstillstand zwischen den USA und Nordvietnam geschlossen wurde, verließen die letzten Amerikaner Vietnam. Der Krieg endete am 30. April 1975 mit der Kapitulation Südvietnams nach einer Großoffensive der Vietcong und Nordvietnams.
In dem Krieg starben nach amerikanischen Angaben zwischen 1961 und 1972 über 1,1 Millionen Soldaten (davon 58 000 Amerikaner). Die Zahl der Opfer unter der Zivilbevölkerung in Nord- und Südvietnam wird auf 1,5 bis drei Millionen geschätzt.

M 1 „Warum sind wir in Südvietnam?“

Der amerikanische Präsident Johnson spricht am 7. April 1965 über „Friedensmöglichkeiten in Südostasien“; zum Einsatz in Vietnam sagt er:

Warum sind wir in Südvietnam? [...] Wir sind dort, weil wir ein Versprechen zu halten haben. Seit 1954 hat jeder amerikanische Präsident dem Volk von Südvietnam Hilfe angeboten. Wir haben geholfen aufzubauen, wir haben geholfen zu verteidigen. Durch viele Jahre hindurch haben wir versprochen, Südvietnams Unabhängigkeit verteidigen zu helfen. Und ich beabsichtige, dieses nationale Versprechen zu halten. Das Versprechen zu missachten, die kleine tapfere Nation ihren Feinden und dem dann folgenden Terror preiszugeben, wäre ein unverzeihlicher Fehler.

Wir sind auch dort, um die Weltordnung zu stärken. Rund um die Erde, von Berlin bis Thailand, leben Völker, deren Wohlergehen zum Teil auf dem Glauben beruht, dass sie auf uns zählen können, wenn sie auch angegriffen würden. Vietnam seinem Schicksal zu überlassen, würde das Vertrauen aller dieser Völker in den Wert einer amerikanischen Verpflichtung und den Wert von Amerikas Wort erschüttern. [...]

Die wichtigste Lehre unserer Zeit ist, dass der Appetit der Aggression niemals befriedigt ist. Rückzug von einem Schlachtfeld bedeutet nur Vorbereitung des nächsten. [...] Es gibt Leute, die sich fragen, warum wir dort Verantwortung tragen. Nun, wir haben dort aus demselben Grund Verantwortung wie in Europa. Im Zweiten Weltkrieg kämpften wir sowohl in Europa als auch in Asien, und als er endete, fanden wir uns in fortdauernder Verantwortung für die Verteidigung der Freiheit.

Helmut Krause und Karlheinz Reif (Bearb.), Die Welt seit 1945. Geschichte in Quellen, München 1980, S. 601 f.

M 2 Ho Chi Minh fordert

Ho Chi Minh, der Präsident des kommunistischen Nordvietnam (Demokratische Republik Vietnam), antwortet am 13. Februar 1967 auf einen Friedensappell des Papstes:

Sie [die Amerikaner] haben die furchtbarsten Waffen wie Napalm, chemische Produkte und toxische* Gase benutzt, um unsere Landsleute zu töten und unsere Dörfer, Pagoden**, Kirchen, Krankenhäuser und Schulen niederzubrennen. [...]

Um seine Unabhängigkeit und seinen Frieden zu verteidigen, kämpft das vietnamesische Volk entschlossen gegen die Aggressoren. Sie vertrauen darauf, dass die Gerechtigkeit triumphieren wird. Die US-Imperialisten müssen ihre Aggression gegen Vietnam beenden, bedingungslos und endgültig der Bombardierung und allen anderen Kriegshandlungen gegen die Demokratische Republik von Vietnam ein Ende setzen, von Südvietnam alle [...] Truppen zurückziehen, die Nationale Front zur Befreiung Südvietnams anerkennen und das vietnamesische Volk seine Angelegenheiten selbst bestimmen lassen. Nur unter solchen Bedingungen kann der Friede in Vietnam wiederhergestellt werden.

Helmut Krause und Karlheinz Reif (Bearb.), Die Welt seit 1945, a. a. O., S. 602

* **toxisch**: *giftig*
** **Pagode**: *Tempel*

M 3 „Execution ...“

Foto von Eddie Adams vom 1. Februar 1968. Die Aufnahme wurde am 2. Februar 1968 erstmals in der „New York Times“ mit folgender Bildunterschrift veröffentlicht: „Execution: Brig. Gen. Nguyen Ngoc Loan, South Vietnam's national police chief kills the prisoner with a single round from his revolver. The prisoner's face shows the impact of the bullet. He had been turned over to General Loan after his capture.“

Für die Veröffentlichung wurde das Foto rechts und links beschnitten (siehe Linien). Erörtert, wie dadurch die Wirkung verändert wurde. Lerntipp

1. *Erarbeite aus Johnsons Rede die außenpolitischen Grundsätze seiner Regierung (M 1).*
2. *Überlege, warum die USA in Vietnam, aber nicht in Berlin militärisch eingriffen.*
3. *Stelle die Vorwürfe, die Ho Chi Minh gegenüber den USA erhebt, in Thesen zusammen (M 2).*
4. *Untersucht die Kuba-Krise (siehe Seite 8 f.) und den Vietnam-Krieg und diskutiert,*
   - *inwiefern die Konflikte charakteristisch für den „Kalten Krieg“ waren,*
   - *wieso die Kuba-Krise glimpflich beigelegt wurde, der Vietnam-Krieg aber nicht.*

Die Ära Breschnew in der UdSSR

1 Anschlag aus Prag von 1968.

Bestimme die Aussage der beiden Bilder.

Moskau und der „Prager Frühling"

In der Sowjetunion nahm die Zahl der Gegner Chruschtschows nach der Kuba-Krise zu. Im Oktober 1964 wurde er gestürzt. An seine Stelle trat für die folgenden 18 Jahre *Leonid I. Breschnew*. Er kehrte teilweise zu stalinistischen Methoden zurück. Ausdruck dafür wurde die Niederschlagung des *Prager Frühlings*.

Im Januar 1968 war in Prag die reformfeindliche Regierung gestürzt und *Alexander Dubček* in geheimer Wahl zum neuen KP-Chef gewählt worden. Er versuchte, in der CSSR einen „Sozialismus mit menschlichem Antlitz" einzuführen, befürwortete eine Trennung von Partei und Regierung, verzichtete auf die festgelegte Führungsrolle der Partei im Staat, lockerte die Zensur und verkündete ein Recht auf Auslandsreisen. Parallel zur Diskussion über eine weitere Demokratisierung des Landes wurde ein behutsames Abrücken von der Planwirtschaft eingeleitet und eine Öffnung nach Westen ausgelotet.

Panzer stoppen Reformen

Die Sowjetunion und die anderen Ostblockstaaten, darunter die DDR, lehnten Dubčeks Reformkurs ab. Am 21. August 1968 besetzten sowjetische und polnische Truppen des Warschauer Paktes (650 000 Mann) die CSSR. Auf den Einsatz der *Nationalen Volksarmee* der DDR hatte Moskau verzichtet, obwohl die Truppen bereits mobilisiert worden waren.

Als Grund für den Einmarsch wurde ein „Hilferuf" anonymer „Persönlichkeiten der Partei und des Staates" genannt. In Wirklichkeit stand dahinter die *Breschnew-Doktrin*. Die von dem Generalsekretär der KPdSU verkündete Lehre verbot jedem Mitglied der kommunistischen Staatengemeinschaft, „vom Weg des Sozialismus" abzuweichen.

Die Truppen stießen bis auf wenige Ausnahmen auf einen gewaltlosen Widerstand. Die Sowjetunion war gezwungen, mit den verhafteten, verschleppten und misshandelten Prager Reformpolitikern zu verhandeln.

Schließlich konnten die Sowjets *Gustáv Husák* zum neuen KP-Chef machen. Er war in der stalinistischen Ära selbst eingekerkert gewesen und besaß in der Bevölkerung Vertrauen. Unter ihm wurden aber alle Reformpolitiker aus der Partei ausgeschlossen. Die Opposition konnte nur noch aus dem Untergrund weiterarbeiten. Viele Tschechen verließen ihre Heimat und gingen ins Exil.

Rückschritte statt Fortschritte

Außenpolitisch führte Breschnew die begonnene Entspannungspolitik weiter. Er nutzte sie aber nicht für die Senkung der Rüstungsausgaben und eine Verbesserung des Lebensstandards der Bevölkerung. Stattdessen wurden Kritiker wieder – wenn auch nicht so häufig wie zu Zeiten Stalins – mit gesellschaftlicher Ausgrenzung, Gefängnis, Verbannung, Einweisung in psychiatrische Kliniken oder auch durch Ausweisungen und Ausbürgerungen zum Schweigen gebracht. Beispiele für diese Politik sind der Literaturnobelpreisträger *Alexander I. Solschenizyn* und der Atomphysiker und Friedensnobelpreisträger *Andrei D. Sacharow*: Solschenizyn wurde 1974 ausgebürgert und Sacharow 1980 aus Moskau in die Provinz verbannt.

Einmarsch in Afghanistan

Trotz Entspannungspolitik bemühte sich die Sowjetunion, ihre Einflusszonen auszubauen – vor allem in Afrika, im Fernen und im Mittleren Osten.

Das nach dem Sturz der Monarchie (1973) von bürgerkriegsähnlichen Konflikten heimgesuchte Afghanistan wurde Ziel der sowjetischen Politik. Ende Dezember 1979 marschierten, unter Berufung auf einen 1978 abgeschlossenen sowjetisch-afghanischen *Vertrag über gegenseitige Hilfeleistung und Freundschaft*, sowjetische Truppen in Afghanistan ein. Moskau wollte damit die Macht einer im Lande umstrittenen prosowjetischen Führungsgruppe sicherstellen.

Die Rote Armee verstrickte sich – wie die Amerikaner zuvor in Vietnam – in einen militärisch nicht zu lösenden Konflikt. Afghanische Soldaten liefen zu den Widerstandsgruppen über. Diese erhielten in ihrem Kampf gegen die sowjetischen Truppen von den USA und Pakistan Waffenhilfe.

Der Einmarsch in Afghanistan führte sowohl zu einer neuen Phase der Ost-West-Konfrontation* als auch zu einer Verschärfung der bereits bestehenden inneren Probleme.**

Auch nach Breschnews Tod (1982) änderte sich in der sowjetischen Politik kaum etwas. Seine Nachfolger brachten nicht die Kraft auf, den Krieg in Afghanistan zu beenden und wirkungsvolle Maßnahmen gegen den sozialen, wirtschaftlichen und ökologischen Verfall im eigenen Land einzuleiten.

*Lies dazu Seite 48.
**Siehe Seite 50.

M 1 Aus dem Manifest der zweitausend Worte

Im Juni 1968 erscheint auf Anregung von Wissenschaftlern ein Aufruf, der sich „an die Arbeiter, Bauern, Angestellten, Künstler, Wissenschaftler, Techniker und an alle“ richtet. Er beeinflusst die Diskussion um die Demokratisierung der CSSR maßgeblich.

Die Kommunistische Partei, die nach dem Krieg das große Vertrauen der Menschen genoss, tauschte dieses Vertrauen allmählich gegen Ämter ein. […] Die Tätigkeit des Staates und der Wirtschaftsorganisationen unterlagen keiner Kritik. Das Parlament verlernte zu beraten, die Regierung zu regieren und die Direktoren zu leiten. Die Wahlen hatten keine Bedeutung; die Gesetze verloren ihr Gewicht. […] Die persönliche und die gemeinsame Ehre verfiel. Ehrlich währte nicht am längsten, und von irgendeiner Bewertung nach Fähigkeiten konnte nicht die Rede sein. Darum verloren die meisten Leute das Interesse für öffentliche Dinge und kümmerten sich nur um sich selbst und ums Geld […].
Für den heutigen Zustand sind wir alle verantwortlich; mehr jedoch die Kommunisten unter uns. Die Hauptverantwortung aber tragen jene, die Teilhaber oder Instrument der unkontrollierten Macht waren. Es war dies die Macht einer starrsinnigen Gruppe, die ihren Einfluss mithilfe des Parteiapparates von Prag aus bis in jeden Bezirk und in jede Gemeinde ausdehnte. […] Der große Betrug dieser Herrschsüchtigen war es, dass sie ihre Willkür für den Willen der Arbeiterschaft ausgaben. […] Kein vernünftiger Mensch wird selbstverständlich an eine solche Schuld der Arbeiterschaft glauben. Wir alle wissen, insbesondere jeder Arbeiter, dass die Arbeiterschaft praktisch über nichts entscheiden konnte. Während viele Arbeiter meinten, sie regierten, regierte in ihrem Namen eine eigens erzogene Schicht von Funktionären des Partei- und Staatsapparats. Diese nahm faktisch den Platz der gestürzten Klasse ein und wurde selber zur neuen Obrigkeit.

Otfried Pustejovsky, In Prag kein Fenstersturz, München 1968, S. 128ff.

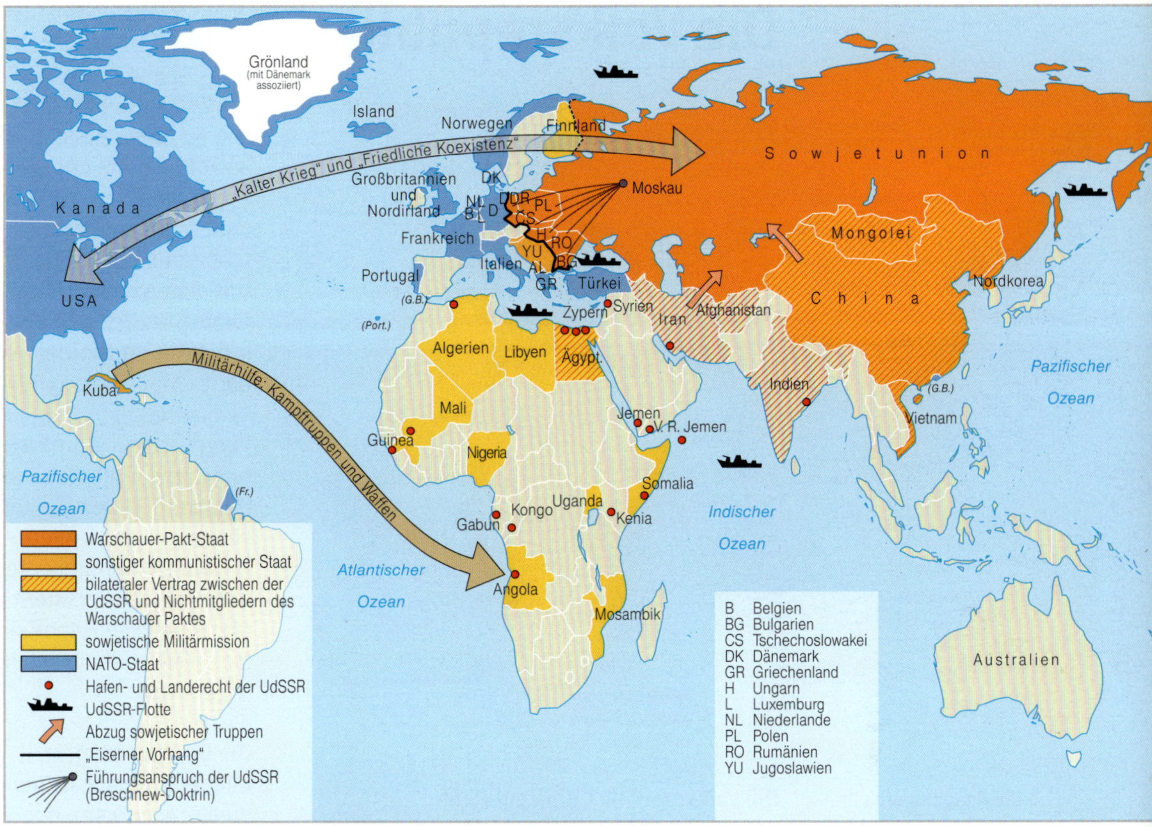

M 2 Die sowjetische Außenpolitik der 1960er- und 1970er-Jahre.

M 3 Aus der Breschnew-Doktrin

Unter Leitung des sowjetischen Staats- und Parteichefs Breschnew verfassen die Führungspolitiker Bulgariens, Ungarns, der DDR und Polens am 15. Juli 1968 einen Brief an die KP-Führung der CSSR, in dem erstmals die „Breschnew-Doktrin“ formuliert wird. In dem Brief heißt es:

Wir können […] nicht damit einverstanden sein, dass feindliche Kräfte Ihr Land vom Weg des Sozialismus stoßen und die Gefahr einer Lostrennung der Tschechoslowakei von der sozialistischen Gemeinschaft heraufbeschwören. Das sind nicht mehr nur Ihre Angelegenheiten. Das sind die gemeinsamen Angelegenheiten aller kommunistischen und Arbeiterparteien und aller durch Bündnis, durch Zusammenarbeit und Freundschaft vereinten Staaten.

Boris Meissner, Die „Breshnew-Doktrin“, Köln 1969, S. 47 f.

1. *Bestimme die Vorwürfe, die das Manifest (M 1) enthält.*
2. *Inwiefern leitete die Breschnew-Doktrin einen neuen Abschnitt im Verhältnis der UdSSR zu ihren „Satellitenstaaten“ ein (M 2 und M 3)?*

Die Volksrepublik China

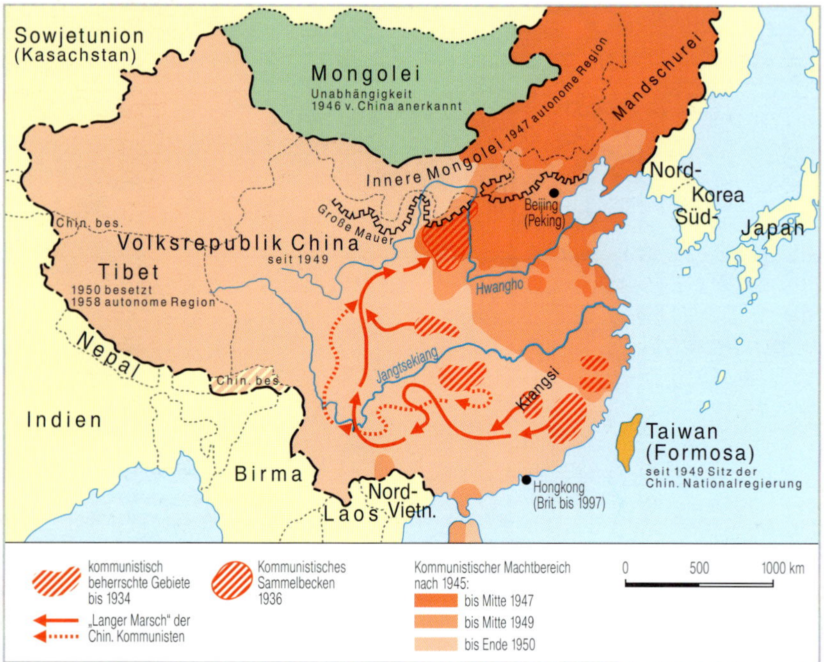

1 Die Kommunisten breiten sich aus.

Im Herbst 1934 zwang die Nationale Volkspartei die Kommunisten zum „Langen Marsch" in den Norden Chinas. Von den rund 100 000 Teilnehmern erreichten nach rund 12 000 km nur 7 bis 8 000 das Ziel. In den nordchinesischen Bergtälern verwirklichte Mao Zedong sein Ideal eines kommunistischen Staates zuerst.

Die Volksrepublik China entsteht

Noch vor dem Ersten Weltkrieg war aus dem chinesischen Kaiserreich eine Republik geworden. Doch

- die extrem ungleichen Besitzverhältnisse auf dem Lande,
- der Kampf um die nationale Unabhängigkeit und
- der Konflikt zwischen der *Nationalen Volkspartei* und der von Russland bzw. der Sowjetunion unterstützten *Kommunistischen Partei Chinas* (*KPCh*)

ließen das Land nicht zur Ruhe kommen. In dem Bürgerkrieg setzte sich *Mao Zedong* als Führer der verarmten Bauern durch. 1931 wurde er Vorsitzender 1921 gegründeten KPCh. Während des Bürgerkrieges begann er, in Nordchina einen kommunistischen Staat zu errichten.

Nach der Befreiung von der japanischen Fremdherrschaft und dem Ende des Zweiten Weltkrieges schaffte es Mao Zedong mit sowjetischer Unterstützung, das ganze chinesische Festland für sich zu gewinnen. Die von den USA unterstützte kommunistenfeindliche chinesische „Nationalregierung" floh mit ihren Anhängern nach Taiwan (Formosa) und gründete dort die *Republik China*. Sie beanspruchte die Führung über ganz China, auch über die am 1. Oktober 1949 von Mao Zedong ausgerufene kommunistische *Volksrepublik China*.

Die Volksrepublik setzt sich durch

Für die Kommunisten war die Machtübernahme sowohl ein Akt der Entkolonialisierung als auch eine Revolution. Westliche Unternehmen kamen unter Staatsaufsicht. Sie wurden zur Aufgabe ihrer Betriebe gezwungen.

Um die sozialen und wirtschaftlichen Veränderungen rasch durchzusetzen, wurden Regierung, Industrie und Partei von alten Kräften „gesäubert". Mao Zedong organisierte mehrere Massenkampagnen gegen Korruption, Bestechung, Vergeudung, Bürokratismus, Steuerhinterziehung und Diebstahl von Staatseigentum usw. Damit eröffneten die Kommunisten eine Art Klassenkampf, in dessen Verlauf kleine und große Privatunternehmer enteignet und Millionen Bürger zum Tode verurteilt wurden. Am Ende waren die alten gesellschaftstragenden Schichten entmachtet und die Mitglieder der KPCh an ihre Stelle getreten.

Die Bodenreform

Mit der Entmachtung der alten Eliten begannen die Kommunisten mit der größten Bodenreform der Geschichte. Sie stellten die Großgrundbesitzer vor „Volksgerichte" und klagten sie als Ausbeuter an. Ihr Besitz wurde beschlagnahmt und an die besitzlosen Landarbeiter und armen Bauern verteilt: 43 Prozent der gesamten Fläche wechselten ihren Besitzer. Fünf Millionen Menschen verloren ihr Leben.

Mit der Bodenreform setzte die Kollektivierung der Landwirtschaft ein. Zunächst wurden die Bauern zur gegenseitigen Hilfe in Gruppen eingeteilt, dann landwirtschaftliche Produktionsgenossenschaften gebildet und diese zum Schluss wiederum zu größeren Einheiten zusammengefasst. Ende 1956 war China kollektiviert. Aus selbstständigen Bauern waren Lohnabhängige geworden.

„Der große Sprung nach vorn"

Bereits unter der „Nationalregierung" waren zwei Drittel der Industriebetriebe enteignet worden. Die Kommunisten setzten die Verstaatlichung fort und übernahmen ausländische Unternehmen. Mit finanzieller und technischer Hilfe der Sowjetunion hofften sie, China mittels Planwirtschaft bald in einen Industriestaat umwandeln zu können.

Der erste Fünfjahresplan (1953-1957) begünstigte nach sowjetischem Vorbild die Schwerindustrie auf Kosten der Landwirtschaft. Statt aufwändiger Riesenbetriebe wurden zahlreiche kleine

Produktionsstätten eingerichtet, um viele Menschen zu beschäftigen und wenig Geld in teure Technik investieren zu müssen.
Begleitet wurde der Umbau der gesamten Wirtschaft von der Kampagne *Der große Sprung nach vorn*. Die arbeitsfähige Bevölkerung fasste man in „Produktionsarmeen" und „Volkskommunen" zusammen. Familienverbände wurden aufgelöst, Männer und Frauen in Großkantinen verpflegt und Kinder und Alte in Heimen versorgt. Jegliches Privateigentum sollte abgeschafft werden. Doch der Umbau der Wirtschaft scheiterte. Er führte zur größten von Menschen verursachten Hungersnot aller Zeiten mit bis zu 46 Mio. Toten.

Die „Kulturrevolution"

Von 1961 bis 1965 bestimmten gemäßigtere Kreise in der KPCh die Politik. Wirtschaftliche Zwänge wurden aufgehoben und materielle Anreize geschaffen. Für Mao Zedong und seine Anhänger bedeutete dies eine Rückkehr zum Kapitalismus. Sie leiteten daraufhin Ende 1965 die *Große Proletarische Kulturrevolution* ein. Sie wurde im April 1969 offiziell beendet, dauerte auf dem Lande aber bis 1976.
Die „Kulurrevolution" wandte sich gegen die „Machthaber auf dem kapitalistischen Weg". Mit der Armee und mit Unterstützung der Schüler und Studenten, die sich in „Roten Garden" organisierten, setzte ein Angriff gegen die „Alten Vier" ein: gegen alte Ideen, alte Kultur, alte Bräuche und alte Gewohnheiten. Kein Bereich des öffentlichen und privaten Lebens blieb verschont. Etwa 500 Mio. Menschen waren Opfer der „Kulturrevolution". Hunderttausende kamen ums Leben und unersetzbare Zeugnisse der altchinesischen Kultur gingen dabei verloren.

Annäherung an den Westen

In den 1960er-Jahren kam es zum Bruch der bis dahin guten Beziehungen zur Sowjetunion, weil

- die UdSSR sich weigerte, der Volksrepublik Gebiete zurückzugeben, die China im 19. Jh. an das zaristische Russland hatte abtreten müssen,
- die Sowjetunion den Chinesen nicht beim Bau einer Atombombe halfen und
- die KPCh den ideologischen Führungsanspruch der KPdSU nicht mehr akzeptierte.

Als dann während der „Kulturrevolution" viele westliche Staaten wegen fremdenfeindlicher Aktionen ihre Diplomaten zurückzogen, schien es, als würde sich das kommunistische China völlig isolieren. Doch schon Ende der 1960er-Jahre änderte die Staatsführung ihre Beziehungen zu den USA. Diese hatten bis dahin als „Hauptfeind der Nation" gegolten. Ziel war es, die außenpolitische Isolation zu überwinden, um die technologischen und wirtschaftlichen Errungenschaften der westlichen Länder zu nutzen. Außerdem erhoffte man sich eine stärkere Stellung gegenüber der Sowjetunion.
Der „Durchbruch nach Westen" gelang 1971: Die Volksrepublik China wurde Mitglied der UNO und die Republik China (Taiwan) aus der Weltorganisation ausgeschlossen.
Danach wurden die Weichen für eine intensive wirtschaftliche und technische Zusammenarbeit mit den USA, Japan und Westeuropa gestellt. Dazu zählte, dass seit Ende der 1970er-Jahre immer mehr Chinesen im Westen studieren und Touristen nach China reisen durften.

China nach Mao

Parallel zum außenpolitischen Kurswechsel begann ein innenpolitischer Reformkurs. Ministerpräsident *Zhou Enlai* regte 1975 Modernisierungen in Landwirtschaft, Industrie, Verteidigung und Wissenschaft bzw. Technik an.
1976 starben der „Große Vorsitzende" Mao Zedong und Zhou Enlai. Im Machtkampf um die Führung des Landes setzte sich *Deng Xiaoping* durch. Er beendete Maos Politik der permanenten Revolution und führte die vier Modernisierungen von 1975 fort. Dazu leitete er den Umbau der zentralistischen Planwirtschaft in eine staatlich kontrollierte Marktwirtschaft ein. Leistung und Gewinn wurden zum Maßstab der Wirtschaftspolitik. Die Volkskommunen wurden aufgelöst, die Staatsindustrie reformiert, Privatunternehmer akzeptiert und Sonderwirtschaftszonen gebildet, die ausländische Investoren mit steuerlichen Vorteilen und Planungsfreiheit lockten. Darüber hinaus wurden – um den wirtschaftlichen Aufschwung nicht durch das Bevölkerungswachstum zu gefährden – 1979 Vorschriften für die *Ein-Kind-Familie* verkündet; sie sahen Abtreibungen bei ungenehmigten Schwangerschaften vor. Der „Umbau" zeigte auch weitere Schattenseiten: Erstmals wurden Menschen arbeitslos, Wirtschaftskriminalität, Korruption, Drogenkonsum und Prostitution breiteten sich aus. Dazu kam das Verlangen nationaler Minderheiten nach mehr kultureller und nationaler Selbstständigkeit.

2 US-Präsident Nixon besucht Parteichef Mao Zedong.
Foto aus Peking vom 21. Februar 1972.
Für die Weltöffentlichkeit überraschend besuchte Richard Nixon vom 21. bis 24. Februar die Volksrepublik China. Am letzten Tag verkündete er: „Diese Woche hat die Welt verändert."
Überlege, was er damit gemeint haben kann.

3 Widerstand in Peking.
Foto von Stuart Franklin vom 4. Juni 1989 (Ausschnitt). Das Foto wurde vom Balkon des Hotels „Beijing" aufgenommen, in dem die Journalisten festgehalten wurden.
Der Fotograf berichtete später: „Mit eigenen Augen habe ich gesehen, wie die Soldaten auf unbewaffnete Studenten schossen. Ich war wahnsinnig frustriert, dass ich nicht näher rankonnte, um das mit der Kamera zu dokumentieren. Dann verließen die Panzer den Platz. In diesem Moment bemerkte ich einen jungen Mann, der sich vor die Kolonne stellte. Mindestens ein Viertelstunde lang diskutierte er mit den Panzerführern. Das war unglaublich mutig, ein äußerst dramatischer Moment. Man rechnete jeden Moment damit, dass ihn die Panzer überrollen würden. [...] Schließlich haben Demonstranten den Unbekannten geholt, und er verschwand in der Menge."
Marie-Monique Robin, die Fotos des Jahrhunderts, Köln 1999, S. 88f.

Ruf nach Demokratie
Die Einheit des Reiches und die Alleinherrschaft der KPCh ließ Deng Xiaoping nicht infrage stellen. Dies zeigte seine Haltung zur Demokratiebewegung, die nach der wirtschaftlichen Liberalisierung entstanden war. Ihre Wortführer waren Studenten und jüngere Wissenschaftler. Sie forderten
- Rede-, Presse- und Versammlungsfreiheit,
- Kontrolle der öffentlichen Amtsinhaber,
- Demokratie nach westlichem Vorbild mit mehreren Parteien und
- Rechtssicherheit.

Die Staats- und Parteiführung ging auf die Forderungen nicht ein und verfolgte alle, die öffentlich gegen die Diktatur der Partei vorgingen. Sie verwies darauf, dass in der kommunistischen Gesellschaft die individuellen Menschenrechte der Bürger nicht über den Interessen des Staates und der Gesellschaft stehen dürften. Dabei behielt sich die KPCh vor, zu entscheiden, was Staats- und was Gesellschaftsinteressen sind.

Panzer statt Reformen
Die Gegner der amtlichen Politik versuchten, mit Demonstrationen Veränderungen herbeizuführen. Sie wurden unterdrückt. Als im Mai 1989 der sowjetische Staatschef *Michail S. Gorbatschow* Peking besuchte und damit das Ende der fast drei Jahrzehnte dauernden Konflikte zwischen den beiden kommunistischen Staaten einleitete, war das für viele chinesische Oppositionelle ein Hoffnungszeichen. Auch in China sollten Reformen demokratische Verhältnisse schaffen.
Während des Besuchs Gorbatschows demonstrierten in Peking rund eine Million Menschen friedlich für mehr Demokratie. Die Proteste weiteten sich trotz Drohungen der Partei aus. Als nicht nur Studenten, sondern auch Fabrikarbeiter demonstrierten, schritt die Partei- und Staatsführung ein: Sie befürchtete einen Generalstreik, das Auseinanderbrechen des Reiches und das Ende ihrer Macht.
In der Nacht vom 3. zum 4. Juni 1989 ging die Volksbefreiungsarmee gegen die Demonstranten in Peking vor, um den von Studenten besetzten „Platz des Himmlischen Friedens" (*Tiananmen-Platz*) zu räumen. Überall, wo sich die Bevölkerung der Armee entgegenstellte, starben Menschen. Die genaue Zahl der Verletzten und Toten blieb unbekannt. Das *Rote Kreuz* zählte etwa 2 500 Opfer. Massenverhaftungen und -prozesse folgten.

Reaktionen
Die westliche Welt reagierte entsetzt auf das Blutbad von Peking. Wirtschaftliche Kontakte und Hilfen wurden eingefroren. Auch kommunistisch regierte Staaten verurteilten das Vorgehen. Verständnis dafür zeigte aber die selbst bedrängte DDR-Staatsführung in Ost-Berlin.
Schon ein halbes Jahr danach nahmen die USA die Kontakte zur Volksrepublik wieder auf. Andere westliche Staaten folgten. China sollte nicht isoliert werden. Allein die wirtschaftlichen Interessen der Industrienationen sprachen für diese Politik.

Der Mann auf dem Foto (Abb. 4) konnte nicht identifiziert werden.
Es war wahrscheinlich ein Arbeiter. Die chinesische Regierung benutzte das Bild später, um zu sagen: „Seht her, wir unterdrücken niemanden. Dass der Panzer diesen Mann nicht überfahren hat, ist der Beweis." Nimm Stellung.

M 1 Bevölkerung Chinas und Mitglieder der KPCh von 1950 - 2000

in Mio. Personen

Jahr	*Bevölkerung*	*Mitglieder der KPCh*
1950	590	3,0 (1948)
1960	660	13,0
1965	725	keine Angaben
1970	830	keine Angaben
1975	925	35,0 (1977)
1980	990	keine Angaben
1985	1060	keine Angaben
1990	1145	keine Angaben
1995	1210	54,0 (1994)
2000	1280	64,0 (2002)
2030	1500*	?

** Schätzung*

Klaus Mäding, China: Kaiserreich und Moderne, Berlin 2002, S. 156, und Konrad Seitz, China im 21. Jahrhundert, hrsg. von der Alfred Herrhausen Gesellschaft für internationalen Dialog, Frankfurt a. M. 2000, S. 48, und ders. China. Eine Weltmacht kehrt zurück, Berlin [3]2001, S. 395

M 2 „Wir dürfen den Atomkrieg nicht fürchten ..."

Noch bevor die Volksrepublik China selbst Atomwaffen hatte, erklärt Mao Zedong am 1. September 1963:

Was würde passieren, wenn ein nuklearer Krieg ausbricht? Von der Weltbevölkerung, die zurzeit etwa 2,7 Milliarden beträgt, wird ein Drittel – vielleicht auch die Hälfte – sterben. Sie und nicht wir wollen den Krieg: Im Falle eines Krieges werden Atom- und Wasserstoffbomben zum Einsatz kommen.

Ich habe diese Frage bereits mit einem ausländischen Staatsmann* diskutiert. Er war der Ansicht, dass im Falle eines nuklearen Krieges die gesamte Menschheit vernichtet werden könnte. Ich habe die Ansicht vertreten, dass im schlimmsten Falle die Hälfte der Menschheit sterben müsste und die andere Hälfte am Leben bliebe; der Imperialismus würde hinweggefegt werden, und die gesamte Welt würde sozialistisch werden.

Stuart R. Schram, Das Mao-System. Die Schriften von Mao Tse-tung. Analysen und Entwicklung, München 1972, S. 362 f.

** Dieser Staatsmann war der indische Regierungschef Jawaharlal Nehru.*

M 3 Das Programm der Beijinger Roten Garden

Die amtliche Nachrichtenagentur „Xinhua" veröffentlicht am 23. August 1966 das Programm der Beijinger Roten Garden:

1. Jeder Bürger soll manuelle Arbeit [Handarbeit] verrichten.
2. In allen Kinos, Theatern, Buchhandlungen, Omnibussen usw. müssen Bilder Mao Zedongs aufgehängt werden.
3. Überall müssen Zitate Mao Zedongs anstelle der bisherigen Neonreklamen angebracht werden [...].
4. Die alten Gewohnheiten müssen verschwinden.
5. Die alten Handelsunternehmungen müssen reorganisiert werden, um den Arbeitern, Bauern und Soldaten zu dienen.
6. Eine eventuelle Opposition muss rücksichtslos beseitigt werden.
7. Luxusrestaurants und Taxis haben zu verschwinden.
8. Die privaten finanziellen Gewinne sowie die Mieten müssen dem Staat abgegeben werden.
9. Die Politik hat vor allem Vorrang. [...]

12. In allen Straßen sollen Lautsprecher aufgestellt werden, um der Bevölkerung Verhaltensmaßregeln zu vermitteln.
13. Die Lehre Mao Zedongs muss schon im Kindergarten verbereitet werden.
14. Die Intellektuellen sollen in Dörfern arbeiten.
15. Die Bankzinsen müssen abgeschafft werden. [...]
17. Auf Parfums, Schmuckstücke, Kosmetik und nichtproletarische Kleidungsstücke und Schuhe muss verzichtet werden. [...]
20. Die Namen von Straßen und Monumenten müssen geändert werden. [...]
23. Bücher, die nicht das Denken Mao Zedongs wiedergeben, müssen verbrannt werden.

Archiv der Gegenwart, XXXVI. Jg. (1966), S. 12672

M 4 Wandzeitungen.
Foto vom November 1966.
Das Bild zeigt die Fassade des Grubenministeriums in Peking, sie ist bedeckt mit Wandzeitungen der Roten Garden. Die Anschläge enthielten revolutionäre Parolen und Namen von Personen, die als „Vertreter des kapitalistischen Systems" angeklagt wurden.

M 5 Der Mao-Kult.
Foto von 1967.
Rotgardisten winken mit ihren „Mao-Bibeln". Überall ist das Buchtitelblatt mit dem Porträt Mao Zedongs aufgeschlagen. Mit Unterstützung der Roten Garden konnte Mao Zedong seine seit 1958 geschwächte Stellung wieder festigen.

1. *Stelle fest, wie sich der Anteil der Parteimitglieder entwickelte (M 1). Nenne Gründe für die Entwicklung.*
2. *Vergleiche Maos Haltung zum Atomkrieg (M 2) mit der von Chruschtschow und Kennedy in der Kuba-Krise (siehe Seite 8-9).*
3. *Bestimme die Ziele der Roten Garden (M 3 bis M 5). Nimm Stellung zu ihren Mitteln.*

Die Bundesrepublik verändert sich

1 Studenten protestieren während der Feier des Rektorenwechsels an der Hamburger Universität. *Foto vom 9. November 1967.*

Neue Probleme

1963 wurde *Ludwig Erhard* Nachfolger des 87-jährigen *Konrad Adenauer* als Bundeskanzler. Er schaffte es nicht, an die Erfolge seiner Zeit als Wirtschaftsminister anzuknüpfen.

Als Mitte der 1960er-Jahre das bisherige Wirtschaftswachstum stockte, zahlreiche Firmen in Konkurs gingen, die Zahl der Arbeitslosen kurzzeitig leicht anstieg, rief diese Rezession in der Bevölkerung Erinnerungen an die Not der Nachkriegszeit hervor.* Die Regierungsparteien verloren bei den Wählern an Vertrauen. Gleichzeitig zogen 1966/67 erstmals Abgeordnete der 1964 gegründeten rechtsextremen *Nationaldemokratischen Partei Deutschlands* (NPD) in mehrere Länderparlamente ein.

Die Große Koalition

Im Oktober 1966 kam es zu einem Regierungswechsel: Wegen einer Steuererhöhung zum Ausgleich des Haushaltsdefizits kündigte die FDP das Regierungsbündnis mit der CDU/CSU. Die Parteispitzen von CDU/CSU und SPD einigten sich auf eine *Große Koalition*. Die Unionsparteien konnten weiterregieren, die Sozialdemokraten erhielten erstmals die Chance, in einer Bundesregierung ihre Fähigkeiten zu beweisen.

Bundeskanzler wurde am 1. Dezember 1966 *Kurt Georg Kiesinger* (CDU), zuvor Ministerpräsident von Baden-Württemberg. Wichtige Ministerämter übernahmen die Sozialdemokraten *Willy Brandt* (Außen) und *Karl Schiller* (Wirtschaft); der Vorsitzende der bayerischen CSU und ehemalige Verteidigungsminister *Franz Josef Strauß* wurde Finanzminister.

Die „Konzertierte Aktion“

Zu den wirtschaftspolitischen Maßnahmen der Großen Koalition gehörte die Einführung einer Zusammenarbeit aller an der Wirtschaft beteiligten Gruppen: In der *Konzertierten Aktion* arbeiteten Mitglieder der Regierung und der Opposition, der Banken, Gewerkschaften und der Arbeitgeberverbände sowie Vertreter der Städte und Gemeinden gemeinsam an der Überwindung der rückläufigen Wirtschaftsentwicklung. Die Zusammenarbeit hatte Erfolg: Die Krise konnte rasch überwunden werden. 1969 herrschte in der Bundesrepublik wieder Vollbeschäftigung.

Die Große Koalition leitete eine Reihe von Reformprojekten ein, z. B. den weiteren Ausbau des Sozialstaates sowie Verbesserungen im Bildungswesen. In der Außenpolitik setzte sie neue Akzente und begann, die Beziehungen zur Sowjetunion zu verbessern.

Notstandsgesetze und APO

Kehrseite der Großen Koalition war eine schwache parlamentarische Opposition. Den 447 Abgeordneten der Regierungsparteien standen im Bundestag nur 49 Parlamentarier der FDP gegenüber. Viele Schriftsteller, Journalisten, Künstler und Hochschullehrer und vor allem Studenten reagierten kritisch auf das Regierungsbündnis.

Als die Große Koalition die seit Mitte der 1950er-Jahre geplanten *Notstandsgesetze* verabschieden wollte, entstand eine *Außerparlamentarische Opposition* (*APO*) aus Intellektuellen, Studierenden und einigen Gewerkschaftsmitgliedern. Die Notstandsgesetze sollten für den Fall eines inneren und äußeren Notstandes die Handlungsfähigkeit der Regierung sichern. Bislang hatten sich die früheren Besatzungsmächte diese Rechte vorbehalten.

Die APO befürchtete, dass mit den Notstandsgesetzen – ähnlich wie mit dem Artikel 48 der Weimarer Verfassung – die Meinungs-, Presse-, Versammlungs- und Vereinigungsfreiheit stark beschränkt werden könnten.

Trotz einer Protestwelle wurden die Notstandsgesetze am 30. Mai 1968 vom Bundestag gegen die Stimmen der FDP angenommen. Sie schränken z. B. das Brief-, Post- und Fernmeldegeheimnis sowie die Unverletzlichkeit der Wohnung unter bestimmten Umständen ein, enthalten aber keine weitergehenden Beschränkungen der Grundrechte.

* *Siehe dazu auch M 1 und M 2, Seite 37.*

Anfänge des Protestes

Die APO stand unter dem Einfluss einer internationalen Protestbewegung. Sie hatte mit der amerikanischen Bürgerrechtsbewegung Anfang der 1960er- Jahre begonnen und richtete sich in fast allen westlichen Staaten gegen die amerikanische Kriegsführung in Vietnam.
In der Bundesrepublik prägten die Diskussion um die Notstandsgesetze und die Kritik am Einfluss der Zeitungen des konservativen Springer-Verlages die Bewegung. Mitte der 1960er-Jahre weiteten sich die Proteste aus. Bald rebellierten Schüler und Studenten gegen überlieferte Vorstellungen in Elternhaus, Schule, Universität, Gesellschaft und Staat. Die „Kinder des Wirtschaftswunders" wandten sich gegen das Konsumdenken der Elterngeneration. Ihr warfen sie vor, nach dem Krieg die Chance, wirklich neu beginnen zu können, nicht genutzt zu haben. Eltern und Großeltern wurde unterstellt, sich nach 1945 aus der Verantwortung für die Verbrechen des NS-Regimes gestohlen zu haben oder immer noch mit Teilen des Gedankengutes der Nationalsozialisten zu sympathisieren.
Der Konflikt führte bei manchen Studenten zu einer grundsätzlichen Ablehnung der bestehenden Gesellschaft. Deshalb wollten sie die „kapitalistischen" Verhältnisse durch „sozialistische" ersetzen – notfalls mit einer Revolution.

Höhepunkte der „68er-Bewegung"

Nach zwei Ereignissen in West-Berlin erreichte die Protestbewegung ihren Höhepunkt:

- Die Erschießung des 26-jährigen Studenten *Benno Ohnesorg* am 2. Juni 1967 durch einen Polizisten während einer Demonstration gegen den Staatsbesuch des Schahs* von Persien, in dem viele einen brutalen Diktator sahen.
- Das Attentat auf einen der Wortführer der APO, den 27-jährigen Soziologiestudenten *Rudi Dutschke*, am 11. April 1968.

In vielen Städten prallten Demonstranten und Polizei gewaltsam aufeinander. 400 Verletzte und zwei Tote waren zu beklagen. Erst danach begann bei einigen politisch Verantwortlichen ein selbstkritisches Nachdenken über die Gründe der Proteste.

* **Schah**: *Kaiser; siehe auch Seite 88*

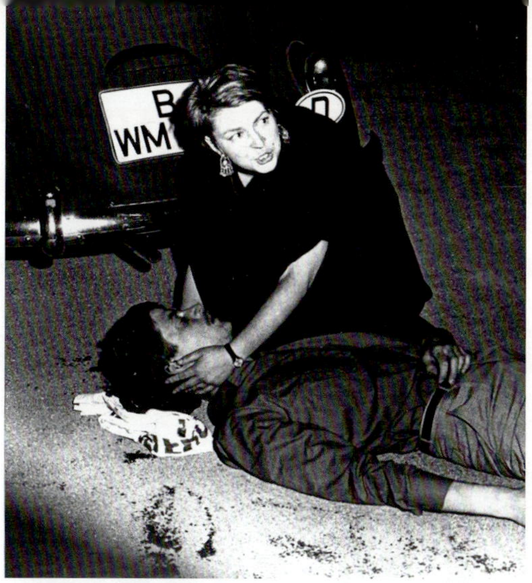

2 Vergebliche Hilfe.
Foto vom 2. Juni 1967. Fassungslos kniet eine Frau bei dem von einer Polizeikugel tödlich getroffenen Benno Ohnesorg.

Ein neuer Lebensstil

Viele Jugendliche provozierten die Älteren nicht nur durch ihre politischen Ziele, sondern auch durch ihren Lebensstil: lange Haare, bunte und nachlässige Kleidung und unangepasste Umgangsformen. Mit *Go-ins*, *Teach-ins* und *Sit-ins*** wurden Professoren boykottiert und provoziert sowie Diskussionen erzwungen. Eine Gegenöffentlichkeit entstand.
Gleichzeitig probierten Studenten neue Formen des Zusammenlebens wie Wohngemeinschaften (*Kommunen*) aus und versuchten, antiautoritäre Erziehungsvorstellungen zu praktizieren.
Besonders deutlich drückte sich der neue Lebensstil in der Musikszene aus. Seit Mitte der 1960er-Jahre prägten vor allem der amerikanische Protest-, Folk- und Rocksänger *Bob Dylan* und aus Großbritannien stammende Gruppen wie *Beatles* und *Rolling Stones* den Musikgeschmack der Jugendlichen.

*** Bei einem Go-in drangen die Studenten in eine Vorlesung ein, um eine Diskussion zu erzwingen; in einem Teach-in informierten sie sich über Themen und Aktionen und bei einem Sit-in traten sie in einen Sitzstreik.*

3 Kommune 1 in Berlin.
Foto von Werner Kohn, 1968. Die zunächst aus acht, dann neun Personen (sechs Männern und drei Frauen) bestehende Wohngemeinschaft verstand sich als Alternative zur Kleinfamilie und probierte neue Formen des Zusammenlebens und -arbeitens aus. Sie bestand von Januar 1967 bis November 1969.

Regierungserklärung mit großen Reformplänen

Kanzler: Wir fangen erst richtig an

Eine viertel Million ist zu

Bonn (AZ) — „Wir wollen

4 **Schlagzeile einer Boulevard-Zeitung vom 29. Oktober 1969.**

Was aus den „68ern" wurde

Die „68er-Bewegung" führte zu keiner Revolution. Zu wenige Bürger konnten sich mit den Zielen der Studenten identifizieren. Allerdings bewirkte die Bewegung eine bis dahin ungekannte Politisierung der Bevölkerung. Waren 1960 nur etwa 25 Prozent der Bürgerinnen und Bürger politisch interessiert, so waren es 1973 laut Umfragen rund 50 Prozent. Der größte Teil der „68er" ergriff später normale Berufe. Viele fanden in der SPD ihre politische Heimat oder engagierten sich in Bürgerbewegungen.

„Mehr Demokratie wagen ..."

Angeregt durch die Studentenbewegung forderte die Mehrheit der Bevölkerung umfassende Reformen. Dies zeigten die Bundestagswahlen von 1969. Auf die Große Koalition folgte eine „kleine" Koalition aus SPD und FDP. Die CDU/CSU musste nach zwanzig Jahren erstmals in die Opposition.

In seiner ersten Regierungserklärung sprach der neue Bundeskanzler Willy Brandt am 28. Oktober 1969 mit seiner Losung „Wir wollen mehr Demokratie wagen" die Erwartungen vieler Bürger aus. Besonders die jüngere Generation und die Arbeitnehmer erhofften sich von der neuen Regierung mehr „Mitbestimmung" und „Modernisierung" in Politik und Wirtschaft.

Auf der Linie dieser Erwartungen lag das *Betriebsverfassungsgesetz* von 1972. Es erweiterte die Rechte von Arbeitnehmern, Betriebsräten und Gewerkschaften in den Unternehmen. Und für Großbetriebe mit über 2 000 Beschäftigten legte das Mitbestimmungsgesetz von 1976 die Gleichberechtigung zwischen Anteilseignern und Arbeitnehmern im Aufsichtsrat fest.

Reformen

Der Ausbau des Sozialstaats ging weiter. So brachte die *Rentenreform* vielen alten Menschen – vor allem Frauen –, die früher wenig verdient hatten, höhere Renten. Weitere Leistungsverbesserungen betrafen die Krankenversicherung und das Kindergeld. Durch diese Reformen verdoppelten sich zwischen 1970 und 1975 die Sozialausgaben.

Gesellschaftlich wichtig war die *Reform des Ehe- und Familienrechts**. Als „allgemeines Bürgerrecht" wurde auch die Bildung hervorgehoben und eine umfassende *Bildungsreform* gefordert. Sie sollte zwei Aufgaben erfüllen: einerseits Gleichheit der Chancen für alle herstellen – unabhängig von sozialer Herkunft und Geschlecht; andererseits den steigenden Bedarf der Wirtschaft an qualifizierten Mitarbeitern decken.

** Lies auch Seite 24.*

M 1 Demonstration in West-Berlin.
Foto vom 18. Februar 1968.
Mit Plakaten und Postern ihrer Vorbilder protestierten die Studenten 1968 gegen den Krieg in Vietnam. Die Porträts zeigen (von links nach rechts) den nordvietnamesischen Präsidenten Ho Chi Minh, die sozialistische Politikerin und Theoretikerin Rosa Luxemburg, den kubanischen Revolutionär Che Guevara und den Begründer des Sowjetkommunismus Lenin.

M 2 „Volksempfinden“
Ein Leserbrief aus einer Berliner Zeitung von 1967:

Wir, die arbeitende Bevölkerung, haben es satt, uns von den dummen Jungen, die erst einmal hinter den Ohren trocken werden sollen, terrorisieren zu lassen. Wann greift die Polizei endlich mit einem harten Besen durch? Diese Lümmel, die auf Kosten der Steuerzahler ein nicht gerade schlechtes Leben führen, sollte man einmal für ein Jahr ins Arbeitshaus sperren, damit sie wieder zur Vernunft kommen. [...] Sie [die Studenten] sind nichts, sie haben nichts (außer einem wirren Kopf) und wollen uns beibringen, was Demokratie ist. Ich habe in der Bekanntschaft einen Studenten, der am Sonnabend auch seinen Mund groß aufmachen musste. Er will Lehrer werden. Gott behüte meine Kinder vor solchen Pädagogen.

Kai Hermann, Die Revolte der Studenten, Hamburg 1967, S. 133

M 3 Appell an alle
Aus Anlass des Attentates auf Rudi Dutschke und der anschließenden Unruhen sagt Bundesjustizminister Gustav W. Heinemann (SPD) am 14. April 1968 in einer Rundfunk- und Fernsehansprache:

Sowohl der Attentäter, der Rudi Dutschke nach dem Leben trachtete, als auch die elftausend Studenten, die sich an den Demonstrationen vor Zeitungshäusern beteiligten, sind junge Menschen. Heißt das nicht, dass wir Älteren den Kontakt mit Teilen der Jugend verloren haben oder ihnen unglaubwürdig wurden?
Heißt das nicht, dass wir Kritik ernst nehmen müssen, auch wenn sie aus der jungen Generation laut wird? [...]
Zu den Grundrechten gehört auch das Recht zu demonstrieren, um öffentliche Meinung zu mobilisieren. Auch die junge Generation hat Anspruch darauf, mit ihren Wünschen und Vorschlägen gehört und ernst genommen zu werden. [...]
Unser Grundgesetz ist ein großes Angebot. Zum ersten Mal in unserer Geschichte will es in einem freiheitlich-demokratischen und sozialen Rechtsstaat der Würde des Menschen volle Geltung verschaffen. In ihm ist Platz für eine Vielfalt der Meinungen, die es in offener Diskussion zu klären gilt.
Uns in diesem Grundgesetz zusammenzufinden und seine Aussagen als Lebensform zu verwirklichen, ist die gemeinsame Aufgabe. Die Bewegtheit dieser Tage darf nicht ohne guten Gewinn bleiben.

Gustav W. Heinemann, Reden und Schriften, Bd. 3, hrsg. v. H. Lindemann, Frankfurt a. M. 1977, S. 334 ff.

1. *Vergleiche den Leserbrief (M 2) mit Heinemanns Appell (M 3).*
2. *Verfasse eine Antwort auf den Leserbrief (M 2).*
3. *Sucht Zeitzeugen, die in den 1960er-Jahren studiert haben. Lasst euch über den damaligen Alltag der Studenten und ihr politisches Verhalten berichten. Erörtert mit ihnen den möglichen Einfluss der 68er-Bewegung auf die Gegenwart.* Lerntipp

Terrorismus verachtet die Menschen

1 Olympia-Attentat 1972 in München: das Ende der Geiselnahme.
Foto vom 7. September 1972.
Am 5. September drangen während der Olympischen Spiele palästinensische Terroristen in das Quartier der israelischen Mannschaft ein. Sie töteten zwei Sportler sofort, nahmen neun als Geisel und forderten die Freilassung von 200 in Israel inhaftierten Palästinensern. Der deutsche Befreiungsversuch auf dem Militärflughafen in Fürstenfeldbruck in der Nacht zum 6. September scheiterte. Alle neun gefangenen Israelis, ein Polizist und fünf Geiselnehmer kamen ums Leben, als die Terroristen im Hubschrauber Handgranaten zündeten. Drei der Täter wurden verletzt und überwältigt.

Politisch motiviert?
Weltweit hat sich seit den 1960er-Jahren der politisch *motivierte Terrorismus* ausgebreitet und setzt Mord, Erpressung, Flugzeugentführung und Brandstiftung für seine Ziele ein.
In der Bundesrepublik reichen die Anfänge des politisch motivierten Terrorismus bis in die Zeit der Studentenunruhen zurück. Studenten diskutierten, ob Gewalt ein Mittel sein dürfe, Staat und Gesellschaft zu verändern. Die ersten Terroranschläge trafen zwei Kaufhäuser in Frankfurt am Main im April 1968, um auf das Grauen des Vietnamkriegs aufmerksam zu machen.

Die RAF
Anfang der 1970er-Jahre bildete sich eine Handvoll gewalttätiger Gruppen, darunter die linksextremistische *Rote-Armee-Fraktion** (RAF). Sie arbeitete im Untergrund und erklärte, einen „Krieg“ gegen die „kapitalistische“ Bundesrepublik zu führen, um einen Umsturz der politischen und wirtschaftlichen Ordnung herbeizuführen. Die Mitglieder der RAF griffen Einrichtungen der Polizei und der US-Armee an, legten Bomben und überfielen Banken. 1972 gelang es, einige führende RAF-Mitglieder festzunehmen, darunter *Andreas Baader* und *Ulrike Meinhof*. Während der ersten Terroristenprozesse versuchte die RAF, ihre inhaftierten Mitglieder durch Mordanschläge sowie Entführungen prominenter Persönlichkeiten aus Wirtschaft und Politik freizupressen.

Blutiger Höhepunkt
1977 erreichten die RAF-Anschläge ihren blutigen Höhepunkt mit den Morden an Generalbundesanwalt *Siegfried Buback* und zwei seiner Begleiter (7. April) und dem Bankier *Jürgen Ponto* (30. Juli). Am 5. September entführte ein Kommando der RAF den Arbeitgeberpräsidenten *Hanns Martin Schleyer* (dabei kamen dessen Fahrer und drei Polizeibeamte ums Leben) und – mit Beteiligung palästinensischer Luftpiraten – ein deutsches Verkehrsflugzeug. Damit wollte die RAF die Freilassung von elf inhaftierten Terroristen erzwingen. Bundeskanzler *Helmut Schmidt* (SPD) und sein überparteilicher Krisenstab ließen sich aber nicht erpressen: Eine Sondereinheit des Bundesgrenzschutzes befreite die 87 Geiseln in Mogadischu (Somalia). Daraufhin verübten drei inhaftierte RAF-Mitglieder Selbstmord. Die Polizei fand Schleyer am Tag darauf tot in dem Kofferraum eines Autos.

Eine grausame Bilanz
Zwischen 1974 und 1992 ermordeten RAF-Mitglieder 39 Menschen, über 100 wurden verletzt. Anfang der 1980er-Jahre konnten sich mit Zustimmung und Unterstützung des SED-Regimes zehn Terroristen der RAF in die DDR absetzen. Erst nach der Wiedervereinigung wurden sie enttarnt und vor Gericht gestellt.
Der menschenverachtende Terrorismus blieb nicht auf „linke” Täter beschränkt. Auch Rechtsextremisten, die die nationalsozialistischen Verbrechen leugneten und Fremdenhass schürten, bedrohten mit ihren Terroranschlägen die Demokratie. Am 26. September 1980 kamen bei einem Bombenanschlag auf dem Münchener Oktoberfest der rechtsextremistische Attentäter und zwölf Menschen ums Leben. Zwischen 1983 und 1988 wurden rund 1 300 rechtsextremistische Gewalttaten gezählt.

1 Der entführte Hanns Martin Schleyer.
Ein von den Terroristen verbreitetes Bild des Arbeitgeberpräsidenten.

* **Armee**: *Hinweis auf die bewaffnete Organisation der Arbeiterklasse;* **Fraktion**: *Teil derselben*

M 1 Grundsätze des Handelns

Bundeskanzler Helmut Schmidt (SPD) erklärt am 20. Oktober 1977, einen Tag nachdem man Hanns Martin Schleyer tot aufgefunden hatte, im Bundestag:

Unmittelbar nach der Entführung Dr. Schleyers habe ich in dem [....] Beratungskreis mit Zustimmung der Beteiligten die drei Maximen, die unser Handeln bestimmen sollten, folgendermaßen umrissen:

1. Dr. Schleyer lebend zu befreien; zu einem späteren Zeitpunkt war es selbstverständlich, dass dies ebenso galt für die als Geiseln genommenen 82 Passagiere und 5 Besatzungsmitglieder in dem entführten Lufthansa-Flugzeug.
2. Die Täter zu ergreifen und vor Gericht zu stellen.
3. Die Fähigkeit des Staates, seine Bürger gegen Gefahren zu schützen, zu sichern und das Vertrauen der Bürger, aber auch das Vertrauen der Menschen außerhalb der Bundesrepublik Deutschland in diese Schutzfunktion unseres Staates zu wahren.

Ingeborg Wilharm (Hrsg.), Deutsche Geschichte 1962-1983. Dokumente in zwei Bänden, Bd. 2, Frankfurt a. M. 1985, S. 153

M 2 Trauerfeier für Hanns Martin Schleyer in Stuttgart.

Foto vom 25. Oktober 1977.
Helmut Schmidt zwischen der Witwe und dem Sohn des Opfers.

M 3 Mitschuldig?

Im August 2007 äußert sich Helmut Schmidt in einem Interview zu der Situation in den Tagen der Schleyer-Entführung:

Schmidt: Hören Sie [...]; ob man Schleyer freikaufen soll dadurch, dass man Verbrecher rauslässt; oder ob man Menschen in einem Flugzeug freikauft dadurch, dass man Verbrecher rauslässt, die dann neue Verbrechen begehen – auf all diese Fragen findet sich im Grundgesetz keine Antwort und auch nicht in der Bibel, und im Koran und in der Thora auch nicht! Es gibt auch keinen vernünftigen Menschen, der behauptet, wir hätten das Grundgesetz dadurch verletzt, dass wir Schleyer nicht ausgetauscht haben.

ZEIT: Sie haben 1989 geschrieben, dass zu Ihren schlimmsten Erinnerungen jene Stunde gehört, als Sie während der Trauerfeier neben der Witwe Schleyer saßen.

Schmidt: Ja, mir war natürlich immer klar, dass ich nicht nur in den Augen von Frau Schleyer oder ihres gemeinsamen Sohnes Hanns Eberhard Schleyer, sondern auch in meinen eigenen Augen mitschuldig war am Tode von Hanns Martin Schleyer. (Spricht sehr leise:) Das war mir immer klar. Das war mir auch klar in den ganzen Wochen, in denen wir ihn gesucht haben. Wenn es nicht gelingt, bist du selbst mitschuldig.

ZEIT: Furchtbar, damit zu leben.

Schmidt: Es ist jedenfalls nicht leicht. [...]

ZEIT: Und was ist bei Ihnen zurückgeblieben?

Schmidt: Ich würde das wiederholen, was ich [...] vor 30 Jahren im Bundestag gesagt habe. Ich bin verstrickt in Schuld – Schuld gegenüber Schleyer und gegenüber Frau Schleyer [...].

Die Zeit vom 30. August 2007

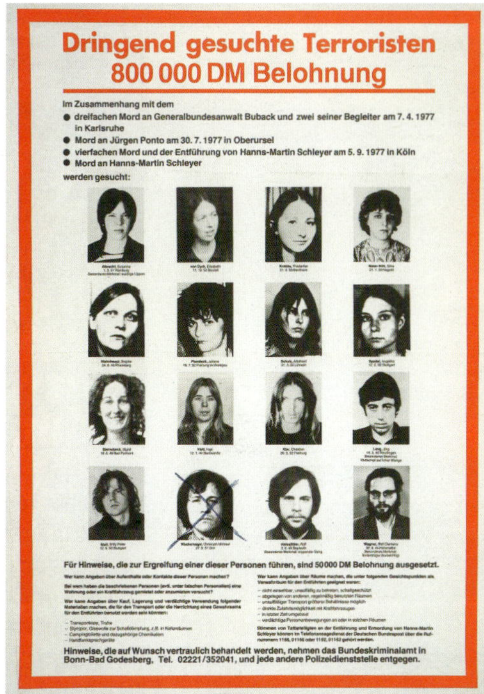

M 4 Dringend gesuchte Terroristen.

Fahndungsplakat (86 x 71 cm) des Bundeskriminalamtes von 1977.

→ ***Filmtipp:*** *Das Todesspiel, Regie: Heinrich Breloer, 1997*

1. *Helmut Schmidt und der Krisenstab entschieden sich für die „Staatsräson", das heißt, der Schutz des Staates hatte für sie Vorrang vor dem Schutz des Einzelnen. Erörtert diese Position (M 1 und M 3).*
2. *Waltrude Schleyer, die Witwe des Opfers, hatte bis zu ihrem Tode 2008 kein Verständnis dafür, dass das Leben ihres Mannes für die „Staatsräson" geopfert wurde. Nimm dazu Stellung.*

Frauen fordern gleiche Rechte

1 „Wir sind Frauen ..."
Plakat (59 x 42 cm) der westdeutschen Frauenbewegung, 1970er-Jahre.

Unerfüllte Forderungen

Das Grundgesetz von 1949 schreibt die Gleichberechtigung von Mann und Frau sowie den Schutz von Ehe und Familie fest. Trotzdem hatten Frauen im Vergleich zu Männern schlechtere Ausbildungschancen, waren ihre Gehälter bei gleichen Leistungen niedriger, ihre Pflichten als Ehefrauen im Haushalt größer als die der Männer und ihre Rechte in der Ehe geringer. Mitverantwortlich für diese Verhältnisse war ein althergebrachtes Frauen- sowie Ehe- und Familienverständnis, das von einer kinderreichen Familie und einer nicht berufstätigen Ehefrau ausging. Erwerbstätigkeit verheirateter Frauen wurde in der Bundesrepublik in den 1950er- und 1960er-Jahren gesellschaftlich nur akzeptiert, wenn das Einkommen des Mannes zum Unterhalt der Familie nicht ausreichte.*

2 Button.
Zeichen der Frauenbewegung aus den 1970er-Jahren.

Andererseits war Wirtschaftswachstum ohne Frauen nicht möglich: Sie wurden als qualifizierte Arbeitskräfte und als Mitverdienende gebraucht. Die Durchschnittsfamilie benötigte das zusätzliche Einkommen, um sich die gestiegenen Konsumansprüche – von der Urlaubsreise über das Auto bis zum Eigenheim – erfüllen zu können. In diesem Zusammenhang wurden die Verantwortlichen in der Gesellschaft verstärkt aufgefordert, die Berufstätigkeit von Müttern durch die Einrichtung von mehr Kindergärten und Ganztagsschulen möglich zu machen.

Eine neue Frauenbewegung entsteht

Parallel zur 68er-Bewegung pochten Frauen in der westlichen Welt verstärkt auf die Verwirklichung der Gleichberechtigung und auf Verbesserung ihrer schulischen und beruflichen Entfaltungsmöglichkeiten. Ihre Forderungen fanden allmählich mehr Aufmerksamkeit in der Politik.
Daran beteiligt war die Anfang der 1970er-Jahre in der Bundesrepublik entstandene autonome, von Parteien und Verbänden unabhängige Frauenbewegung. Sie prangerte Benachteiligungen in den Medien an. Besondere Resonanz fand 1971 die Aktion zur *Abschaffung des Abtreibungsverbots* (§ 218 Strafgesetzbuch). Zahlreiche Frauen bekannten öffentlich, abgetrieben zu haben. Sie forderten sexuelle Aufklärung für alle und das Recht auf Schwangerschaftsunterbrechung.

Erste Reformen

1977 trat eine *Reform des Ehe- und Scheidungsrechts* in der Bundesrepublik in Kraft. Eheliche Rechte und Pflichten wurden weitgehend geschlechtsneutral geregelt und damit das überlieferte Leitbild der Hausfrauenehe rechtlich aufgegeben. Ehescheidungen sind seitdem vom Verschulden des Einzelnen abgekoppelt, es gilt das „Zerrüttungsprinzip". Außerdem wurde das *Namensrecht* reformiert: Erstmals war es Eheleuten möglich, den Namen der Frau als Familiennamen zu führen.
Die Diskussion um die Emanzipation und Verbesserung der Situation der Frau ist seitdem nicht mehr verstummt. Trotz weiterer Verbesserungen klafft bis heute zwischen dem Bekenntnis zu mehr Gleichberechtigung und den tatsächlichen Verhältnissen eine Lücke.

* *Zur Rolle der Frau in der DDR siehe Seite 39.*

M 1 Frauen im Deutschen Bundestag 1949 bis 1980*

Wahlperiode	*Abgeordnete insgesamt*	*darunter Frauen*	*Frauenanteil in %*
1949-53	410	28	6,8
1953-57	509	45	8,8
1957-61	519	48	9,2
1961-65	521	43	8,3
1965-69	518	36	6,9
1969-72	518	34	6,6
1972-76	518	30	5,8
1976-80	518	38	7,3

**jeweils zu Beginn der Wahlperiode*

Beate Hoecker (Hrsg.), Handbuch politische Partizipation von Frauen in Europa, Opladen 1998, S. 72

M 2 Frauen in der DDR-Volkskammer

Wahlperiode	*Abgeordnete insgesamt*	*darunter Frauen*	*Frauenanteil in %*
1954-58	466	128	27,5
1958-63	500	114	24,5
1963-67	500	137	27,4
1967-71	500	153	30,6
1971-76	500	159	31,8
1976-81	500	168	33,6

Notwendiger Hinweis: *Bei dieser Übersicht ist zu beachten, dass die Abgeordneten der DDR-Volkskammer nicht im Rahmen einer freien und geheimen Wahl bestimmt wurden und keinen vergleichbaren Einfluss nehmen konnten wie Bundestagsabgeordnete.*

Werner J. Patzelt und Roland Schirmer (Hrsg.), Die Volkskammer der DDR. Sozialistischer Parlamentarismus in Theorie und Praxis, Wiesbaden 2002, S. 392 f. (die Anzahl der Abgeordneten wurde hinzugefügt)

M 3 Weibliche Erwerbsquote in der Bundesrepublik

Anteil der Erwerbspersonen an 100 Frauen*

1950	1960	1970	1980
31,3	33,6	30,2	32,6

** In der Bundesrepublik werden als „Erwerbspersonen" sowohl die „Erwerbstätigen" als auch die „Erwerbslosen" gezählt.*

Statistisches Bundesamt (Hrsg.), Datenreport 2002, Bonn ²2003, S. 89

M 4 Weibliche Erwerbstätigkeit in der DDR

Anteil der Erwerbspersonen an 100 Frauen*

1955	1970	1980
52,5	66,1	73,2

** In der DDR wurden auch die „zeitweise Arbeitslosen" als Erwerbstätige gezählt; die Mitarbeiter der Armee, Polizei, Staatssicherheit, Parteien und sonstigen Organisationen wurden nicht berücksichtigt.*

Gunnar Winkler (Hrsg.), Frauenreport '90, Berlin 1990, S. 63

M 5 Gleichberechtigung?
Plakat (85 x 60 cm) von Klaus Staeck von 1976.

1. *Erläutere die Statistiken M 1 bis M 4.*
2. *Informiere dich über den aktuellen Frauenanteil im Deutschen Bundestag und dem Landtag deines Bundeslandes sowie über den aktuellen Anteil der weiblichen Erwerbstätigkeit in deinem Bundesland.*
3. *Diskutiert, ob die Aussage des Plakates (M 5) noch heute zutrifft.*

Ein Umweltbewusstsein entsteht

1 Duisburg-Bruckhausen im Sommer.
Foto von J. H. Darchinger, 1971.
Beschreibe die erkennbaren Auswirkungen der Schadstoffemissionen.

Eine neue politische Aufgabe
In modernen Industriegesellschaften wird die Umwelt durch zahlreiche Faktoren belastet und geschädigt: Abgase (*Emissionen*), Abwässer, schadstoffhaltige Abfälle und Rückstände von Pflanzenschutz- und Düngemitteln, Strahlen sowie Lärm. Hinzu tritt das Risiko von Unfällen mit gefährlichen Stoffen.
Etwa um 1960 begann eine internationale Debatte über Umweltschutz. Dabei erwies sich die Veröffentlichung des Buches „Der stumme Frühling" von *Rachel Carson* 1962 als besonders medienwirksam. Sie informierte erstmals über die giftigen DDT-Rückstände in den Nahrungsmitteln.
Zur gleichen Zeit wurde Umweltschutz auch zum Thema in der bundesdeutschen Politik. So versprach die SPD im Wahlkampf 1961 einen „blauen Himmel über der Ruhr". Ein breiteres Umweltbewusstsein entstand durch Naturschutzverbände und Bürgerinitiativen. Langsam erkannte die Politik die Notwendigkeit umfassender Aktivität.

Die umweltpolitische Wende im Westen
Eine der ersten Maßnahmen zum Umweltschutz der sozial-liberalen Koalition war das „Gesetz zur Verminderung von Luftverunreinigungen durch Benzin" von 1971. Weitere Gesetze und Verordnungen folgten. Die Industrie erfüllte die Auflagen aus Kostengründen zunächst nur widerwillig. Erst 1975 wurde bleifreies Benzin für Personenkraftwagen eingeführt. Es setzte sich am Markt durch und trug zum Rückgang der Umweltbelastung mit Blei bei.
Umweltschutz zählte seit Anfang der 1970er-Jahre zum Programm aller Parteien im Bundestag. Mit der Parole *AKW – nee!* demonstrierten Ende der 1970er- und Anfang der 1980er-Jahre Atomkraftgegner sowohl gegen das nukleare Entsorgungszentrum in Gorleben (Landkreis Lüchow-Dannenberg) als auch gegen den Bau neuer Kernkraftwerke. Diese Forderungen der Umweltschützer fanden noch wenig politische Unterstützung. Davon profitierte die 1980 auf Bundesebene gegründete Partei der *Grünen*. Abgeordnete der Partei wurden 1983 erstmals in den Bundestag gewählt. Sie forderten Alternativen zur wachstumsorientierten Wirtschaft und engagierten sich in der Friedensbewegung.
Nach der Reaktorkatastrophe von Tschernobyl bei Kiew/Sowjetunion im April 1986*, von der auch die Deutschen durch den Anstieg der Strahlenbelastung betroffen waren, richtete Bundeskanzler Kohl ein *Ministerium für Umwelt, Naturschutz und Reaktorsicherheit* ein. Schon vorher gelangten weitere ökologische Fragen in die politische Debatte: der Zustand der Wälder, die bedrohte Ozonschicht und seit den 1990er-Jahren die globale Klimaerwärmung.

Umwelt im Sozialismus
Umweltprobleme wurden etwa gleichzeitig auch in der DDR erkannt, doch unterdrückte die SED eine breite öffentliche Diskussion und setzte auf den Vorrang der Wirtschaft. Wegen fehlender Filter und der üblichen Braunkohlenheizung wurde die Luftverschmutzung ganzer Regionen immer brisanter. Auch Atomkraftwerke wurden gebaut, ihre Sicherheit sollte im Sozialismus angeblich unproblematisch sein. Gegen diese Verharmlosung wehrten sich seit Ende der 1970er-Jahre vermehrt kleine Umweltgruppen, häufig im Austausch mit bundesdeutschen Partnern und misstrauisch überwacht von der Stasi. Bis zum Ende der DDR kamen aus Finanznot kaum ökologische Verbesserungen auf den Weg.

*Siehe dazu auch Seite 50.

M 1 Ausstoß von Schadstoffen

Angaben: 1000 t pro Jahr

	1975		1985		1989	
	BRD	DDR	BRD	DDR	BRD	DDR
Stickstoffoxide	2 550	610	2 950	670	2 700	700
Schwefeldioxid	3 350	4 100	2 400	5 400	1 000	5 250
Kohlenmonoxid	14 000	2 950	8 900	3 700	8 250	3 750
Staub	810	2 700	580	2 350	460	2 100
Kohlendioxid	738 000	306 000	738 000	350 000	705 000	343 000

Nach: Mike Dennis und Johannes-Dieter Steinert, Deutschland 1945-1990. Von der bedingungslosen Kapitulation zur Vereinigung, Schwalbach/Ts. 2005, S. 228

M 2 Erste Fahrraddemonstration in der Ost-Berliner Innenstadt.

Foto von Tom Sello vom 4. Juli 1982.
Die Teilnehmer werden vom Ministerium für Staatssicherheit observiert und fotografiert.
Mit welchen Mitteln machen die Umweltschützer auf welche Bedrohung aufmerksam?

M 3 „Ein Umbruch ist notwendig"

Im ersten Bundesprogramm der Grünen, das auf dem Saarbrücker Bundesparteitag im März 1980 verabschiedet wird, heißt es:

Die in Bonn etablierten* Parteien verhalten sich, als sei auf dem endlichen Planeten Erde eine unendliche industrielle Produktionssteigerung möglich. [...] Die ökologische Weltkrise verschärft sich von Tag zu Tag: Die Rohstoffe verknappen sich, Giftskandal reiht sich an Giftskandal, Tiergattungen werden ausgerottet, Pflanzenarten sterben aus, Flüsse und Weltmeere verwandeln sich in Kloaken, der Mensch droht inmitten einer späten Industrie- und Konsumgesellschaft geistig und seelisch zu verkümmern, wir bürden den nachfolgenden Generationen eine unheimliche Erbschaft auf. [...]
Ein völliger Umbruch unseres kurzfristig orientierten wirtschaftlichen Zweckdenkens ist notwendig. [...]
Ausgehend von den Naturgesetzen und insbesondere von der Erkenntnis, dass in einem begrenzten System kein unbegrenztes Wachstum möglich ist, heißt ökologische Politik, uns selbst und unsere Umwelt als Teil der Natur zu begreifen. [...]
Unsere Politik ist eine Politik der aktiven Partnerschaft mit der Natur und dem Menschen. Sie gelingt am besten in selbstbestimmten und selbstversorgenden überschaubaren Wirtschafts- und Verwaltungseinheiten.

Irmgard Wilharm (Hrsg.), Deutsche Geschichte 1962-1983, Band 2, Frankfurt a. M. 1985, S. 227

* **etabliert**: *niedergelassen, anerkannt sein*

M 4 Die Grünen.

Plakat (84,5 x 59,7 cm) zur Europaparlamentswahl von 1979.

1. *Informiere dich über die Schadstoffe und interpretiere die Statistik (M 1).*
2. *Nenne die Schwierigkeiten, auf die die Umweltbewegung in der DDR stieß (M 2).*
3. *Überlege, auf welche Widerstände Umweltschutzmaßnahmen in einer Industriegesellschaft treffen können.*
4. *Erörtert die Ziele der Grünen (M 3 und M 4).*

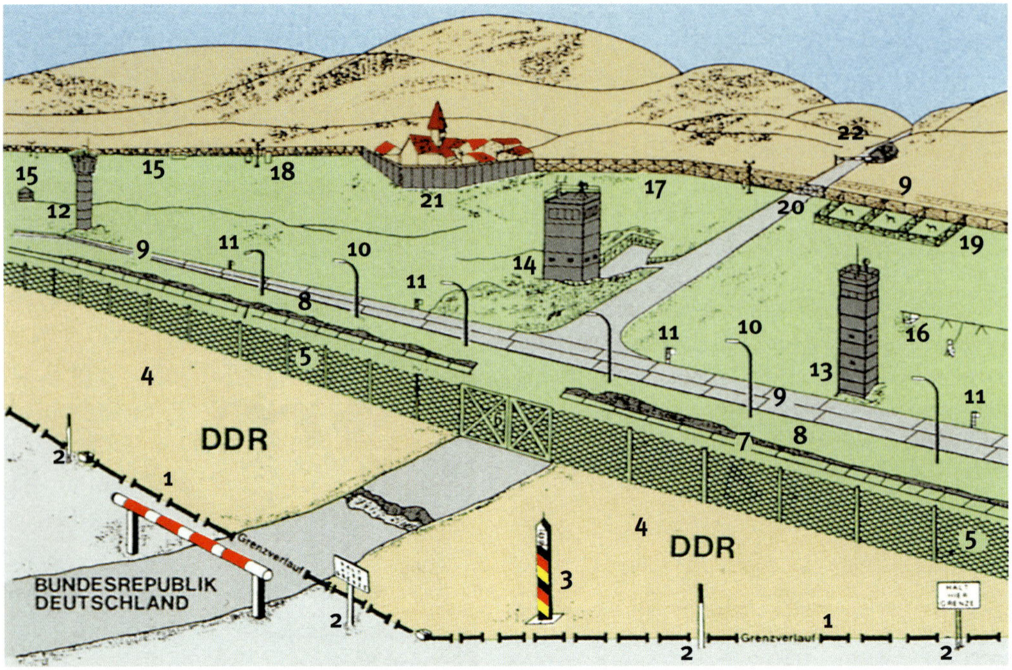

1 DDR-Grenzsperranlagen. *Schematische Darstellung für den Bundesgrenzschutz aus den 1980er-Jahren.*
1 *Grenzverlauf mit Grenzsteinen,* **2** *Grenzhinweisschild,* **3** *DDR-Grenzsäule,* **4** *Abgeholzter Geländestreifen,* **5** *Gitterzaun (3,2 m hoch),* **6** *Durchlass im Gitterzaun,* **7** *Kfz-Sperrgraben,* **8** *Kontrollstreifen,* **9** *Kolonnenweg mit Fahrspurplatten,* **10** *Lichtsperre,* **11** *Anschlusssäule für das Grenzmeldenetz,* **12–14** *Beobachtungstürme,* **15** *Beobachtungsbunker,* **16** *Hundelaufanlage,* **17** *Schutzstreifenzaun mit Signalanlagen,* **18** *Stromverteilungs- und Schalteinrichtungen am Schutzstreifenzaun,* **19** *Hundelaufanlage,* **20** *Durchlasstor,* **21** *Betonsperrmauer,* **22** *Kontrollpassierpunkt.*
Die deutsch-deutsche Grenze war 1378 Kilometer lang. Für den Reiseverkehr gab es nur zehn Straßenübergänge. Minenfelder und Selbstschussanlagen wurden erst nach 1983 als Gegenleistung für einen Milliardenkredit aus der Bundesrepublik abgebaut.
Die Zahl der Todesopfer an der Mauer und Grenze ist umstritten. Von 1949 bis 1989 starben zwischen 270 und 1135 Menschen an der innerdeutschen Grenze. Von 1961 bis 1988 gelang es aber über 40 000 Personen, aus der DDR und Ost-Berlin zu fliehen.

Die DDR erstarrt

→***Filmtipp:*** *Heldentod – der Tunnel und die Lüge; Regie: Britta Wauer, 2001*

Im Schatten der Sperranlagen

Seit dem Mauerbau 1961 machten Mauer, Stacheldraht, Todesstreifen und Schießbefehl eine Flucht aus der DDR lebensgefährlich. Bereits Planung oder Vorsatz der „Republikflucht" standen unter Strafe. Von 1961 bis 1989 wurden über 100 000 Personen wegen des Versuchs verurteilt, die DDR zu verlassen. In dieser Zeit starben zwischen 600 und 800 Menschen an der Grenze durch fremde Gewalt.
Der Bevölkerung blieb kaum eine andere Wahl, als sich mit den Verhältnissen abzufinden. Auf wirtschaftlichem Gebiet verbesserte sich die Situation allmählich. Das System der strengen Lenkung von oben wurde zeitweilig etwas flexibler gestaltet und damit eigenverantwortliches Handeln gefördert.
Ausdruck eines neuen Selbstbewusstseins der DDR sollte die zweite Verfassung von 1968 sein. Sie schrieb die führende Rolle der SED fest und bestätigte den 1952 begonnenen Aufbau der „Volksdemokratie". Die SED passte sich damit den anderen kommunistisch regierten Staaten des Ostblocks an.

2 Warnschild an der deutsch-deutschen Grenze.
Um Fahnenfluchten zu verhindern, gab das Ministerium für Staatssicherheit (Hauptabteilung I, Äußere Abwehr) am 3. Dezember 1974 für an der Grenze eingesetzte Stasi-Mitarbeiter die Anweisung: „Zögern Sie nicht mit der Anwendung der Schusswaffe, auch dann nicht, wenn die Grenzdurchbrüche mit Frauen und Kindern erfolgen…"

Von Ulbricht zu Honecker

Der Vorsitzende des Staatsrates und Führer der SED, *Walter Ulbricht*, hatte sich vorgenommen, den Sieg über den Kapitalismus auf deutschem Boden zu erzwingen. Er scheiterte wirtschaftlich und politisch. In Absprache mit dem sowjetischen Parteichef *Leonid Breschnew* leitete *Erich Honecker*, der in der Parteiführung vor allem für Sicherheitsfragen zuständig war, den Sturz des 77-jährigen Ulbricht ein. Im Mai 1971 wurde er 1. Sekretär der SED (ab 1976 Generalsekretär). Bald darauf übernahm er weitere wichtige Staatsämter und konnte so zum mächtigsten Mann der DDR aufsteigen.

Nationale Neubestimmung

Die DDR war bis 1971 erst von 29 Regierungen als Staat anerkannt worden. Eine breite internationale Akzeptanz fand sie erst, nachdem die Bundesregierung den Alleinvertretungsanspruch* aufgegeben und den deutsch-deutschen Grundlagenvertrag 1972 abgeschlossen hatte.** Damit war die Aufnahme beider deutschen Staaten in die *Vereinten Nationen* (1973) möglich geworden. Seitdem nahmen die Bundesrepublik Deutschland und die DDR gemeinsam an allen wichtigen internationalen Konferenzen teil. Bis Ende 1988 erkannten 135 Staaten die DDR völkerrechtlich an.

Die SED-Führung bemühte sich, in der Bevölkerung ein DDR-Nationalgefühl zu verankern. Der Gedanke an eine Wiedervereinigung wurde verworfen. Die bestehenden familiären Bindungen zwischen Ost und West, die gemeinsame Geschichte und Kultur wurden offiziell verdrängt oder verleugnet. Es wurde jede Gelegenheit genutzt, um sich von der „kapitalistischen" Bundesrepublik abzugrenzen. 1974 strich die SED-Führung alle gesamtdeutschen Bezüge aus der DDR-Verfassung. Der Text der 1949 erlassenen Nationalhymne von *Johannes R. Becher* durfte nicht mehr gesungen werden, da es dort in der ersten Strophe hieß: „Auferstanden aus Ruinen und der Zukunft zugewandt, lass uns dir zum Guten dienen, Deutschland einig Vaterland."

Forderung nach Anerkennung

1980 verlangte Honecker von der Bundesregierung die Anerkennung „zweier souveräner, voneinander unabhängiger Staaten" als Bedingung für „gutnachbarschaftliche" Beziehungen. Auch die Annahme einer eigenen DDR-Staatsbürgerschaft durch Bonn gehörte zu seinen Forderungen.

Die Bundesrepublik ließ sich darauf nicht ein. Sie hielt aber an den deutsch-deutschen Kontakten fest, um ein weiteres Auseinanderleben zu verhindern. Die SED-Führung nutzte das aus: Alle Übereinkünfte – vom Postabkommen von 1976 über verschiedene Reise- und Verkehrsvereinbarungen bis zum Kulturabkommen von 1986 – ließ sich die DDR von der Bundesrepublik teuer bezahlen.

Die Partei- und Staatsführung der DDR unterlief selbst ihre eigene Abgrenzungspolitik gegenüber der Bundesrepublik mit zahlreichen Abkommen.

**Siehe Seite 31.*

***Zum Grundlagenvertrag siehe Seite 31.*

3 „Auf der Mauer – auf der Lauer."

Karikatur aus dem „Handelsblatt" vom 4. Dezember 1964.

1964 wurde ein Zwangsumtausch für westdeutsche Besucher der DDR eingeführt.

Zunächst mussten sie DM 5,– (€ 2,56) pro Tag und Besucher bezahlen, ab 1968 DM 10,– (€ 5,11) und später DM 25,– (€ 12,78).

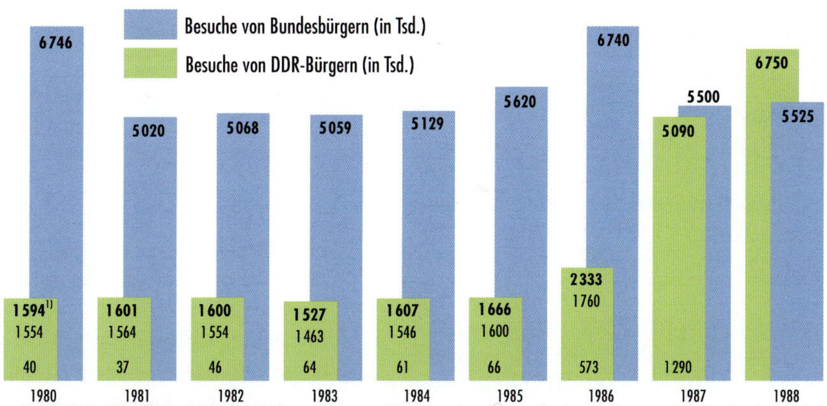

[1)] Besuche von DDR-Bürgern setzen sich zusammen aus „Rentnerreisen" (1980: 1 554 Tsd.) und aus „Reisen in dringenden Familienangelegenheiten" (1980: 40 Tsd.)

4 Der innerdeutsche Reiseverkehr.

Für die Bundesbürger wurden 1972 und 1984 Reiseerleichterungen in die DDR beschlossen. Ab Ende 1964 genehmigten die DDR-Behörden Rentnern befristete Verwandtenbesuche im Westen. Die Bedingungen dafür verbesserten sie 1972 und 1982. DDR-Bürger unterhalb des Rentenalters erhielten erst ab 1972 in dringenden Familienangelegenheiten (Sterbefälle usw.) eine Reiseerlaubnis. Die Zulassungskriterien für Westreisen wurden im Februar 1982 von der DDR-Regierung etwas erweitert.

Überlege, welche Auswirkungen die Reiseerleichterungen für das geteilte Deutschland hatten.

M 1 Aus den Verfassungen der DDR

Aus der zweiten Verfassung vom 6. April 1968:

Präambel

Getragen von der Verantwortung, der ganzen deutschen Nation den Weg in eine Zukunft des Friedens und des Sozialismus zu weisen, in Ansehung der geschichtlichen Tatsache, dass der Imperialismus unter Führung der USA im Einvernehmen mit Kreisen des westdeutschen Monopolkapitals Deutschland gespalten hat, um Westdeutschland zu einer Basis des Imperialismus und des Kampfes gegen den Sozialismus aufzubauen, was den Lebensinteressen des Volkes widerspricht, hat sich das Volk der Deutschen Demokratischen Republik, fest gegründet auf den Errungenschaften der antifaschistisch-demokratischen und der sozialistischen Umwälzung der gesellschaftlichen Ordnung, [...] diese sozialistische Verfassung gegeben.

Artikel 1

Die Deutsche Demokratische Republik ist ein sozialistischer Staat deutscher Nation. Sie ist die politische Organisation der Werktätigen in Stadt und Land, die gemeinsam unter Führung der Arbeiterklasse und ihrer marxistisch-leninistischen Partei den Sozialismus verwirklichen.

Artikel 8

(2) Die Herstellung und Pflege normaler Beziehungen und die Zusammenarbeit der beiden deutschen Staaten auf der Grundlage der Gleichberechtigung sind nationales Anliegen der Deutschen Demokratischen Republik. Die Deutsche Demokratische Republik und ihre Bürger erstreben [...] die schrittweise Annäherung der beiden deutschen Staaten bis zur ihrer Vereinigung auf der Grundlage der Demokratie und des Sozialismus.

M 2 Staatsflagge der DDR.

Dieses Hoheitszeichen wurde am 1. Oktober 1959 eingeführt. Bis dahin nutzten Bundesrepublik und DDR die gleiche Flagge.

Aus der geänderten Verfassung vom 7. Oktober 1974:

Präambel

In Fortsetzung der revolutionären Tradition der deutschen Arbeiterklasse und gestützt auf die Befreiung vom Faschismus hat das Volk der Deutschen Demokratischen Republik in Übereinstimmung mit den Prozessen der geschichtlichen Entwicklung unserer Epoche sein Recht auf sozial-ökonomische, staatliche und nationale Selbstbestimmung verwirklicht und gestaltet die entwickelte sozialistische Gesellschaft. [...]

Artikel 6

[...] Die Deutsche Demokratische Republik ist für immer und unwiderruflich mit der Union der Sozialistischen Sowjetrepublik verbündet. [...]
Die Deutsche Demokratische Republik ist untrennbarer Bestandteil der sozialistischen Staatengemeinschaft.

Matthias Judt (Hrsg.), DDR-Geschichte in Dokumenten, Berlin 1997, S. 508f.

M 3 Zur Verfassung von 1974

Der Bundesminister für inner-deutsche Beziehungen, Egon Franke (SPD), erklärt am 27. September 1974 zur Verfassung der DDR:

Nach Auffassung der Bundesregierung kann eine Nation, und so auch die deutsche Nation, durch Akte bloßer Gesetzgebung weder geschaffen noch beseitigt werden.
Das deutsche Volk, das nach dem Zweiten Weltkrieg gegen seinen Willen geteilt wurde und heute in zwei Staaten unterschiedlicher Gesellschaftsordnung getrennt lebt, hat Anspruch auf das nationale Selbstbestimmungsrecht. [...]
Solange die Deutschen keine Gelegenheit erhalten, über ihre staatliche und nationale Existenz frei zu bestimmen, bleibt ihnen ein fundamentales Recht vorenthalten.
Die Bundesregierung bekräftigt darum das politische Ziel der Bundesrepublik Deutschland, auf einen Zustand des Friedens in Europa hinzuwirken, in dem das deutsche Volk seine Einheit in freier Selbstbestimmung wiedererlangt.

Irmgard Wilharm (Hrsg.), Deutsche Geschichte 1962-1983, Band 2, Frankfurt a. M. 1985, S. 91

1. *Vergleiche die Verfassungstexte (M 1) hinsichtlich*
   - *der Rolle der SED,*
   - *des Begriffs Nation,*
   - *der deutschen Staatsangehörigkeit und*
   - *des Verhältnisses zur Sowjetunion.*
2. *Erläutere anhand der drei Verfassungstexte die Einstellung der SED zur Wiedervereinigung.*
3. *Nenne die Symbole der Staatsflagge der DDR und erkläre sie (M 2).*
4. *Der Bundesminister für innerdeutsche Beziehungen unterscheidet zwischen Staat und Nation (M 3). Erkläre!*
5. *Seit 1949 hatte die DDR eine eigene Nationalhymne. Suche den Text und vergleiche die Aussagen über Deutschland mit der 3. Strophe unserer Nationalhymne.*

Die neue Ostpolitik

Die Ausgangslage

1961 hatte sich der amerikanische Präsident *John F. Kennedy* in einer beeindruckenden Antrittsrede für eine Annäherung zwischen Ost und West eingesetzt, vor einer „stetigen Ausbreitung des tödlichen Atoms" gewarnt und Rüstungskontrollmaßnahmen vorgeschlagen. Aber erst nach der *Kuba-Krise* von 1962 begann eine Entspannungspolitik zwischen den beiden Supermächten. Sie machte es auch den westdeutschen Politikern möglich, die außenpolitischen Vorbehalte gegenüber den Staaten, die die DDR anerkannt hatten (*Hallstein-Doktrin*), aufzugeben und das Verhältnis zu den kommunistisch regierten Staaten neu zu gestalten (*neue Ostpolitik*). Verständigungsschwierigkeiten mit der Sowjetunion, Polen und der Tschechoslowakei gab es nicht nur wegen der unterschiedlichen Staats- und Gesellschaftsordnungen, der Zugehörigkeit zu unterschiedlichen Bündnissen (*NATO* und *Warschauer Pakt*) und des Mauerbaus. Belastend wirkten auch die Erinnerungen an die Kriegsverbrechen der Deutschen und die Vertreibung der deutschen Bevölkerung bei Kriegsende.

„Wandel durch Annäherung"

Bundeskanzler Brandt und Außenminister *Walter Scheel* (FDP) gelang mit den westlichen Bündnispartnern der Durchbruch in der Ostpolitik. Zwischen 1970 und 1973 schlossen sie die sogenannten Ostverträge mit der Sowjetunion, Polen und der Tschechoslowakei ab. Dabei betonte die Bundesregierung, dass sie „auf einen Zustand des Friedens in Europa" hinwirken wolle, „in dem das deutsche Volk in freier Selbstbestimmung seine Einheit" wiedererlangen könne. Brandt und Scheel bestätigten in diesen Verträgen die Nachkriegsordnung, um so den „Eisernen Vorhang" durchlässiger zu machen. Langfristig sollte ein „Wandel durch Annäherung" zur Überwindung der deutschen und europäischen Teilung beitragen.
Als Gegenleistung erkannte die Sowjetunion nach Verhandlungen mit den Vereinigten Staaten, Großbritannien und Frankreich 1971 im *Viermächte-Abkommen* die besondere Bindung West-Berlins an die Bundesrepublik an und bestätigte die Viermächte-Verantwortung für ganz Berlin.

Deutsch-deutsche Beziehungen

Da der DDR frei gewählte politische Einrichtungen fehlten, beanspruchten die westdeutschen Regierungen, das ganze deutsche Volk völkerrechtlich zu vertreten. Dieser Alleinvertretungsanspruch war von den Westalliierten bekräftigt worden. Bonn hatte daher zunächst keine diplomatischen Beziehungen zu Staaten aufgenommen, die die DDR anerkannten, ausgenommen die Sowjetunion.
Mit den Ostverträgen wurde eine neue Politik der Bundesrepublik gegenüber der DDR notwendig. Erste Gespräche zwischen Bundeskanzler Brandt und dem Vorsitzenden des DDR-Ministerrates, *Willi Stoph*, fanden 1970 in Erfurt und Kassel statt. Die Begegnungen brachten keine konkreten Veränderungen, aber es kam Bewegung in die deutsch-deutschen Beziehungen. 1971 wurde im Zusammenhang mit dem alliierten Viermächte-Abkommen über Berlin eine Vereinbarung getroffen, die den Verkehr zwischen der Bundesrepublik und West-Berlin wieder in größerem Umfang erlaubte (*Transit-Abkommen*). Er war zuvor weitgehend unterbunden gewesen.

1 Willy Brandt in Erfurt.
Foto vom 19. März 1970. Vor dem Tagungshotel hatten sich tausende DDR-Bürger versammelt. Sie riefen „Willy, Willy" und „Brandt ans Fenster". Sie hofften auf eine Verbesserung der deutsch-deutschen Beziehungen.

Der „Grundlagenvertrag"

Im Mai 1973 billigte der Bundestag nach heftigen Diskussionen den am 21. Dezember 1972 unterschriebenen Grundlagenvertrag. Die Bundesrepublik Deutschland und die DDR erkannten sich als gleichberechtigte Staaten an und verpflichteten sich zu „gutnachbarschaftlichen Beziehungen". Wie schon anlässlich der Unterzeichnung des „Moskauer Vertrages" übergab die Bundesregierung jetzt auch der Regierung der DDR einen „Brief zur deutschen Einheit". Er wies auf das Recht des deutschen Volkes hin, seine Einheit in „freier Selbstbestimmung" anzustreben. Darüber hinaus setzte die Bundesregierung durch, dass zwischen den beiden Staaten „besondere Beziehungen" festgeschrieben wurden und beide Seiten füreinander kein Ausland waren. Deshalb tauschten beide Regierungen keine Botschafter, sondern nur „Ständige Vertreter" aus.
Die bayerische Staatsregierung ließ den „Grundlagenvertrag" vom Bundesverfassungsgericht prüfen. Das höchste bundesdeutsche Gericht wies im Juli 1973 die Klage ab. Es erklärte aber, dass Bundesrepublik und DDR „Teile eines noch immer existierenden, wenn auch handlungsunfähigen, umfassenden Staates Gesamtdeutschland" seien und eine völkerrechtliche Anerkennung der DDR durch die Bundesrepublik durch diesen Vertrag nicht ausgesprochen werde. Darüber hinaus stellte es fest, dass „Mauer, Stacheldraht, Todesstreifen und Schießbefehl" an der Grenze mit dem Geist des „Grundlagenvertrages" unvereinbar seien.

M 1 „Die Unterschrift des Jahres."
Karikatur aus der „Frankfurter Allgemeinen Zeitung" vom 8. Dezember 1970.
Am 7. Dezember 1970 wurde der „Warschauer Vertrag" unterschrieben. Die Bundesrepublik und Polen stellten darin fest, dass „die bestehende Grenzlinie, deren Verlauf im Kapitel IX der Beschlüsse der Potsdamer Konferenz vom 2. August 1945 [...] festgelegt worden ist, die westliche Staatsgrenze der Volksrepublik Polen bildet" (Artikel 1).
Interpretiere die Karikatur.

M 2 Aus dem „Moskauer Vertrag"
Am 12. August 1970 akzeptieren Vertreter der Bundesregierung und der Sowjetunion folgende Punkte:

- Sie verpflichten sich, die territoriale Integrität* aller Staaten in Europa in ihren heutigen Grenzen uneingeschränkt zu achten;
- sie erklären, dass sie keine Gebietsansprüche gegen irgendjemand haben und solche in Zukunft auch nicht erheben werden;
- sie betrachten heute und künftig die Grenzen aller Staaten in Europa als unverletzlich, wie sie am Tage der Unterzeichnung dieses Vertrages verlaufen, einschließlich der Oder-Neiße-Linie, die die Westgrenze der Volksrepublik Polen bildet, und der Grenze zwischen der Bundesrepublik Deutschland und der Deutschen Demokratischen Republik.

Dieter Blumenwitz, Denk ich an Deutschland – Antworten auf die Deutsche Frage. Dokumentenband, München 1989, S. 76

* **Integrität**: *Unversehrtheit*

M 3 Aus dem „Grundlagenvertrag"
Am 21. Dezember 1972 wird in Ost-Berlin der „Vertrag über die Grundlagen der Beziehungen zwischen der Bundesrepublik Deutschland und der Deutschen Demokratischen Republik" abgeschlossen.

Artikel 1
[Sie] entwickeln normale gutnachbarschaftliche Beziehungen zueinander auf der Grundlage der Gleichberechtigung. [...]

Artikel 3
[Sie] bekräftigen die Unverletzlichkeit der zwischen ihnen bestehenden Grenze jetzt und in der Zukunft und verpflichten sich zur uneingeschränkten Achtung ihrer territorialen Integrität.

Artikel 4
[Sie] gehen davon aus, dass keiner der beiden Staaten den anderen international vertreten oder in seinem Namen handeln kann. [...]

Artikel 6
[Sie] respektieren die Unabhängigkeit und Selbstständigkeit jedes der beiden Staaten in seinen inneren und äußeren Angelegenheiten. [...]

Artikel 7
[Sie] erklären ihre Bereitschaft, im Zuge der Normalisierung ihrer Beziehungen praktische und humanitäre Fragen zu regeln. Sie werden Abkommen schließen, um auf der Grundlage dieses Vertrages und zum beiderseitigen Vorteil die Zusammenarbeit auf dem Gebiet der Wirtschaft, der Wissenschaft und Technik, des Verkehrs, des Rechtsverkehrs, des Post- und Fernmeldewesens, des Gesundheitswesens, der Kultur, des Sports, des Umweltschutzes und auf anderen Gebieten zu entwickeln und zu fördern.

Dieter Blumenwitz, Denk ich an Deutschland, a. a. O., S. 103 f.

M 4 Kritische Anmerkungen
Oppositionsführer Rainer Barzel (CDU) erklärt zur Unterzeichnung des Grundlagenvertrages:

Dieser Vertrag legitimiert ein Unrechtssystem und eine unmenschliche Grenze mit automatischen Tötungsanlagen. [...] Dieser Vertrag lässt unsere Landsleute in der DDR im Stich, hilft aber dem Regime dort, um die jahrelang vergeblich erstrebte internationale Anerkennung zu erreichen. So geht von deutschem Boden Unrecht aus, bestätigt von einer frei gewählten Regierung. Das wollen wir nicht mitmachen.

Der Tagesspiegel vom 22. Dezember 1972

M 5 Keine „deutsche Frage" mehr?
Das DDR-Lehrbuch „Geschichte" für Klasse 10 von 1983 bewertet die Ostverträge und den Grundlagenvertrag wie folgt:

Mit dem von den sozialistischen Staaten geschaffenen System von Verträgen, Abkommen und Vereinbarungen in Europa wurde der völkerrechtliche Rahmen für die friedliche Gestaltung der Beziehungen zwischen den beiden Teilen des Kontinents geschaffen. [...] Mit der weltweiten Anerkennung der DDR und der gleichberechtigten Aufnahme der DDR und der BRD in die UNO wurde endgültig klargestellt, dass es keine „offene deutsche Frage" mehr gibt.

Geschichte. Lehrbuch für Klasse 10, Berlin (Ost) 1983,

1. *Erörtert die Bestimmungen des „Moskauer Vertrages" (M 2).*
2. *Brandt fasste seine Politik in der Formel „zwei Staaten, eine Nation" zusammen. Erläutere diese Position, berücksichtige dabei auch die Kritik der Opposition und die DDR-Lehrbuchdarstellung (M 3 bis M 5).*

Lerntipp

Fotos vergleichen

Das Foto vom Kniefall des Bundeskanzlers Willy Brandt in Warschau von 1970 steht für die Aussöhnung mit dem östlichen Nachbarn. Das Bild von Staatspräsident Mitterrand und Bundeskanzler Kohl in Verdun von 1984 ist ein weiteres Beispiel für symbolisches Handeln. Um beide Gesten deuten zu können, ist es erforderlich, sich über den jeweiligen Ort, die Umstände, die Vorgeschichte und die Reaktion in der Öffentlichkeit zu informieren, beispielsweise in den Erinnerungen der beteiligten Politiker und ihren Biografien. Darüber hinaus ist zu prüfen, mit welchen Mitteln die Fotos die Ereignisse hervorheben.

M 1 Bundeskanzler Willy Brandt am Ehrenmal für die Helden des Warschauer Ghettos.
Foto von Sven Simon (d. i. Axel Springer jr.) vom 7. Dezember 1970.

M 2 Titelblatt der Wochenzeitung „Der Spiegel" vom 14. Dezember 1970.

M 3 Bundeskanzler Helmut Kohl und Staatspräsident François Mitterrand in Verdun.
Foto vom 22. September 1984.
Die beiden Staatsmänner standen minutenlang auf dem Soldatenfriedhof von Douaumont vor dem mit der deutschen und französischen Fahne bedeckten Sarg.

→Lektüretipps:
- *Willy Brandt, Erinnerungen, Frankfurt a. M. 1989*
- *Adam Krzeminski, Der Kniefall, in: Etienne François und Hagen Schulze (Hrsg.), Deutsche Erinnerungsorte. Eine Auswahl, München 2005, S. 431-446*
- *Peter Merseburger, Willy Brandt 1913-1992. Visionär und Moralist, Stuttgart [4]2002*
- *Michael Wolffsohn/Thomas Brechenmacher, Denkmalsturz? Brandts Kniefall, München 2005*
- *Helmut Kohl, Erinnerungen. 1982-1990, Bd. 2, Stuttgart 2005*
- *Klaus Dreher, Helmut Kohl. Leben mit Macht, Stuttgart [2]1998*

1. *Deute und vergleiche die Gesten der Fotos M 1 bis M 3. Informiere dich über die Motive des Verhaltens. Finde heraus, ob die Gesten spontan oder geplant waren.*
2. *Arbeite die Symbolik der Gesten heraus.*
3. *Das Titelblatt (M 2) hat die Aussage des Fotos (M 1) verändert. Erkläre!*

Mehr Freiheit im Ostblock?

1 Small Talk auf der KSZE-Schlusskonferenz in Helsinki.
Foto vom 1. August 1975. Bundeskanzler Helmut Schmidt (vorne rechts) spricht mit dem DDR-Staatsratsvorsitzenden Erich Honecker.

Der Anfang: die „Schlussakte von Helsinki"
Eine neue Runde internationaler Zusammenarbeit begann mit der *Konferenz über Sicherheit und Zusammenarbeit in Europa* (KSZE). Darin hatten sich alle Staaten zusammengeschlossen, die Verantwortung für Europa trugen. Dazu gehörten die Mitglieder des Warschauer Paktes ebenso wie die der NATO. Mit einem Treffen der Außenminister begannen 1971 die Verhandlungen in Helsinki. Am 1. August 1975 unterschrieben 35 Staats- und Regierungschefs die *KSZE-Schlussakte von Helsinki*. Sie war zwar kein völkerrechtlich verbindlicher Vertrag, aber politisch folgenreich. Bürgerrechtsgruppen machten sie zum Prüfstein der Innen- und Außenpolitik ihrer Regierungen. In den Ostblockstaaten ermutigte die „Schlussakte" einige Intellektuelle, Verletzungen der Menschenrechte öffentlich anzuzeigen. Die zuerst im Westen veröffentlichte *Charta 77* aus der Tschechoslowakei ist ein Beispiel dafür.
Trotzdem blieb die Forderung nach Menschenrechten in den kommunistischen Staaten gefährlich. Die Unterdrückung reichte von der öffentlichen Verleumdung über Berufsverbote bis hin zu Haftstrafen oder Ausweisungen.

Die „Solidarność"
Der KSZE-Prozess stärkte auch in Polen die Oppositionskräfte. Ende der 1970er-Jahre war es zu Konflikten zwischen den Arbeitern und der Kommunistischen Partei gekommen. Die Arbeiter forderten wie 1956 weitreichende wirtschaftliche und politische Reformen.

Nach einem landesweiten Streik im Jahre 1980, den Werftarbeiter in Danzig ausgelöst hatten, wurde die unabhängige Gewerkschaft *Solidarność* (dt. *Solidarität*) gegründet. Sie zählte bald neun Millionen Mitglieder und konnte weder von den Regierungen in Warschau noch in Moskau ignoriert werden.
Obwohl die polnische Krise sich zuspitzte, lehnte der Kreml anders als 1956 ein militärisches Eingreifen ab. Angesichts eigener Probleme war die sowjetische Führung bereit, den polnischen Kommunisten die Klärung ihrer Angelegenheiten selbst zu überlassen. Nur die „führende Rolle der Partei", wie sie in der Verfassung festgeschrieben war, durfte nicht angetastet werden. Die Regierung in Warschau verhängte 1981 das Kriegsrecht und verbot die Solidarność. Trotzdem wurde es für die Kommunisten immer schwieriger, gegen die von der katholischen Kirche unterstützte Opposition unter der Führung des Elektrikers *Lech Walesa* zu regieren.

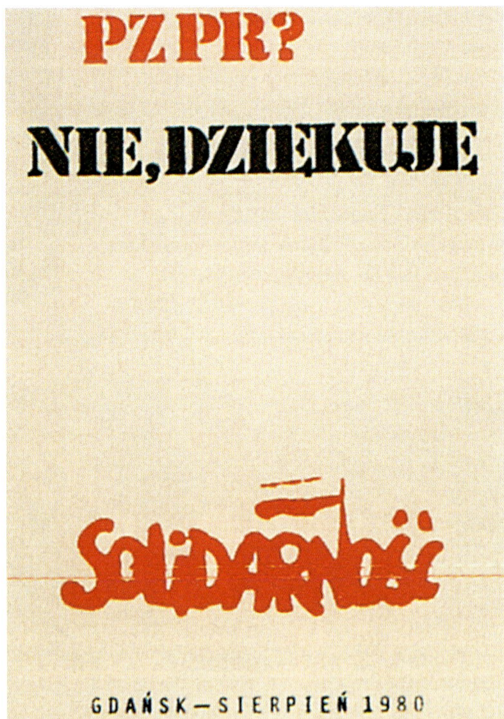

2 „PZPR? Nein, danke."
Anschlag aus Danzig vom August 1980. PZPR: Abk. für die kommunistische „Polnische Vereinigte Arbeiterpartei".

M 1 Die zehn KSZE-Prinzipien

Die zehn Prinzipien für das friedliche Zusammenleben der Staaten gelten als eine Art „Grundgesetz". Alle Prinzipien sind von grundlegender Bedeutung, keines darf ohne die anderen ausgelegt werden:

I. Souveräne Gleichheit [...].
II. Enthaltung von der Androhung oder Anwendung von Gewalt [...].
III. Unverletzlichkeit der Grenzen [...].
IV. Territoriale Integrität der Staaten [...].
V. Friedliche Regelung von Streitfällen [...].
VI. Nichteinmischung in die inneren Angelegenheiten [...].
VII. Achtung der Menschenrechte und Grundfreiheiten, einschließlich der Gedanken-, Gewissens-, Religions- oder Überzeugungsfreiheit [...].
VIII. Gleichberechtigung und Selbstbestimmungsrecht der Völker [...].
IX. Zusammenarbeit zwischen den Staaten [...].
X. Erfüllung völkerrechtlicher Verpflichtungen nach Treu und Glauben [...].

Europa-Archiv, 30. Jg. (1975), S. D 438 ff.

M 2 Die „Charta 77"

Die Gründungsproklamation der Bürgerrechtsgruppe „Charta 77" unterzeichnen im Januar 1977 rund 260 Personen, vor allem Künstler und Intellektuelle. Der Text wird im Westen veröffentlicht, in der Tschechoslowakei kann er nur im Untergrund verbreitet werden. Die kommunistische Staatsführung reagiert auf die Veröffentlichung mit Verhaftungen der Unterzeichner.

Charta 77 ist eine freie, informelle* und offene Gemeinschaft von Menschen verschiedener Überzeugungen, verschiedener Religionen und verschiedener Berufe, verbunden durch den Willen, sich einzeln und gemeinsam für die Respektierung der Bürger- und Menschenrechte in unserem Land und in der Welt einzusetzen – jener Rechte, die dem Menschen von beiden kodifizierten** internationalen Pakten, von der Abschlussakte der Konferenz in Helsinki, von zahlreichen weiteren internationalen Dokumenten gegen Krieg, Gewaltanwendung und soziale und geistige Unterdrückung zugestanden werden und die zusammenfassend von der „Allgemeinen Erklärung der Menschenrechte" der UN zum Ausdruck gebracht werden. [...]

Charta 77 ist keine Basis für oppositionelle politische Tätigkeit. Sie will dem Gemeininteresse dienen wie viele ähnliche Bürgerinitiativen in verschiedenen Ländern des Westens und des Ostens. Sie will also nicht eigene Programme politischer oder gesellschaftlicher Reformen oder Veränderungen aufstellen, sondern in ihrem Wirkungsbereich einen konstruktiven*** Dialog mit der politischen und staatlichen Macht führen, insbesondere dadurch, dass sie auf verschiedene konkrete Fälle von Verletzungen der Menschen- und Bürgerrechte hinweist [...].

Archiv der Gegenwart, 47. Jg. (1977), S. 20687

* **informell**: *nichtamtlich*
** **kodifiziert**: *durch Gesetze verbindlich gemacht*
*** **konstruktiv**: *hilfreich, aufbauend*

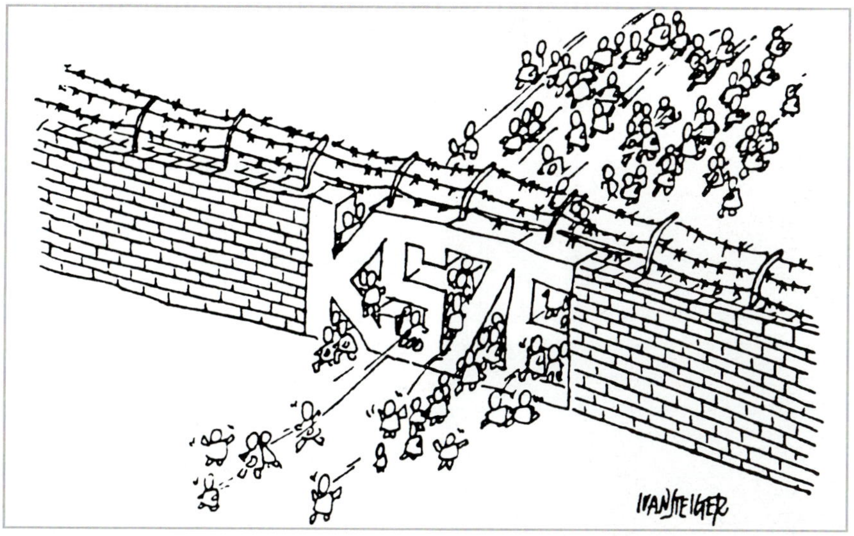

M 3 „Helsinki und die Folgen."

Karikatur aus dem „Deutschen Allgemeinen Sonntagsblatt" vom 19. Oktober 1975.

M 4 Die Forderungen von Danzig

Am Anfang der Entwicklung in Polen stehen die 21 Forderungen des Danziger „Überbetrieblichen Streikkomitees" vom August 1980.

1. Akzeptierung von der Partei und den Arbeitgebern unabhängiger freier Gewerkschaften [...].
2. Garantie des Rechts auf Streik [...].
3. Einhaltung der von der Verfassung der Volksrepublik Polen garantierten Freiheit des Worts, des Drucks und der Publikation, somit auch Duldung unabhängiger Zeitschriften und Zugang für Vertreter aller Glaubensbekenntnisse zu den Massenmedien.

[...]

12. Einstellung von Führungskräften nach dem Prinzip der Qualifikation und nicht nach Parteizugehörigkeit sowie Abschaffung von Privilegien für Polizei, Sicherheitsdienst und Parteiapparat [...].

Osteuropa-Archiv, 31. Jg. (1981), A S. 1 f.

1. *Arbeite den Zusammenhang zwischen der „Schlussakte von Helsinki", der „Charta 77" und den Forderungen von Danzig heraus (M 1, M 2 und M 4).*
2. *M 2 und M 4 zeigen Missstände in den kommunistisch regierten Staaten. Erläutere!*
3. *Interpretiere die Karikatur (M 3).* Lerntipp

Die „Wende" in Bonn

1 Amtsvorgänger Helmut Schmidt (rechts) gratuliert Bundeskanzler Helmut Kohl.
Foto vom 1. Oktober 1982.

Probleme der sozial-liberalen Regierung

Im Verlauf der Auseinandersetzungen um die Ostpolitik verlor Bundeskanzler Brandt seine parlamentarische Mehrheit. Mehrere Abgeordnete der FDP und der SPD stimmten aus Protest mit der Opposition oder wechselten zur Union über. Die CDU/CSU nutzte diese Lage am 27. April 1972 zu dem Versuch, ihren Fraktionsvorsitzenden *Rainer Barzel* durch ein konstruktives Misstrauensvotum zum Kanzler wählen zu lassen und so Brandt zu stürzen. Allerdings stimmten zwei Abgeordnete der CDU/CSU gegen Barzel, das Misstrauensvotum scheiterte. Einer dieser beiden war – wie sich erst nach 1990 herausstellte – vom Ministerium für Staatssicherheit der DDR bestochen worden. Da die Regierung Brandt/Scheel keine Mehrheit mehr hatte, wurden Neuwahlen notwendig.
Brandts Beliebtheit sicherte dem Bündnis von SPD und FDP einen deutlichen Wahlsieg; erstmals wurde die SPD stärkste Partei im Bundestag. Dennoch verlor Brandt schon bald in seiner von Flügelkämpfen zerrissenen Partei an Durchsetzungskraft.
In der internationalen Wirtschaftskrise von 1973 führte die Finanzierung der sozialliberalen Reformen zum Anwachsen der Staatsschulden, was die CDU/ CSU-Opposition hart kritisierte.
1974 trat Brandt zurück, nachdem *Günter Guillaume*, ein langjähriger Mitarbeiter des Kanzlers, als Geheimdienstagent der DDR enttarnt worden war. Brandts Nachfolger wurde Finanz- und Wirtschaftsminister *Helmut Schmidt*.

Die FDP will den Wechsel

Anfang der 1980er-Jahre geriet die sozialliberale Regierung in eine neue Krise. Die Preise für Erdöl waren extrem stark gestiegen, das Wirtschaftswachstum ging zurück und die Arbeitslosenzahlen stiegen. Im August 1981 forderte daraufhin der Vorsitzende der FDP, *Hans-Dietrich Genscher*, eine „Wende" in der Innenpolitik. Er regte mehr Selbstverantwortung der Bürger und eine stärkere Förderung von privaten Initiativen an. Der FDP-Wirtschaftsminister *Otto Graf Lambsdorff* forderte im folgenden Monat eine Kürzung der Ausbildungsförderung und Arbeitslosenhilfe sowie die Reform der Krankenversicherung. Außerdem wollte er die Altersgrenze für Rentner anheben. Die SPD lehnte diesen Kurswechsel ab. Stattdessen erwog Helmut Schmidt die Entlassung des Wirtschaftsministers. Daraufhin traten alle vier FDP-Minister zurück. Zugleich begann in der liberalen Partei die Diskussion, ob ihre Abgeordneten – wie vor der Wahl von 1980 den Wählern versprochen – an der Koalition mit der SPD bis zu Neuwahlen festhalten müssten oder bereits vorher ein Bündnis mit der CDU/CSU eingehen könnten. Die FDP-Spitze entschied sich für eine sofortige Koalition mit der CDU/CSU. Man einigte sich darauf, Bundeskanzler Schmidt im Bundestag das Vertrauen zu entziehen. Am 1. Oktober 1982 wählten die Abgeordneten des Deutschen Bundestages durch ein konstruktives Misstrauensvotum den Parteivorsitzenden der CDU *Helmut Kohl* zum neuen Kanzler der Bundesrepublik.

Eine christlich-liberale „Wende"?

Die neue Regierung verkündete eine „Wende", um die Wirtschafts- und Beschäftigungskrise zu überwinden. In den vorgezogenen Bundestagswahlen vom März 1983 wurde die christlich-liberale Koalition bestätigt. Unter Helmut Kohl versuchte die Regierung, durch Sparen die hohen Staatsschulden zu verringern. Gleichzeitig bot sie den Unternehmen verstärkt Investitionsanreize, um die Konjunktur zu beleben und die Arbeitslosigkeit abzubauen. Vor dem Hintergrund einer positiven Weltwirtschaftslage erholte sich die deutsche Wirtschaft. Trotzdem blieb die Zahl der Erwerbslosen hoch.
Im Februar 1985 wurden 2,6 Millionen Arbeitslose gezählt. Die Arbeitslosigkeit wurde vor allem verursacht durch die seit 1983 steigende Zahl der auf den Arbeitsmarkt drängenden Menschen sowie die Rationalisierungs- und Modernisierungsmaßnahmen in den Betrieben. Obwohl bis 1990 etwa zwei Millionen neue Arbeitsplätze geschaffen wurden, konnte die Zahl der Erwerbslosen kaum gesenkt werden.
Eine umfassende Reform der sozialen Sicherungssysteme wie Renten- und Krankenversicherung unterblieb. Die Staatsausgaben stiegen daher trotz einzelner Einsparungen im sozialen Bereich weiter an. Staatsschulden konnten nicht dauerhaft gesenkt werden.

M 1 Das Wirtschaftswachstum der Bundesrepublik Deutschland.

Daten nach: Bundesministerium für Wirtschaft (Hrsg.), Leistung in Zahlen bzw. Wirtschaft in Zahlen, verschiedene Jahrgänge

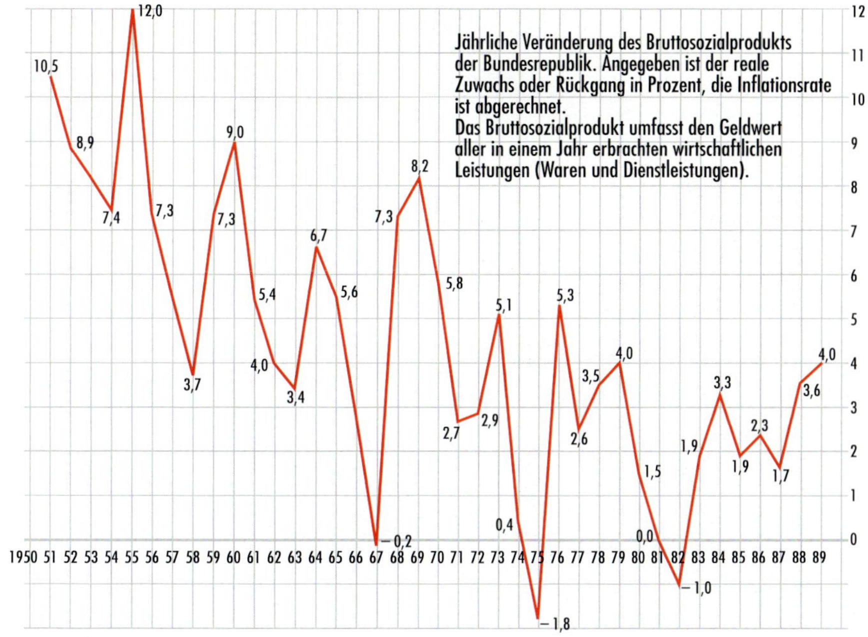

M 2 Der Arbeitsmarkt in der Bundesrepublik Deutschland.

Daten nach: Jahresgutachten 1979, Tab. 9 und Bundesministerium für Wirtschaft (Hrsg.), Wirtschaft in Zahlen, Jg. '87 und '92

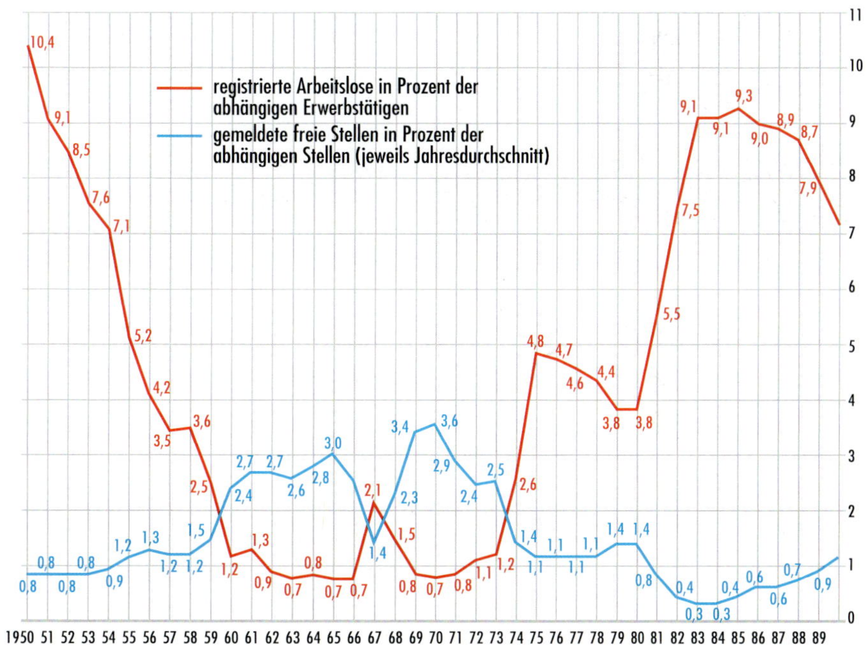

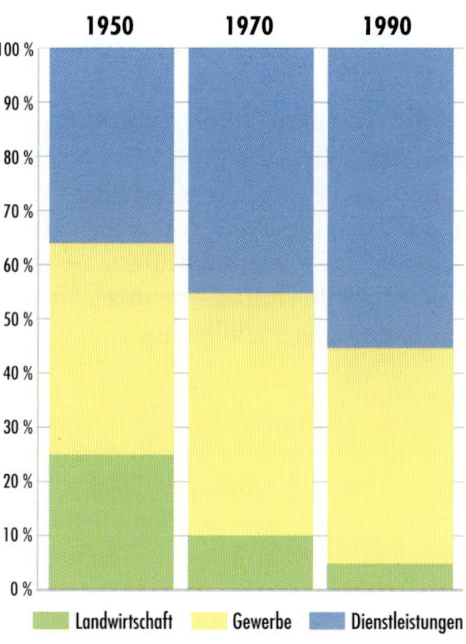

M 3 Erwerbstätige nach Wirtschaftsbereichen in der Bundesrepublik Deutschland.

1. *Beschreibe den Konjunkturverlauf (M 1). Vergleiche die Entwicklung mit M 2 und M 3.*
2. *In welchem Wirtschaftsbereich wurden zwischen 1950 und 1990 die meisten Stellen geschaffen (M 3)? Nenne neue Berufe dieser Bereiche.*
3. *Informiere dich über den Wandel der Wirtschaftsstruktur in deinem Wohn- oder Schulort und der Region. Berichte über die Folgen des Wandels.*

1 Feier der Jugendweihe in Berlin-Friedrichshain.
Foto von Michael Ruetz vom 7. April 1974. Während die in der DDR schwach vertretene katholische Kirche eine Teilnahme von Kommunionsempfängern an der Jugendweihe ablehnte, akzeptierte die evangelische Kirche – nach anfänglicher Weigerung – die Jugendweihe. Evangelische Jugendliche konnten sowohl zur Konfirmation als auch zur Jugendweihe gehen.

Alltag in der DDR

Die Erziehung im Sozialismus

Die kommunistischen Machthaber setzten auf die Jugend. Sie sollte zum Sozialismus „mit Wort und Tat und, wenn nötig, mit der Waffe in der Hand" erzogen werden – so die Volksbildungsministerin *Margot Honecker* noch im Juni 1989. Ob im Kindergarten, in der Schule, am Arbeitsplatz, in der Freizeit – die Partei war immer dabei und warb für die eigenen Ziele: die Verachtung des „Klassenfeindes" im Westen, die Freundschaft mit der Sowjetunion und die Dankbarkeit gegenüber der Parteiführung der DDR.

Kaum einer konnte sich dem Einfluss der Partei und der Kontrolle des *Ministeriums für Staatssicherheit (MfS)** entziehen. Mit sechs Jahren kam man zu den *Jungen Pionieren* (rund 98 Prozent aller Schulkinder) und ab dem 14. Lebensjahr zur *Freien Deutschen Jugend (FDJ)*. 1986 hatte die FDJ 2,3 Millionen Mitglieder, das waren fast 75 Prozent der Jugendlichen im Alter von 14 bis 25 Jahren. Wer nicht bei der FDJ mitmachte, konnte sich seine berufliche Zukunft verbauen.

Anerkannt?

Eine besondere Bedeutung kam der *Jugendweihe* zu. Sie knüpfte an Traditionen der Arbeiterbewegung an und wurde 1955 eingeführt. Jungen und Mädchen konnten sich nach der achten Klasse mit 14 Jahren an ihr beteiligen. Die Jugendweihe galt als Schritt ins Erwachsenenleben und sollte den Heranwachsenden „Kraft und Selbstbewusstsein für den weiteren Lebensweg" in der sozialistischen Gesellschaft geben. Die Bevölkerung schätzte das Fest. Rund 98 Prozent der Jugendlichen nahmen seit Mitte der 1970er-Jahre daran teil.

Mehr noch als die Jugendweihen trugen die internationalen Erfolge der DDR-Spitzensportler zur Identifikation der Bürger mit ihrem Land bei. Zwischen 1956 und 1988 gewannen Sportlerinnen und Sportler der DDR 578 olympische Medaillen, davon 203 Goldene.

Alles für das „Wohl der Menschen"?

Glaubte man der SED, wurde „alles getan für das Wohl der Menschen, für das Glück des Volkes, für die Interessen der Arbeiterklasse und aller Werktätigen" (*Sozialpolitisches Programm von 1972*). In der Tat versuchte die SED unter Honecker, dem Konsumbedürfnis der Bürger und ihrem Verlangen nach sozialer Sicherheit Rechnung zu tragen. So wollte sie die fehlende Zustimmung der Bevölkerung gewinnen. Es gab in den 1970er-Jahren spürbare Verbesserungen: Die Mindestlöhne und -renten wurden erhöht, mehr Urlaub wurde zugestanden und die „Lösung der Wohnungsfrage bis 1990" versprochen. Doch die kommunistische Planwirtschaft versagte: Das Warenangebot blieb hinter den Wünschen der Bevölkerung zurück. Wohnungsnot, verfallende Häuser, Warteschlangen vor den Geschäften und zeitweilige Unterversorgung mit vielen Gütern – von Fleischwaren bis zu den Autos – kennzeichneten den „real existierenden Sozialismus".

* *Zum MfS lies auch Seite 41 f.*

Die Rolle der Frau

Der „Aufbau des Sozialismus“ sollte auch die Gleichberechtigung der Frau ermöglichen. Dazu zählte die Eingliederung der Frauen in den Arbeitsprozess. Aus dem in der DDR-Verfassung garantierten „Recht auf Arbeit“ wurde bald die „Pflicht zur Arbeit“.

Die Erwerbstätigkeit der Frauen war in der DDR wirtschaftlich notwendig. Ehefrauen mussten erwerbstätig sein, weil das durchschnittliche Einkommen der Männer so niedrig war, dass Familien davon kaum leben konnten.

Zahlreiche sozialpolitische Maßnahmen machten die Erwerbstätigkeit der Frauen möglich. Zum Beispiel wurden kostenlose Einrichtungen zur Kinderbetreuung unterhalten, Familiengründungen finanziell gefördert und in den 1970er-Jahren ein voll bezahltes „Babyjahr“ eingeführt. Diese Regelungen sollten den Frauen helfen, Beruf und Familie miteinander zu vereinbaren und eine ausreichende Geburtenrate sichern.

Alle Maßnahmen brachten den Frauen in der DDR keine wirkliche Gleichberechtigung. Die Männer überließen den meist voll berufstätigen Ehefrauen rund drei Viertel der Hausarbeit. Das durchschnittliche Monatseinkommen der Frauen lag – wie im Westen – um 25 bis 30 Prozent unter dem der Männer.

Die Führungspositionen in Partei und Staat blieben Frauen ebenfalls weitgehend verschlossen. Von den 26 Mitgliedern des Politbüros waren 1988 nur zwei Frauen, lediglich eine leitete ein Ministerium: *Margot Honecker* stand an der Spitze des „Ministeriums für Volksbildung“.

Grenze der Leistungsfähigkeit

Die DDR lebte ständig über ihre finanziellen Verhältnisse. Zu den hohen Militärausgaben kamen riesige Summen, die für die „sozialistischen Errungenschaften“ ausgegeben wurden: für Mieten, Grundnahrungsmittel, Fahrkarten etc.

Die zentral gelenkte Planwirtschaft war aber seit Ende der 1970er-Jahren immer weniger in der Lage, auf die steigenden Rohstoffpreise und die beschleunigte technische Entwicklung (z. B. im Bereich der Mikroelektronik) zu reagieren. Wirtschaftliche Einbußen und Rückstände waren die Folge. Die Staatsverschuldung nahm gleichzeitig dramatisch zu. Kredite aus der Bundesrepublik (als Gegenleistung für den Abbau der Minenfelder und Selbstschussanlagen an der deutsch-deutschen Grenze), zweifelhafte Geschäfte mit dem Ausland wie Waffenexporte und Müllimporte sowie geheim gehaltende Einnahmen für die Freilassung politischer Gefangener (die Bundesrepublik zahlte von 1963 bis 1989 für etwa 34 000 Häftlinge 3,56 Milliarden DM an die DDR) verzögerten den finanziellen Zusammenbruch nur. 1989 war die DDR im Grunde zahlungsunfähig.

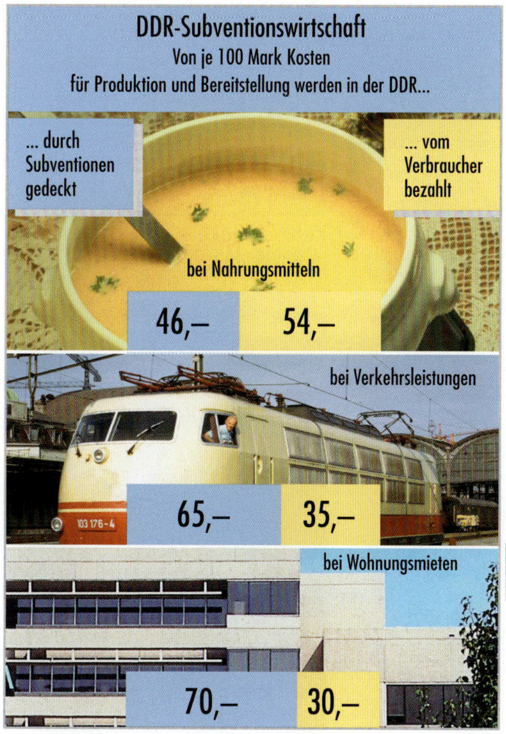

3 Preise in der DDR.
Die Preise in der DDR hatten nichts mit den Kosten für die Herstellung oder die Bereitstellung von Gütern und Leistungen zu tun. Die Angaben im Schaubild stammen von 1989.
In der DDR wurde folgender Witz erzählt: „Warum kostet eine S-Bahn-Fahrkarte bei uns zwanzig Pfennig und im Westen zwei Mark?“
„Bei uns musst du zehnmal fahren, um etwas zu kriegen.“
Erkläre die Pointe des Witzes.

4 SED-Propaganda zum Internationalen Frauentag 1980.
Ausschnitte aus einem Werbedruck.

M 1 Preisunterschiede 1985

	DDR (Mark)	BRD (DM)
Miete	75,00[1]	411,00[2]
Strom (75 kWh)	7,50	31,60
Straßenbahn/Bus	0,20	2,07
Brot (1 kg)	0,52	3,17
Rinderbraten (1 kg)	9,80	17,19
Kartoffeln (5 kg)	0,85	4,94
Kaffee (500 g)	35,00	8,93
Damenstrumpfhose	14,00	5,23
Kühlschrank	1425,00[3]	559,00[4]
Radio-Recorder	1160,00	194,00
Farbfernseher	4900,00[5]	1593,00[6]
Waschmaschine	2300,00	981,00
Taschenrechner	123,00	25,00

[1] 2-Zimmer-Wohnung; [2] 3-Zimmer-Wohnung; [3] 125 l; [4] 160 l; [5] 51 cm; [6] 66 cm

Nach: Ulrich Bongertmann, Deutschland 1949-1990, in: Praxis Geschichte 3/2005 (© Bildungshaus Schulbuchverlage Braunschweig), S. 14

M 2 Beschwerden

1987 teilt ein Bürger dem Ministerium für Handel und Versorgung in Ost-Berlin mit:

Wegen eines beabsichtigten Kaufes eines Waschvollautomaten [...] suchten meine Frau und ich die einschlägigen Verkaufseinrichtungen [...] unter Verwendung von zwei Urlaubstagen vergeblich auf. Die in den Verkaufseinrichtungen ausgestellten Geräte stellen nur Beratungsmuster dar. Wie uns von den mit dem Verkauf beauftragten Mitarbeitern übereinstimmend mitgeteilt wurde, werden zu unbestimmbaren Zeiträumen lediglich 4 - 5 Maschinen angeliefert, die natürlich sofort verkauft sind. Alle Menschen, die tagsüber ehrlich ihrer Arbeit nachgehen, haben so ständig das Nachsehen.

Annette Kaminsky, Wohlstand, Schönheit, Glück. Kleine Konsumgeschichte der DDR, München 2001, S. 150

M 3 Ausstattung privater Haushalte mit langlebigen Gebrauchsgütern

	1960 DDR	1962 Bundesrepublik	1965 DDR	1973 Bundesrepublik	1975 DDR	1988 Bundesrepublik	1988 DDR
Von je 100 Haushalten besaßen:							
PKW	3	27	8	55	26	68	52
Kühlschränke	6	52	26	93	85	104	99
Gefrierschränke	–	3	–	28	4	72	43
Fernsehgeräte	17	36	49	89	82	97	96
Farbfernsehgeräte	–	–	–	15	3	87	52

Angaben auf- bzw. abgerundet nach: Klaus Schroeder, Der SED-Staat. Geschichte und Strukturen der DDR, München 1998, S. 577, Statistisches Bundesamt (Hrsg.), Statistisches Jahrbuch 1988, passim, und Statistisches Bundesamt (Hrsg.), Datenreport 1992, München 1992, S. 130

M 4 Käuferschlangen in Ost-Berlin.
Foto aus den 1970er-Jahren.

M 5 Verbraucher hüben und drüben

Von den Verbrauchsausgaben einer vierköpfigen Arbeitnehmerfamilie mit mittlerem Einkommen sind bestimmt für:

	in der Bundesrepublik Deutschland	in der DDR
Angaben in %		
Miete, Heizung, Strom, Gas	24	6
Ernährung	20	30
Genussmittel	6	11
Verkehr, Auto, Post	16	9
Möbel, Hausrat	8	11
Bildung und Unterhaltung	8	12
Bekleidung und Schuhe	8	12
Persönliche Ausstattung	7	6
Körper- und Gesundheitspflege	3	3

Angaben nach: Globus Infografik 8008

1. *Arbeite die auffallendsten Unterschiede bei den Preisen (M 1), der Ausstattung (M 3) und den Verbrauchsausgaben (M 5) heraus.*
2. *Vergleiche die Entwicklung der Ausstattung privater Haushalte (M 3).*
3. *Eine durchschnittliche DDR-Arbeitnehmerfamilie hatte 1989 – nach Kaufkraft in DM umgerechnet – ein Nettoeinkommen von rund DM 2 000,00; eine vierköpfige Arbeitnehmerfamilie kam in der Bundesrepublik mit allen Nebeneinnahmen, Gratifikationen und Kindergeld auf etwa DM 4 000,00 netto. Vergleiche vor diesem Hintergrund die Ausstattung privater Haushalte (M 3) und die Verbrauchsausgaben (M 5).*
4. *Überlege, was „Käuferschlangen" (M 4) über das Wirtschaftssystem eines Staates aussagen.*

Der Stasi-Staat

„Schild und Schwert der Partei“

Der Machtanspruch der SED nahm keine Rücksicht auf Menschen- und Bürgerrechte. Diese blieben Leerformeln der Verfassungen. Zensur, Wahlbetrug, Reisebeschränkungen sowie Eingriffe in das Post- und Fernmeldegeheimnis waren alltäglich.

Schild und Schwert der SED war das Ministerium für Staatssicherheit (MfS). Es arbeitete eng mit der Geheimpolizei aller Warschauer-Pakt-Staaten zusammen und bemühte sich um eine vollständige Kontrolle, Überwachung und Einschüchterung der Bevölkerung. 1950 hatte dieses Machtinstrument der Partei etwa 1100 hauptamtliche Mitarbeiter. Nach dem 17. Juni 1953 wuchs die Zahl auf fast 14 000. Zwanzig Jahre später zählte der Apparat 52 700 Beschäftigte. Parallel zum Ausbau der deutsch-deutschen Beziehungen und des KSZE-Prozesses wuchs das MfS weiter: 1980 hatte es 75 100 und Ende der 1980er-Jahre schließlich 91 000 Mitarbeiter.Außerdem bespitzelten im Auftrag der Stasi 1989 etwa 174 000 *Inoffizielle Mitarbeiter* (*IM*) Nachbarn, Freunde, Arbeitskollegen sowohl im Osten wie im Westen. Auch dürften bis zu 10 000 Westdeutsche für die Stasi gearbeitet haben.

Rückzug ins Private

Trotz bescheidener Fortschritte im Konsumbereich, unablässiger Propaganda und Kontrolle gelang es der SED nur, die Mehrheit der Bevölkerung in manipulierten Wahlen für sich zu gewinnen. Die von der Partei unter dem Motto *Arbeite mit, plane mit, regiere mit!* ständig eingeforderte Aktivität und die Kundgebungen für Partei und Staat entsprachen nicht dem Willen der Menschen. Viele passten sich an, um persönliche Nachteile zu vermeiden. In der Öffentlichkeit „betete“ man die Parolen der SED nach, doch insgeheim dachten viele anders. Nicht die eigenen Medien prägten die Meinung, sondern das Westfernsehen. Es wurde trotz Verbot und Störsendern fast überall gesehen. Es entstand allmählich eine „Nischengesellschaft“. Immer mehr Bürger zogen sich in ihre Privatsphäre, ihren Freundeskreis und ihre Schrebergärten („*Datschen*“) zurück. Darüber hinaus boten Kirchen und Vereine „Ausweichräume“ für die Menschen.

Regimekritik

Offener Widerspruch gegen die SED-Politik war gefährlich. Regimekritiker wie der international anerkannte Naturwissenschaftler *Robert Havemann* und der Liedermacher *Wolf Biermann* – überzeugte Kommunisten – wurden in den 1970er-Jahren wegen ihres öffentlichen Eintretens für die Meinungsfreiheit mit Berufsverbot bestraft, ständig überwacht und im Falle Biermanns auch ausgebürgert (1976). Künstler und Schriftsteller, die es wagten, dagegen zu protestieren, ereilte zum Teil dasselbe Schicksal. Andere, im Westen weniger bekannte Personen kamen ins Gefängnis.

In den 1980er-Jahren bildeten sich an vielen Orten der DDR kleine Gruppen von Regimekritikern. Sie organisierten sich in Friedensseminaren, Umweltschutz-, Frauen- und Menschenrechtsinitiativen. Häufig trafen sie sich im Schutz der evangelischen Kirche, die ihnen Räume zur Verfügung stellte und ihren Einfluss geltend machte, um inhaftierte Bürgerrechtler aus den Gefängnissen zu befreien.

Immer dringlicher und mutiger forderten die Sprecher dieser Gruppen von der SED die Anerkennung der Menschenrechte. Stasi-Mitarbeiter versuchten, diese Gruppen auszuschalten. Einzelne Personen wurden verhaftet und gegen ihren Willen ausgebürgert, Spitzel in Oppositionsgruppen eingeschleust, um den politischen Widerstand von innen her zu zerschlagen. Verdächtige verloren ihren Arbeitsplatz, wurden bei ihren Freunden in Misskredit gebracht, bedroht und erpresst. Im Sommer 1989 waren trotzdem zahlreiche Frauen und Männer in Oppositionsgruppen aktiv, und die Zahl der Sympathisanten wuchs ständig.

Bürgerrechtler, kritische Marxisten, Anhänger der Friedens- oder Umweltbewegung, engagierte Christen und Übersiedlungswillige – alle galten in der DDR als „Staatsfeinde“. Das waren nach Angaben des MfS im Dezember 1988 rund 86 000 Personen. Von diesen „feindlich-negativen Kräften“ sollten im Spannungsfall etwa 3 000 inhaftiert und 11 000 in Isolierungslagern untergebracht werden.

1 Vom MfS beschlagnahmtes Flugblatt.
Die Ausbürgerung Wolf Biermanns im November 1976 löste eine Protestwelle aus. Zwölf namhafte Schriftsteller der DDR unterschrieben eine Petition dagegen; 400 weitere DDR-Bürger solidarisierten sich mit ihnen. Als Folge der Ausbürgerung registrierte das MfS: 1096 Flugblätter, 101 vorläufig festgenommene Personen und 180 Aktionen in den Bezirken Halle, Potsdam, Gera, Dresden, Karl-Marx-Stadt (heute: Chemnitz), Berlin und Leipzig.

*→**Tipp:** Eine Chronik zur Geschichte des MfS findest du auf der Homepage des Bundesbeauftragten für die Unterlagen des Staatssicherheitsdienstes der ehemaligen Deutschen Demokratischen Republik (BStU).*

*→**Filmtipp:** Das Leben der Anderen; Regie: Florian von Donnersmarck, 2006*

M 1 Anklage: staatsfeindliche Hetze

Hans Lehmann berichtet 1989 über seine Erfahrungen in der DDR:

Ich wurde 1958 aus der 8. Klasse der Grundschule entlassen. Der Besuch der Mittelschule war nicht möglich, da mein Vater selbstständiger Handwerker war. Nach der Lehre besuchte ich 1962 eine Abendschule, um die 10. Klasse nachzuholen. Nach wenigen Wochen wurde die gesamte Klasse aufgelöst, da zwei Mitschülerinnen auf einem Ulbricht-Bild die Lippen mit Lippenstift nachgemalt hatten. 1965 bis 1967 habe ich erneut die Abendschule besucht, weil ich unbedingt auf die Fachschule gehen wollte. Während dieser Zeit wurde ich wegen „Überprüfung der Wehrunterlagen“ zum Wehrkreiskommando bestellt, dort aber von einem Mitarbeiter des MfS massiv für eine Mitarbeit geworben. Da ich mich hartnäckig weigerte und meine Mitarbeit grundsätzlich ablehnte, wurde ich in den folgenden Wochen ständig „bearbeitet“. Die Drohung lautete: keine Mitarbeit, also auch kein Studium. Nach acht Wochen gaben sie auf. Ein Jahr später wurde ich von den gleichen Leuten verhaftet wegen „staatsfeindlicher Hetze“. Vorgeworfen wurden mir meine persönlichen Meinungen und Standpunkte, die ich im Kollegenkreis zu bestimmten politischen Problemen geäußert hatte, z. B. Mauerbau, Israel usw. Die Informationen erhielten sie von einem Kollegen aus dem Büro, der sich wahrscheinlich nicht so gewehrt hatte wie ich und unmittelbar vor meiner Verhaftung eine hauptamtliche Tätigkeit beim MfS übernahm. Ich war somit sein Gesellenstück (sein Name ist bekannt). Von 1969 bis jetzt habe ich nur „geduckt“ gelebt, nie frei und offen über die Vergangenheit sprechen dürfen.

Gilbert Furian (Hrsg.), Mehl aus Mielkes Mühlen. Schicksale politisch Verurteilter, Berlin 1991, S. 283 f.

M 2 Aufforderung

Der Liedermacher Gerulf Pannach wird 1977 wegen seiner politischen Haltung und seiner Texte aus der DDR ausgebürgert. Die folgenden Zeilen stammen aus einem Lied, das 1979 in West-Berlin veröffentlicht werden kann.

Wer sitzt und jammert in der Kammer / Um Freiheit und Recht / Der bleibt ewig ein Knecht / Zögerst du dich selbst zu wählen / Weil ein paar dagegen grölen: / Dein Weg bleibt dein Weg! ...

Kinderkrippe, -garten, Schule, nein / Der Mensch ist keine Spule / Die man einfach dreht / ...

Züchte Kakteen, doch nicht deine Kinder / Jungen und Mädchen sind keine Rinder / Sind eigne Leute und keine Meute / Die man nach Belieben kommandieren und disziplinieren kann ...

Nimm deinen Hut, du hast nichts zu verlieren / Hab Mut, kriech nicht mehr auf allen Vieren ...

Gerald K. Zschorsch (Hrsg.), Antworten. Eine Sammlung. Lyrik, Prosa, Texte, Berlin 1979, S. 110 f.

M 3 Für Menschenrechte

Die DDR-Führung unterschreibt in den 1970er- und Anfang der 1980er-Jahre internationale Menschenrechtsvereinbarungen. Daraufhin richten Anfang Juli 1985 einige Bürger aus kirchlichen Kreisen der DDR folgenden offenen Brief an die Teilnehmer der kommunistischen Weltjugendfestspiele in Moskau:

Wir meinen, dass die volle und allseitige Entwicklung und Verwirklichung der Menschen, speziell der Jugend, nur möglich ist, wenn die in der Allgemeinen Erklärung der Menschenrechte festgeschriebenen Grundrechte voll verwirklicht werden. Da dies bisher nach unserer Kenntnis in keinem Land erreicht ist, sehen wir es als eine internationale Aufgabe an, die volle Verwirklichung der Allgemeinen Menschenrechte durchzusetzen [...]. Für uns in der DDR ist die Durchsetzung folgender Rechte eine wichtige Aufgabe:

- Recht auf freie Meinungsäußerung
- Recht auf freie Information
- Recht auf Freizügigkeit
- Recht auf uneingeschränkte Reisefreiheit
- Recht auf Versammlungs- und Vereinigungsfreiheit
- Chancengleichheit in der Bildung, unabhängig von Religion und Weltanschauung. [...]

Wir möchten mit diesem Brief nicht eine gegen die DDR gerichtete Propaganda unterstützen, sondern möchten konstruktiv* an der Gestaltung der gesellschaftlichen Verhältnisse in unserem Lande mitarbeiten.

Frankfurter Allgemeine Zeitung vom 18. Juli 1985

* **konstruktiv**: *aufbauend*

M 4 Demonstration vor der Kreuzkirche in Dresden.
Foto vom 13./14. Februar 1988.

1. *Erläutere den Begriff „Unrechtsstaat“ anhand des Berichts (M 1).*
2. *Wofür setzt sich Pannach in dem Lied ein (M 2)?*
3. *Rekonstruiere mit M 3 die politischen und gesellschaftlichen Verhältnisse in der DDR.*
4. *Was störte vor allem junge Menschen am DDR-System (M 2 bis M 4)?*

Jugendliche Stasi-Opfer

„Frieden schaffen ohne Waffen"
„DDR – eingesperrt"
„DDR – KZ"
„Wir sind mündig, doch wir haben nichts zu sagen"
„Das Leben hat doch keinen Sinn, wenn ich Kanonenfutter bin"

M 1 Losungen aus Rostock.
In der Nacht vom 2. auf den 3. September 1985 stellt die Rostocker Polizei diese in signalroter Farbe geschriebenen Losungen auf Plakatwänden, Mauern, Schaufenstern und an Straßenbahnhaltestellen fest. Nach der Spurensicherung werden sie umgehend beseitigt. Gleichzeitig beginnen umfangreiche Ermittlungen (siehe M 2).

M 2 Aus den Akten des MfS
In einem Bericht des Staatssicherheitsdienstes vom 22. Oktober 1985 heißt es zu dem Vorfall (siehe M 1):

Die seit dem 3. September 1985 durchgeführten Ermittlungen der Kriminalpolizei im Zusammenwirken mit der KD Rostock [Kreisdienststelle des MfS] und der Abt. XX konzentrierten sich vorwiegend auf den Personenkreis, der am 1.9.1985 am Ehrenmal beim HdA [Haus der Armee] eine Demonstration durchführte. Durch die DVP [Deutsche Volkspolizei] wurden ca. 90 Befragungen durchgeführt. Den befragten Personen wurden grundsätzlich Schriftproben abverlangt. Weiterhin wurden von 16 verdächtigen Personen Geruchskonserven angefertigt. Die Vergleichsarbeit des Schriftsachverständigen der DVP erbrachte keine Hinweise auf einen möglichen Täter. Die Auswertung der Geruchskonserven ist noch nicht abgeschlossen.

Um die Täter zu identifizieren, werden mehr als zehn Inoffizielle Mitarbeiter (IM) eingesetzt, Verdächtige beobachtet, abgehört und überwacht. Der Verdacht richtet sich bald gegen die Bauzeichnerin und „Hausfrau" Ute (geb. 1966), die Studentin Dörte (geb. 1968) und den Tankwart Gunnar (geb. 1966) aus dem Kreis der Evangelischen Andreas-Kirchengemeinde Rostock-Evershagen. Ute erhält eine Freiheitsstrafe von 1 Jahr und 6 Monaten, ihre beiden „Komplizen" Bewährungsstrafen; Dörte wird außerdem nach Inkrafttreten des Urteils von der Medizinischen Fachschule ausgeschlossen.
Ausschlaggebend für das Strafmaß gegen Ute ist ihr Antrag auf Ausreise aus der DDR, den sie bereits am 6. Juni 1985 gestellt hatte.
In einer Vernehmung antwortet sie auf die Frage „Wie stehen Sie zu den gesellschaftlichen Verhältnissen in der DDR?":

Den gesellschaftlichen Verhältnissen der DDR stehe ich negativ gegenüber. Mit der Politik bin ich nicht einverstanden. Ich meine hier insbesondere die Innenpolitik. Bestimmte Berufe kann man nicht ergreifen, weil man nicht entsprechend ist. Weiterhin gefällt mir nicht, dass man in der DDR eingesperrt ist oder dass vonseiten der DDR andauernd gegen die BRD gehetzt wird. Der Kulturaustausch zwischen DDR und BRD wird genau abgewogen. Weiterhin gibt es in der DDR keine Möglichkeit im zivilen Bereich zur Ableistung eines Wehrersatzdienstes.* Von Baby an wird in der DDR der Weg genau bestimmt, den man zu gehen hat.

Während der U-Haft nimmt das MfS „operativen Kontakt" zu Gunnar auf, um ihn als IM zu gewinnen. Unter den Bedingungen der Haft und dem Druck des MfS erklärt er sich zunächst „... auf der Basis der Wiedergutmachung..." dazu bereit. Das MfS will ihn im Bereich der Andreas-Kirchengemeinde einsetzen. Es kommt nicht dazu. Gunnar verweigert sich dem MfS wie auch den „Erziehungsmaßnahmen" und lehnt eine angepasste Lebensweise ab. Er stellt einen Übersiedlungsantrag in die Bundesrepublik Deutschland. Am 11. Dezember 1986 kommt er zum zweiten Mal in Haft und wird wegen „staatsfeindlicher Hetze" zu einer Strafe von drei Jahren verurteilt. Am 12. August 1987 wird er in den Westen entlassen.

Zitiert nach: Die Bundesbeauftragte für die Unterlagen des Staatssicherheitsdienstes der ehemaligen Deutschen Demokratischen Republik (Hrsg.), „DDR – eingesperrt". Jugendliche im Stasi-Visier am Beispiel des Operativen Vorgangs (OV) „Signal". Auszug aus einer Akte des MfS, Berlin 2005, S. 5 f., 15 und 30

* Seit 1964 gab es einen Dienst ohne Waffen in der Nationalen Volksarmee. Bis 1989 leisteten mehr als 20 000 junger Männer in ihr einen Dienst als sogenannte „Bausoldaten". Durch besonders harte Bedingungen sowie weitere Schwierigkeiten in Beruf und Studium hielt man die Zahl der Wehrdienstverweigerer gering.

M 3 Geruchsprobe.
Das MfS sammelte heimlich Geruchsproben Oppositioneller.

→Lektüretipp: *Christoph Hamann, Axel Janowitz (Hrsg.), Feindliche Jugend? Verfolgung und Disziplinierung Jugendlicher durch das Ministerium für Staatssicherheit, Berlin 2006*

1. *Erläutert die Inhalte der einzelnen Losungen (M 1) und erörtert sie.*
2. *Überlegt, welche anderen Möglichkeiten die DDR-Bürger hatten, ihre politische Meinung zu vertreten.*
3. *Das MfS legte allein für diesen „Operativen Vorgang" 16 Aktenbände mit 2 727 Seiten unter dem Titel „Signal" an. Nehmt zu diesem Vorgehen des MfS, den Strafmaßen und den betroffenen Personen Stellung (M 2).*
4. *Informationen findet ihr auf der Homepage des Bundesbeauftragten für die Unterlagen des Staatssicherheitsdienstes der ehemaligen Deutschen Demokratischen Republik (BStU).*

Was war wichtig ?

Daten

1961/62	*Während der Kuba-Krise steht die Welt am Rande eines Atomkriegs.*
1973	*Die USA scheitern im Vietnam-Krieg.*

Begriffe

„68er-Bewegung“: Mitte der 1960er-Jahre protestierten Schüler und Studenten gegen das politische und wirtschaftliche System der Bundesrepublik und überlieferte Vorstellungen in Elternhaus, Schule und Universität. Die „kapitalistischen“ Verhältnisse sollten durch „sozialistische“ ersetzt werden. Die „68er-Bewegung“ stärkte das politische Interesse der Bevölkerung, förderte Bürgerbewegungen, änderte Erziehungsstile und schuf neue Formen des Zusammenlebens.

Entspannungspolitik: Bemühen der westlichen Regierungen gegenüber der Sowjetunion und anderen kommunistischen Staaten, durch intensive politische, wirtschaftliche und kulturelle Beziehungen sowie Vereinbarungen über Rüstungskontrolle und Gewaltverzicht die *Blockbildung* zu überwinden. Die von Bundeskanzler Willy Brandt (SPD) betriebene Ostpolitik (→ *Ostverträge*) war ein Teil dieser Entspannungspolitik.

Grundlagenvertrag: In dem 1972 unterschriebenen Dokument erkannten die Bundesrepublik Deutschland und die DDR sich als gleichberechtigte Staaten an und verpflichteten sich zu „gutnachbarschaftlichen Beziehungen“. Zusätzlich wurde das Recht des deutschen Volkes festgehalten, seine Einheit in „freier Selbstbestimmung“ anzustreben. Der Bundestag billigte den Vertrag im Mai 1973.

Ostverträge: die von der SPD/FDP-Koalition unter Bundeskanzler Willy Brandt (SPD) zwischen 1970 und 1973 abgeschlossenen Verträge mit der Sowjetunion, Polen, der Tschechoslowakei sowie der DDR (→ *Grundlagenvertrag*). Die Bundesrepublik Deutschland bestätigte darin die nach 1945 entstandenen Grenzen und hielt fest, dass sie „auf einen Zustand des Friedens in Europa“ hinarbeiten wolle, „in dem das deutsche Volk in freier Selbstbestimmung seine Einheit“ wiedererlangen könne.

Zusammenfassung

In den 1960er-Jahren verlagerten die USA und die Sowjetunion ihre Feindseligkeiten aus Mitteleuropa in die politisch zerbrechlichen und armen Staaten Asiens, Afrikas und Südamerikas. Sie verschärften den *Nord-Süd-Konflikt*. Als die Sowjetunion im Oktober 1962 Atomraketen auf Kuba stationierte, verhängten die USA eine Seeblockade. Ein atomarer Krieg schien möglich. Ein Kompromiss wendete ihn ab.
Ende der 1960er-Jahre begann die letzte Phase des Dschungel- und Partisanen-Krieges in Vietnam. Begonnen hatte er 1946, als Frankreich vergeblich versuchte, das politisch zerstrittene Land wieder zur Kolonie zu machen. Auch nach der Niederlage Frankreichs und der Teilung Vietnams auf der Genfer Indochina-Konferenz von 1954 ging der Krieg weiter. Dabei stellten sich die Amerikaner auf die Seite des autoritär regierten Südvietnams. Die Sowjetunion und die Volksrepublik China unterstützten das kommunistische Nordvietnam. Obwohl die Amerikaner Nordvietnam seit 1964 bombardierten und über 500 000 Soldaten einsetzten, gelang es ihnen nicht, den Krieg zu gewinnen.
Die Sowjetunion sprach seit 1956 von einer Politik der „friedlichen Koexistenz“, trotzdem unterdrückte sie 1968 die Reformbemühungen der Kommunisten in der Tschechoslowakei. Sie verbot jedem Mitglied der kommunistischen Staatengemeinschaft, „vom Weg des Sozialismus“ abzuweichen (Breschnew-Doktrin).
Die 1949 von Mao Zedong ausgerufene kommunistische Volksrepublik China stand bis 1960 unter sowjetischem Einfluss. Mao wollte das wirtschaftlich rückständige Agrarland kurzfristig in ei-

1945 bis 1990: Kalter Krieg

1945 – 1950 – 1955 – 1960

- **1945:** Ende des Zweiten Weltkrieges in Europa (8. 5.)
- **1945:** UNO gegründet
- **1949:** Gründung der Bundesrepublik Deutschland
- **1949:** Gründung der DDR
- **1949:** NATO entsteht
- **1949:** Die Volksrepublik China entsteht
- **1953:** Volksaufstand in der DDR (17. 6.)
- **1955:** Warschauer Pakt gegründet
- **1961:** Bau der Berliner Mauer (13. 8.)
- **1961-62:** Kuba-Krise

nen Industriestaat verwandeln. Der Versuch misslang und forderte Millionen Tote. Mithilfe der proletarischen Kulturrevolution stärkte Mao Zedong die kommunistische Ideologie und seine Macht. Noch zu seinen Lebzeiten gelang der Volksrepublik der „Durchbruch nach Westen“ und die Aufnahme in die Vereinten Nationen. Erst nach seinem Tod 1976 begann ein umfassender wirtschaftlicher Reformkurs. Maos Nachfolger öffneten das Land ausländischen Investoren und leiteten den Umbau der zentralistischen Planwirtschaft in eine staatlich kontrollierte Marktwirtschaft ein. Eine Demokratisierung des Landes nach westlichen Vorstellungen verhindert die kommunistische Führung aber bis heute. Die gewaltsame Unterdrückung der Demokratiebewegung von 1989 und anhaltende Menschenrechtsverletzungen belegen das.

Ende der 1960er-Jahre wurde die Bundesrepublik von einer breiten, meist studentischen Protestbewegung erfasst. Diese *68er-Bewegung* stellte überkommene Autoritäten und Verhaltensweisen infrage. Den wachsenden Wünschen nach Veränderung kam ab 1969 die neue sozial-liberale Regierung unter Bundeskanzler Willy Brandt nach, indem sie zahlreiche Reformen durchsetzte. Die nach 1970 von der sozial-liberalen Regierung abgeschlossenen *Ostverträge* bestätigten die Nachkriegsordnung. 1973 billigte der Bundestag auch den *Grundlagenvertrag*, in dem sich die Bundesrepublik und die DDR als gleichberechtigte Staaten anerkannten. Die Vereinbarungen hielten aber das Recht der Deutschen fest, in freier Selbstbestimmung ihre Einheit wiederherzustellen.

Eine Chance zur Überwindung der Konfrontation boten die 1971 begonnenen KSZE-Verhandlungen. Sie waren Teil einer umfassenden *Entspannungspolitik* und wirkten langfristig befreiend für die Menschen in den osteuropäischen Staaten.

Weltweite Wirtschaftskrisen und linksextremer Terrorismus erschwerten die Regierungsarbeit der sozial-liberalen Koalition in der Bundesrepublik.

Ein grundsätzlicher Streit über die Wirtschafts- und Sozialpolitik führte 1982 zur „Wende“. Die CDU/CSU übernahm mit der FDP die Regierung.

Im Schatten der Mauer erholte sich die DDR wirtschaftlich kurzzeitig. Unter Erich Honecker erreichte sie in den 1970er-Jahren zwar internationale Anerkennung, doch gleichzeitig wurde die Bevölkerung durch das Ministerium für Staatssicherheit umfassend überwacht, kontrolliert und schikaniert. Steigende wirtschaftliche Probleme, politische Reformunfähigkeit und Unterdrückung der Menschen prägten die Innenpolitik des SED-Staates in den 1970er- und 80er-Jahren.

Bundesrepublik Deutschland

Bundespräsidenten

1949-1959	Theodor Heuss (FDP)
1959-1969	Heinrich Lübke (CDU)
1969-1974	Gustav W. Heinemann (SPD)
1974-1979	Walter Scheel (FDP)
1979-1984	Karl Carstens (CDU)
1984-1994	Richard Freiherr von Weizsäcker (CDU)

Bundeskanzler

1949-1963	Konrad Adenauer (CDU)
1963-1966	Ludwig Erhard (CDU)
1966-1969	Kurt Georg Kiesinger (CDU)
1969-1974	Willy Brandt (SPD)
1974-1982	Helmut Schmidt (SPD)
1982-1998	Helmut Kohl (CDU)

Deutsche Demokratische Republik

Präsident

1949-1960	Wilhelm Pieck*

** Gemeinsam mit Otto Grotewohl auch Vorsitzender der Sozialistischen Einheitspartei Deutschlands (SED)*

*Vorsitzende des Staatsrats**

1960-1973	Walter Ulbricht
1973-1976	Willi Stoph
1976-Okt. 1989	Erich Honecker
Okt.-Dez. 1989	Egon Krenz

** Der Form nach war seit 1960 der von der Volkskammer gewählte Staatsrat das Staatsoberhaupt, tatsächlich war jedoch der Generalsekretär der SED der oberste Repräsentant der DDR.*

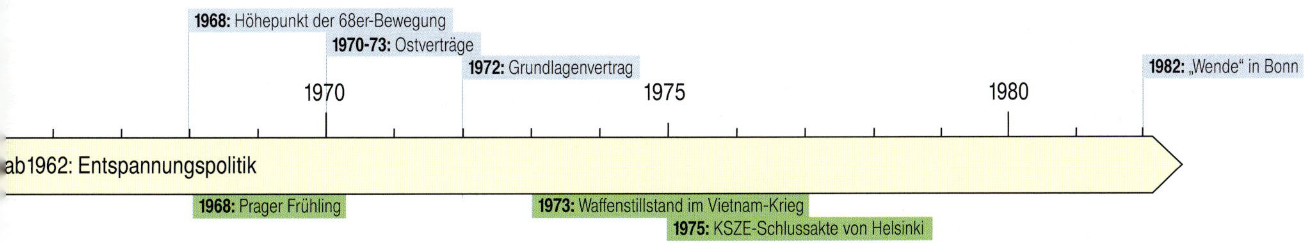

Der Ostblock zerfällt und Deutschland wird wiedervereint

Die Berliner Mauer am Potsdamer Platz.
Foto von 1986.

Positionen

Wunsch der Bundesbürger nach Wiedervereinigung beider deutscher Staaten
Angaben in Prozent

Jahr	*für WV**	*gegen WV*	*gleichgültig*
1960	91	0	–
1972	78	6	16
1979	81	3	15
1980	79	5	14
1984	81	3	15
1985	78	3	15
1987	80	4	16

** Wiedervereinigung*

Reale Erwartungen auf Wiedervereinigung
Angaben in Prozent

Jahr	*Wiedervereinigung erfolgt*	*Wiedervereinigung erfolgt nicht*
1960	58	32
1972	12	81
1979	11	88
1980	17	82
1984	12	88
1985	11	86
1987	3	97

Nach Daten folgender Meinungsforschungsinstitute: Institut für Demoskopie, DIVO-Institut, Emnid, Forschungsgruppe Wahlen e. V., Infas und Infratest.

„Mr. Gorbachev, open this gate. Mr. Gorbachev, tear down this wall!"

US-Präsident Ronald Reagan am 12. Juni 1987

„Die Mauer bleibt so lange, wie die Bedingungen nicht geändert werden, die zu ihrer Errichtung geführt haben. Sie wird in 50 und auch in 100 Jahren noch bestehen bleiben, wenn die dazu vorhandenen Gründe noch nicht beseitigt sind."

DDR-Staatsratsvorsitzender Erich Honecker am 19. Januar 1989

„Chris Gueffroy wird am 5. Februar 1989 kurz vor Mitternacht erschossen, als er zusammen mit einem Freund die Berliner Mauer überklettern will. Die beiden 20-Jährigen haben schon fast alle Hindernisse überwunden, als auf sie das Feuer eröffnet wird. Eine Kugel trifft Gueffroy ins Herz, sein Freund wird am Fuß verletzt und in der DDR wegen Republikflucht zu drei Jahren Haft verurteilt.*
Der Todesschütze wird 1994 vor dem Berliner Landgericht rechtskräftig zu zwei Jahren Haft auf Bewährung verurteilt. Drei mitangeklagte Grenzposten werden freigesprochen."

Zeitungsmeldung vom 26. Mai 2000

** Chris Gueffroy war der letzte DDR-Bürger, der an der Mauer erschossen wurde.*

Doch keine Entspannung?

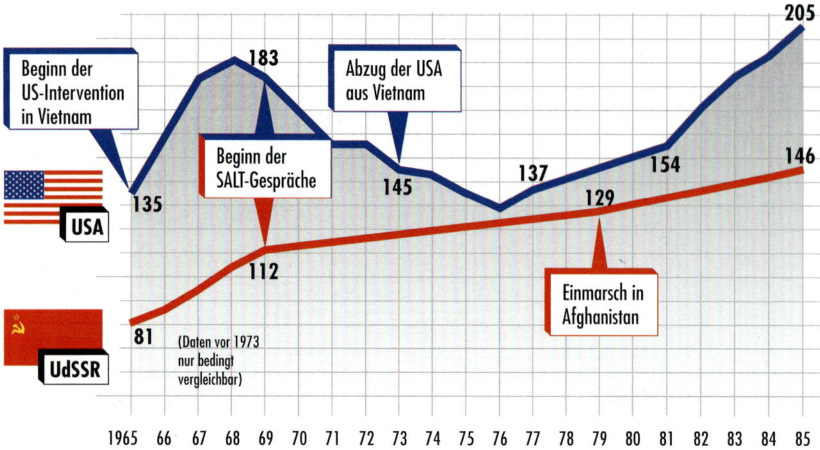

1 Verteidigungsausgaben der Supermächte in Mrd. Dollar (in Preisen von 1980).

Eine neue Phase der Ost-West-Konfrontation

Ab 1969 führten die beiden Supermächte in Helsinki *Verhandlungen über die Beschränkung strategischer Nuklearwaffen (SALT)*. 1972 wurde das erste SALT-Abkommen unterzeichnet. Es beschränkte die Zahl der atomaren Angriffswaffen. Die weiteren SALT-Verhandlungen und der KSZE-Prozess hielten die Sowjetunion nicht davon ab, ihren Einflussbereich auszubauen, wie der Einmarsch in Afghanistan zeigte. Die Sowjetunion hatte damit eine neue Phase der Ost-West-Konfrontation eröffnet.

Der NATO-Doppelbeschluss

Das sowjetische Engagement in Afghanistan und in mehreren asiatischen und afrikanischen Staaten sowie die anhaltende Aufrüstung brachten der Sowjetunion den Vorwurf ein, nicht an einer wirklichen Entspannung interessiert zu sein.

In Westeuropa entzündete sich die Diskussion an den neuen sowjetischen SS-20-Mittelstreckenraketen. Diese konnten selbst vom asiatischen Teil der Sowjetunion aus alle europäischen Länder erreichen. Da die UdSSR diese Waffen aus den SALT-Verhandlungen ausgeklammert hatte, drohte eine militärische Überlegenheit der Sowjetunion in Europa. Angeregt durch Bundeskanzler Helmut Schmidt fasste das westliche Verteidigungsbündnis daher am 12. Dezember 1979 den *NATO-Doppelbeschluss*: Von Ende 1983 an sollten neue nukleare Mittelstreckenflugkörper in Westeuropa stationiert werden, falls die Sowjetunion nicht Zugeständnisse in den Abrüstungsverhandlungen machen würde. Obwohl die UdSSR gegen neue Mittelstreckenraketen in Westeuropa protestierte und es vor allem in der Bundesrepublik zu Massendemonstrationen kam, wurde die Stationierung durchgeführt.

Damit hatte eine neue Phase des Kalten Krieges begonnen. Ein bereits unterschriebener Vertrag, der die Zahl der Interkontinentalraketen begrenzen sollte, wurde vom amerikanischen Senat nicht ratifiziert. Stattdessen schraubten die USA die Rüstungsausgaben in die Höhe und leiteten Handelsbeschränkungen gegenüber der Sowjetunion und deren Verbündeten ein. Von ihren Partnern erwarteten die Amerikaner, dass sie sich an diesen Aktionen ebenso beteiligten wie am Boykott der Olympischen Spiele 1980 in Moskau.

Auswirkungen der Hochrüstung

Mit der Aufstellung neuer Mittelstreckenraketen in Westeuropa wurden 1983 die sowjetisch-amerikanischen Rüstungskontrollverhandlungen abgebrochen. US-Präsident *Ronald Reagan*, der 1981 ins Weiße Haus eingezogen war, eröffnete eine neue Phase des Rüstungswettlaufs, der die Staatshaushalte aller vom Kalten Krieg betroffenen Nationen enorm belastete. So betrugen Ende der 1980er-Jahre die Rüstungsausgaben der Sowjetunion 20 bis 25 Prozent des Bruttosozialproduktes. Ähnliche Verhältnisse sind für die Mitglieder des Warschauer Paktes anzunehmen. Dagegen lagen die Rüstungsausgaben der USA und ihrer Bündnispartner bei etwa sieben Prozent des Bruttosozialproduktes.

Die Folgen für die Ostblockstaaten waren riesige Staatsschulden, weiterhin geringe Löhne, technischer Rückstand und eine ständig schlechtere Versorgung der Bevölkerung.

2 „Die Russen einfach totrüsten."
Karikatur von Luis Murschetz, aus: Die Zeit vom 28. August 1981.

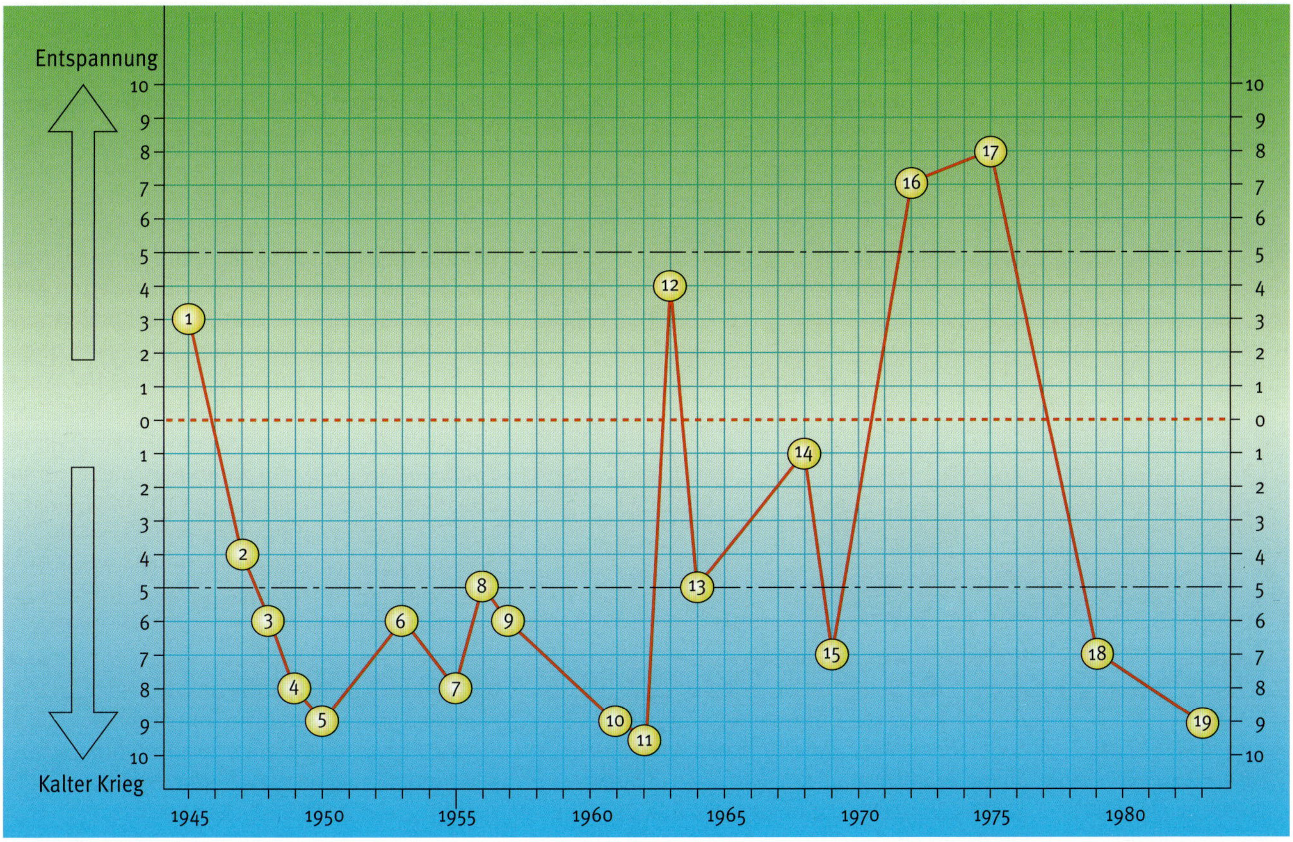

1. 1945 Ende des Zweiten Weltkrieges; Gründung der UNO
2. 1947 Truman-Doktrin und Marshall-Plan; Zwei-Lager-Theorie
3. 1948 Kommunistischer Umsturz in der CSSR und Beginn der sowjetischen Blockade Berlins
4. 1949 Gründung der NATO; kommunistische Staatsgründung in der DDR
5. 1950 Ausbruch des Korea-Krieges
6. 1953 Tod Stalins; Volksaufstand in der DDR; Waffenstillstand in Korea
7. 1955 Bundesrepublik wird NATO-Mitglied; Gründung des Warschauer Paktes
8. 1956 Aufstände in Polen und Ungarn; Suez-Krise
9. 1957 „Sputnik"-Erfolg der Sowjetunion
10. 1961 Bau der Berliner Mauer
11. 1962 Kuba-Krise
12. 1963 Vertrag über Stopp von Atomtests; „Heißer Draht"
13. 1964 Die USA erhöhen ihren militärischen Einsatz in Vietnam
14. 1968 Kernwaffensperrvertrag; Ende des „Prager Frühlings"
15. 1969 Mondlandung der Amerikaner
16. 1972 SALT I-Abkommen begrenzt die Zahl nuklearer Angriffswaffen zwischen den USA und der UdSSR, Laufzeit 5 Jahre
17. 1975 Schlussakte der KSZE in Helsinki
18. 1979 NATO-Doppelbeschluss; sowjetischer Einmarsch in Afghanistan
19. 1983 Abbruch aller Rüstungskontrollverhandlungen

M1 „Fieberkurve."

Die Schärfe der Konfrontation und der Grad der Entspannung wurden von dem Politikwissenschaftler Karl Dietrich Bracher in eine Skala von –10 bis +10 eingeteilt. Im Mittelpunkt seiner Wertungen standen die amerikanisch-sowjetischen Beziehungen.

Grafik nach einer Idee von: Karl Dietrich Bracher, Die Krise Europas 1917-1975, Frankfurt a. M. 1976, S. 443

1. *Gliedere die Nachkriegsgeschichte, ausgehend von der abgebildeten „Fieberkurve", in Abschnitte (M 1).*
2. *Lege eine Liste der Ursachen für Höhe- und Tiefpunkte im amerikanisch-sowjetischen Verhältnis an. Bestimme die maßgeblichen Faktoren.*
3. *Diskutiert die Art und die Aussagekraft der „Fieberkurve" (M 1).*

Umbruch im Ostblock

1 Warschau.
Foto vom 24. August 1989.
Der Arbeiterführer und Friedensnobelpreisträger Lech Walesa (rechts) freut sich über die Wahl Tadeusz Mazowieckis zum Regierungschef.
Das Parlament ändert am 30. Dezember 1989 den Landesnamen in „Republik Polen".

Hoffnungslose Verhältnisse

Auch in der Sowjetunion trug der KSZE-Prozess zur Gründung von Bürgerrechtsgruppen bei. Ihre Mitglieder wiesen trotz Verboten und Zensur auf Menschenrechtsverletzungen ebenso hin wie auf die Misswirtschaft, den gigantischen Rüstungswettlauf und den Krieg in Afghanistan. Die Not der Bevölkerung stieg ständig. Arbeitsunlust, Alkoholismus und wachsende Kriminalität kennzeichneten eine Gesellschaft, in der die meisten Menschen nicht mehr auf bessere Lebensverhältnisse hofften. Es fehlten Konsumgüter aller Art. Rohstoffe und Energie wurden verschwendet, die Umwelt wurde zerstört. Straßen, Betriebe und Krankenhäuser verfielen. Die Unsicherheit der Atomkraftwerke war bedrohlich. Das zeigte 1986 der *GAU* (Abk. für: *Größter Anzunehmender Unfall*) im Reaktor Tschernobyl in der Ukraine. Insgesamt wurde eine Fläche von der Größe des Saarlandes verstrahlt. Die verseuchten Böden belasten noch immer das Grundwasser und die Bodenerträge.

„Glasnost" und „Perestroika"

Michail S. Gorbatschow wurde am 11. März 1985 vom Politbüro der KPdSU zum Generalsekretär bestimmt. Er versuchte, die Wirtschaftskrise zu beheben und den teuren Rüstungswettlauf mit den USA zu beenden.

Gorbatschow setzte die seit etwa 1983 zu beobachtende „Politik der Offenheit" unter dem Begriff Glasnost fort. Die Zensur wurde zwar nicht abgeschafft, doch die Medien konnten offener als bisher über Missstände berichten. Ziel der von Gorbatschow verkündeten Politik des „Umbaus", der Perestroika, war die Modernisierung des kommunistischen Staates – nicht aber sein Ende. Glasnost und Perestroika rüttelten an den Grundlagen der sozialistischen Wirtschafts- und Gesellschaftsordnung. Reformer, die weiter gingen als Gorbatschow, lehnten das gesellschaftliche Eigentum an den Produktionsmitteln sowie die Planwirtschaft ab und forderten eine freie Marktwirtschaft. Diese Vorstellungen wurden vor allem von den „Apparatschiks" abgelehnt, die ihren Einfluss auf die riesigen Staatsbetriebe und die Partei schwinden sahen. Gorbatschow vermittelte zwischen den Positionen. Doch das brachte die Reformen nicht voran. Überall ging die Produktion zurück. Die Geldentwertung nahm zu, die Versorgungslage der Bevölkerung verschlechterte sich. Die Menschen reagierten mit Streiks und Demonstrationen gegen die KPdSU.*

Der Umbruch in Ostmitteleuropa

Während die Perestroika innenpolitisch nicht voranzukommen schien, erreichte Gorbatschow außenpolitisch einen revolutionären Wandel, der zur Auflösung des Ostblocks führte.

1987 erklärte er in Prag, dass niemand einen „Anspruch auf eine Sonderstellung in der sozialistischen Welt" habe. Damit leitete er eine neue sowjetische Bündnispolitik ein. Das wirkte befreiend auf die Völker des Ostblocks, denn kein kommunistischer Machthaber konnte noch mit sowjetischer Hilfe im Kampf gegen die Opposition rechnen.

Immer mehr Menschen meldeten sich in den Staaten Ostmitteleuropas auf stets größer werdenden Demonstrationen zu Wort. Überall setzte die Opposition erste Reformen durch. Politiker, ja ganze Regierungen traten ab 1989 zurück, die Presse wurde freier, neue Parteien bildeten sich. Erste freie und unabhängige Parlamentswahlen fanden im Juni 1989 in Polen statt. Die „führende Rolle" der kommunistischen Parteien wurde aus der Verfassung gestrichen: im Februar 1989 in Ungarn, im Dezember in Polen, der Tschechoslowakei und Rumänien und im März 1990 in der Sowjetunion.

Diese fast gewaltlose Revolution – nur in Rumänien wurde der Diktator *Nicolae Ceauşescu* hingerichtet – wirkte sich auf die Bündnisse des Ostblocks aus: Der Warschauer Pakt musste 1991 ebenso wie der Rat für Gegenseitige Wirtschaftshilfe aufgelöst werden.

** Zum Zerfall der Sowjetunion und der weiteren Entwicklung Russlands lies Seite 54 f.*

M 1 Michail S. Gorbatschow.
Foto von 1989.

M 2 Die „Perestroika" – eine Revolution
Gorbatschow fasst am 2. August 1986 die „Perestroika" so zusammen:

Weder die Arbeiterklasse noch die Bauern noch die technische und die schöpferische Intelligenz – keiner will länger auf die alte Art und Weise leben, will sich mit dem abfinden, was unsere Bewegung bremst, unsere Wirklichkeit, unser Leben und unsere sozialistische Ordnung überschattet [...].
Die derzeitige Umgestaltung umfasst nicht nur die Wirtschaft, sondern auch alle anderen Seiten des gesellschaftlichen Lebens: die sozialen Beziehungen, das politische System, den geistig-ideologischen Bereich sowie Arbeitsstil und -methoden der Partei und all unserer Kader*. Perestroika ist ein umfassendes Wort. Ich würde zwischen den Wörtern Perestroika und Revolution das Gleichheitszeichen setzen.

Nach: Blätter für deutsche und internationale Politik, 31. Jg. (1986), S. 1148 f.

***Kader**: Gruppe leitender Mitarbeiter in Partei, Staat und Wirtschaft*

M 3 Über die „Souveränität der Völker"
Am 7. Juli 1989 erklärt Gorbatschow vor dem Europarat in Straßburg:

Die Zugehörigkeit der europäischen Staaten zu verschiedenen Gesellschaftssystemen ist eine Realität. Und die Anerkennung dieser historischen Tatsache, die Achtung des souveränen Rechtes eines jeden Volkes, sein Gesellschaftssystem nach Belieben zu wählen, ist die wichtigste Voraussetzung des normalen europäischen Prozesses. Die gesellschaftliche und politische Ordnung hat sich in diesem oder jenem Lande in der Vergangenheit verändert und kann sich auch in Zukunft ändern. Dies ist jedoch ausschließlich Sache dieser Völker selbst, ihrer eigenen Wahl. Jegliche Einmischung in die inneren Angelegenheiten, jegliche Versuche, die Souveränität der Völker einzuschränken – sowohl der Freunde und Verbündeten als auch von sonst jemandem – sind unzulässig.

Auswärtiges Amt (Hrsg.), Umbruch in Europa. Die Ereignisse im 2. Halbjahr 1989. Eine Dokumentation, Bonn 1990, S. 17 f.

M 4 „Unser trauriges Erbe ..."
Am 29. Dezember 1989 wird der Bürgerrechtler Václav Havel zum ersten nichtkommunistischen Staatspräsidenten der Tschechoslowakei seit 1948 gewählt. Er gehört mit zu den Erstunterzeichnern der „Charta 77" (M 2, S. 35) und ist noch im Februar 1989 von den alten Machthabern wegen „Rowdytum" zu einer Haftstrafe verurteilt worden. Drei Tage nach seiner Wahl sagt er in einer Neujahrsansprache:

Alle haben wir uns [...] an das totalitäre System gewöhnt und es als unveränderliche Tatsache hingenommen und es dadurch eigentlich erhalten. Mit anderen Worten: Alle sind wir – begreiflicherweise jeder in einem anderen Ausmaß – für den Lauf der totalitären Maschinerie verantwortlich, niemand von uns ist nur deren Opfer, sondern alle sind wir gleichzeitig auch deren Schöpfer.
Weshalb spreche ich davon: Es wäre äußerst unvernünftig, das traurige Erbe der letzten 40 Jahre nur als etwas Fremdes zu betrachten, das uns irgendein ferner Verwandter hinterlassen hat.
Wir müssen diese Erbschaft im Gegenteil als etwas annehmen, was wir uns selbst angetan haben. Wenn wir es so auffassen, dann begreifen wir, dass es nur von uns allen abhängt, was wir damit machen werden.

Europa-Archiv, 45. Jg. (1990), S. D 171 ff.

M 5 Prag.
Foto vom Dezember 1989.
Der Bürgerrechtler Václav Havel (auf dem Plakat) wird am 28. Dezember 1989 zum Staatspräsidenten gewählt und Alexander Dubček zum Parlamentspräsidenten. Aus der „Tschechoslowakischen Sozialistischen Republik" wird im Juni 1990 die „Tschechische und Slowakische Föderative Republik".

1. *Gorbatschow fand für seine Politik den Begriff „Revolution" (M 2). Überprüfe, wie „revolutionär" sein Vorhaben war.*
2. *Überlege, was sich ein westeuropäischer Parlamentarier oder ein polnischer Staatsbürger von Gorbatschows Aussagen erhoffen konnte (M 3).*
3. *Formuliere aus Havels Überlegungen Forderungen für zukünftiges Handeln (M 4).*

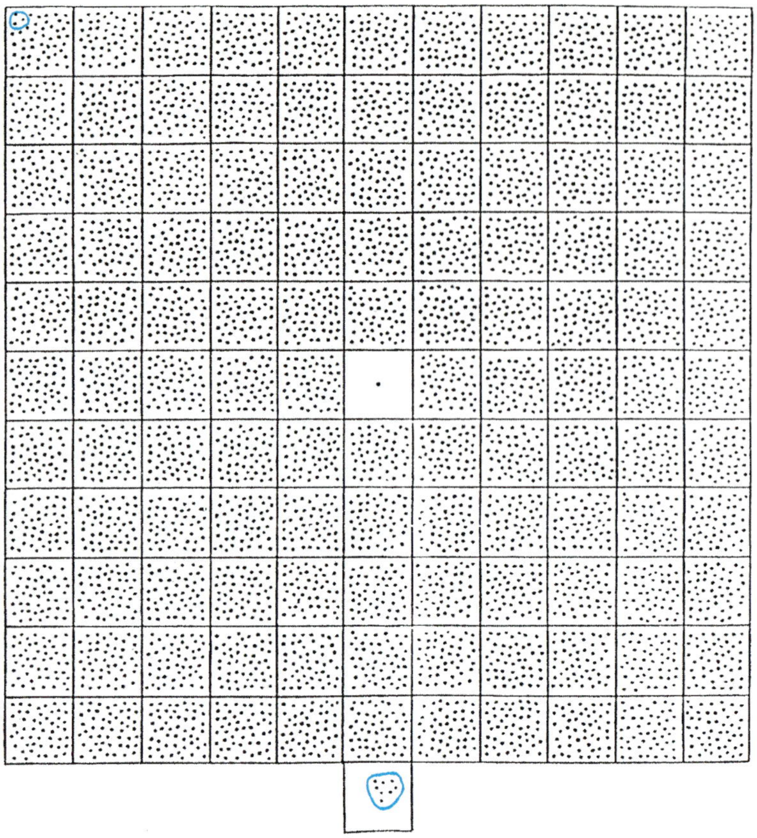

1 Zerstörungskraft der Atomwaffen.
Grafik aus der Wochenzeitung „Die Zeit" vom 11. Januar 1985.
Der Punkt im Quadrat in der Mitte symbolisiert die gesamte im Zweiten Weltkrieg verwendete Zerstörungskraft der Waffen, der 55 Millionen Menschen zum Opfer fielen: drei Megatonnen. Die anderen Punkte stellen die Nuklear-Arsenale um 1985 dar. Die Vereinigten Staaten und die Sowjetunion verfügen über eine gleich große Zerstörungskraft. Der Kreis oben links schließt neun Megatonnen ein, die Waffen eines einzigen „Poseidon"-U-Bootes. Sie würden genügen, um die 200 größten sowjetischen Städte zu vernichten.
Der Kreis unten in der Mitte schließt 24 Megatonnen ein. Die Zerstörungskraft würde ausreichen, um alle größeren Städte der nördlichen Erdhalbkugel zu vernichten. Zwei Quadrate dieser Grafik (300 Megatonnen) stellen die Zerstörungskraft dar, die nötig wäre, um alle mittleren und großen Städte der Welt zu vernichten.

Das Ende des Kalten Krieges

„Politik der Stärke und des Dialogs"
US-Präsident *Ronald Reagan*, der 1984 mit großer Mehrheit wiedergewählt worden war, leitete trotz des beginnenden politischen Wandels in der Sowjetunion ein Programm der strategischen Erneuerung ein, zu dem auch die Aufrüstung des Weltraums (*Star Wars*) gehörte. Er scheute sich nicht, damit den Rüstungswettlauf weiter anzukurbeln. Als er es für möglich hielt, einen atomaren Krieg auf Europa zu begrenzen, wurde er von der Friedensbewegung scharf kritisiert.
Parallel zu den neuen Rüstungsanstrengungen nahm der US-Präsident mit der Sowjetunion *Verhandlungen über den Abbau strategischer Rüstungssysteme* (START) auf. Sie lösten die SALT-Verhandlungen ab. Reagans Bemühungen scheiterten zunächst an den Ausgangspositionen der beiden Supermächte: Die Amerikaner wollten die Rüstung vermindern, die Sowjets nur die Zahl der Waffen „einfrieren".
Erst unter Gorbatschow konnten die Rüstungskontrollbemühungen erfolgreich weitergeführt werden. Im Dezember 1987 unterschrieben die beiden Staatschefs die ersten Abrüstungsvereinbarungen über nukleare Waffensysteme. Im Mai 1989 zogen sich die sowjetischen Truppen aus Afghanistan zurück. Ein halbes Jahr später verkündeten beide Mächte das Ende des Kalten Krieges.

2 „Glasnost."
Titel eines Brettspiels, um 1990.

M 1 Das Ende des „Kalten Krieges"

Am 2. und 3. Dezember 1989 erörtern George Bush, Nachfolger Ronald Reagans, und Michail S. Gorbatschow die beiderseitigen Beziehungen. Auf der anschließenden Pressekonferenz kommt es zu folgender Aussage:

Frage: Vorsitzender Gorbatschow, Präsident Bush hat Sie aufgefordert, den „Kalten Krieg" ein für alle Mal zu beenden. Ist das Ihrer Ansicht nach jetzt geschehen?

Gorbatschow: Zunächst einmal habe ich dem amerikanischen Präsidenten versichert, dass die Sowjetunion niemals einen heißen Krieg gegen die Vereinigten Staaten beginnen würde. [...] Wir haben beide erklärt, die Welt trete nunmehr nach dem „Kalten Krieg" in eine neue Epoche ein. [...]

Viele Merkmale des „Kalten Krieges" sollten fallen gelassen werden, etwa das Wettrüsten, das Misstrauen, psychologische und ideologische Kontroversen usw. All das sollte der Vergangenheit angehören.

Nach: Europa-Archiv 45. Jg. (1990), S. D 41

M 2 Ein neues Zeitalter für Europa

Am 21. November 1990 treffen sich die Staats- und Regierungschefs der KSZE-Teilnehmerstaaten in Paris; sie erklären:

Das Zeitalter der Konfrontation und der Teilung Europas ist zu Ende gegangen. Wir erklären, dass sich unsere Beziehungen künftig auf Achtung und Zusammenarbeit gründen werden.

Europa befreit sich vom Erbe der Vergangenheit. Durch den Mut von Männern und Frauen, die Willensstärke der Völker und die Kraft der Ideen der Schlussakte von Helsinki bricht in Europa ein neues Zeitalter der Demokratie, des Friedens und der Einheit an.

Hagen Schulze und Ina Ulrike Paul (Hrsg.), Europäische Geschichte. Quellen und Materialien, München 1994, S. 306

M 4 Generalsekretär Michail S. Gorbatschow trifft US-Präsident Ronald Reagan.

Foto von der Genfer Gipfelkonferenz, November 1985.

M 3 Ein Vergleich

Der Politikwissenschaftler Ernst-Otto Czempiel stellt 1991 in einer Studie fest:

Die Machtfiguren, die das internationale System seit 1945/46 bestimmt hatten, sind zerflossen; die Struktur des Ost-West-Konflikts, die die Nachkriegszeit beherrschte, hat sich aufgelöst. Das globale* System durchläuft einen Wandlungsprozess, der dem nach dem Zweiten Weltkrieg vergleichbar ist. Damals wie jetzt war ein großer globaler Konflikt zu Ende gegangen, damals wie jetzt formierte sich die internationale Politik neu. Zwar darf man die Unterschiede nicht verwischen. Der Zweite Weltkrieg hatte nur sechs Jahre gedauert, aber er hatte die gesamte damalige Welt verwüstet [...]. Der Ost-West-Konflikt artete nie in einen Krieg aus, selbst sein Ende verlief sanft. Seine politischen Wirkungen aber waren ungleich größer. Er hatte viel länger gedauert, verschlang in seiner akuten Phase nach 1949 fast 20 Billionen USD** an Rüstungsausgaben und beeinflusste die gesamte Welt. Insofern sind die Veränderungen, die er schuf, größer als die von 1945. Damals wurde ein Konflikt in Europa und Asien beendet. 1989/90 ging ein globaler Konflikt zu Ende, der die gesamte Welt erfasst und in seinen Bann geschlagen hatte.

Ernst-Otto Czempiel, Weltpolitik im Umbruch. Das internationale System nach dem Ende des Ost-West-Konflikts, München [4]2003, S. 12

* **global**: *weltumspannend*
** **USD**: *US-Dollar*

1. *Erläutere die Ursachen für den Wandel der Welt- und Europapolitik (M 1 und M 2).*
2. *Überprüfe Czempiels Urteil, die Welt sei durch den Kalten Krieg stärker als durch den Zweiten Weltkrieg verändert worden (M 3), indem du in Tabellenform die jeweiligen Auswirkungen nebeneinander stellst.*

Die Sowjetunion zerfällt

1 „Ein Weltreich zerbricht."
Titelblatt vom 2. September 1991.

Abkehr von Moskau

Das erste Zeichen für die Auflösung der Sowjetunion setzten die Bürger der *Estnischen Sozialistischen Sowjetrepublik*: Sie wollten ihre Souveränität zurück, die sie wie Letten und Litauer 1940 mit dem „Hitler-Stalin-Pakt" und dem folgenden Einmarsch sowjetischer Truppen verloren hatten, und erklärten 1988 ihre Unabhängigkeit.

Das Beispiel der Esten ermutigte andere Sowjetrepubliken und Völker – in der Sowjetunion lebten etwa 130 Völker (*Ethnien*) –, mehr Selbstständigkeit oder nationale Unabhängigkeit zu fordern.

Gorbatschow versuchte, die Unabhängigkeitsbewegungen mit wirtschaftlichen, politischen und militärischen Mitteln zu stoppen. Während er eine Volksbefragung über den Fortbestand der Sowjetunion und einen neuen Unionsvertrag mit den Republiken ankündigte, gingen gleichzeitig Truppen gegen die Unabhängigkeitsbestrebungen in den baltischen Republiken vor. Doch die Unterdrückung scheiterte

- am Widerstand der Bevölkerung,
- wegen der solidarischen Unterstützung durch oppositionelle (demokratische) Kräfte anderer Republiken und
- weil der Westen protestierte und seine Wirtschaftshilfen für die UdSSR unterbrach.

Im März 1991 sprach sich die Mehrheit der Sowjetbürger für eine „erneuerte Föderation gleichberechtigter souveräner Republiken" mit garantierten Rechten für Angehörige aller Nationalitäten aus. Doch sechs Unionsrepubliken – neben den drei baltischen auch Armenien, Georgien und Moldawien – hatten an der Volksabstimmung nicht teilgenommen. Sie forderten ihre Unabhängigkeit von Moskau.

Am Rande des Abgrunds

Um 1990 kämpfte die politische Führung nicht nur gegen den Zerfall der Sowjetunion. Zugleich mussten immer größer werdende wirtschaftliche Probleme gelöst werden. Als die Mischung aus plan- und marktwirtschaftlichen Reformen keine Verbesserungen brachte, wurde der Übergang zur Marktwirtschaft in 500 Tagen beschlossen. Doch die Produktion sank weiter, die Versorgungslage verschlechterte sich und die Inflation wuchs.

Nach der Volksabstimmung über die Sowjetunion versuchten zwischen dem 18. und 21. August 1991 einige Männer aus Regierung, Staatssicherheitsdienst, Militär und KPdSU, die Macht an sich zu reißen, um die Sowjetunion und die kommunistische Gesellschaftsordnung zu „retten". Gorbatschow wurde unter Hausarrest gestellt. In Moskau, Leningrad und anderen Städten fuhren Panzer auf. Zeitungen, Rundfunk und Fernsehen wurden kontrolliert und Demonstrationen verboten.

Die Putschisten scheitern

Hunderttausende gingen trotzdem auf die Straßen, um für Freiheit und Demokratie zu demonstrieren. An ihre Spitze stellte sich *Boris Jelzin*. Er war im Juli 1990 aus der KPdSU ausgetreten und in den ersten freien Wahlen nach 1917 im Juni 1990 zum Präsidenten der Sowjetrepublik Russland gewählt worden.

Nach drei Tagen gaben die Putschisten auf. Sie waren ohne Unterstützung geblieben. Aus dem Machtkampf ging Jelzin als Gewinner hervor, weil Teile der Armeeführung und breite Bevölkerungskreise hinter ihm standen. Gorbatschow wurde für die Berufung der Putschisten in hohe Positionen verantwortlich gemacht. Er legte seine Funktion als Generalsekretär der Partei nieder, nachdem Jelzin der KPdSU jede Tätigkeit in Russland verboten hatte. Gorbatschow blieb das Amt des Staatspräsidenten der Sowjetunion.

Das Ende der Sowjetunion

Der Putschversuch ermutigte weitere Unionsrepubliken, ihre Unabhängigkeit zu erklären. Im September 1991 beschloss der „Kongress der Volksdeputierten" das Ende der Sowjetunion. Damit eröffnete dieses oberste sowjetische Verfassungsorgan den Weg von der zentralistischen UdSSR zu einem neuen Bund unabhängiger Staaten.

Im Dezember 1991 vereinbarten die Regierungschefs Russlands, Weißrusslands und der Ukraine, die *Gemeinschaft Unabhängiger Staaten* (GUS) zu gründen. Dem Abkommen schlossen sich noch im selben Monat acht weitere Republiken an. Das war das Ende der Sowjetunion und der Präsidentschaft Gorbatschows.

M 1 Die frühere Sowjetunion und die Staaten der GUS.
Stand: 1998.

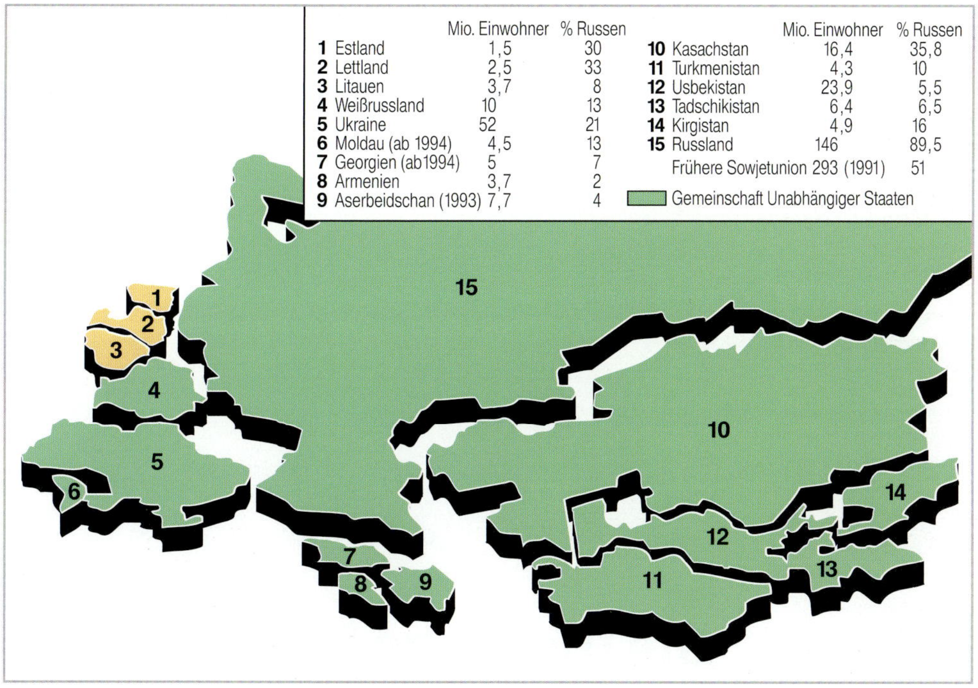

		Mio. Einwohner	% Russen
1	Estland	1,5	30
2	Lettland	2,5	33
3	Litauen	3,7	8
4	Weißrussland	10	13
5	Ukraine	52	21
6	Moldau (ab 1994)	4,5	13
7	Georgien (ab1994)	5	7
8	Armenien	3,7	2
9	Aserbeidschan (1993)	7,7	4
10	Kasachstan	16,4	35,8
11	Turkmenistan	4,3	10
12	Usbekistan	23,9	5,5
13	Tadschikistan	6,4	6,5
14	Kirgistan	4,9	16
15	Russland	146	89,5
	Frühere Sowjetunion	293 (1991)	51

M 2 „Wir stehen am Abgrund“

Vor seiner Rückkehr nach Russland greift der Schriftsteller Alexander Solschenizyn, der 1974 aus seiner Heimat ausgewiesen und ausgebürgert worden ist, von Amerika aus in die öffentliche Auseinandersetzung um die Zukunft des Landes ein. Seine Grundsatzerklärung, die im Juli 1990 als Beilage einer Zeitung in über 20 Millionen Exemplaren verbreitet wird, beginnt so:

Wer von uns weiß heute nicht um unsere Nöte, die in verfälschten Statistiken versteckt wurden? Siebzig Jahre lang folgten wir der blind geborenen, missratenen marxistisch-leninistischen Utopie, verloren ein Drittel unserer Bevölkerung, sei es im Schlund eines stümperhaft und selbstzerstörerisch geführten „Vaterländischen Krieges“, sei es auf dem Richtblock. Wir verschleuderten unseren einstigen Überfluss, vernichteten die Bauernklasse und ihre Dörfer. Wir wussten nicht mehr, was es heißt, Brot zu geben, gewöhnten der Erde ab, Frucht hervorzubringen, verwandelten sie in künstliche Meere und Sümpfe. Wir verpesteten Flüsse, Seen und Fische mit Industrieabfällen. Wir verdarben das letzte Wasser, die Luft, den Boden mit den Dreingaben des Atomtodes [...], [wir] holzten [...] räuberisch unsere Wälder ab, zerstörten ihre unvergleichlichen Schätze – das nicht wiederherzustellende Eigentum unserer Enkel. Gnadenlos haben wir es ins Ausland verkauft. Wir haben unsere Frauen durch körperliche Schwerstarbeit erschöpft, haben sie ihren Kindern entrissen, die Kinder der Barbarei, der Krankheit und einer falschen Erziehung ausgesetzt. Unsere Gesundheit ist vollständig zerrüttet, und es gibt keine Arzneien. Wir haben schon längst vergessen, wie man sich gesund ernährt. Millionen Menschen sind obdachlos, eine völlige Rechtlosigkeit hat das Land ganz und gar überflutet, und wir klammern uns nur an eins: Man soll uns nicht auch noch das ständige Besäufnis nehmen.
Doch der Mensch ist so beschaffen, dass er all diese Unsinnigkeit, all dieses Unheil ein Leben lang erträgt. Aber wehe, jemand wagt es, unsere Nation zu beleidigen! Dann hält uns nichts in unserer althergebrachten Demut. In kühnem Zorn ergreifen wir Steine, Stöcke, Lanzen, Gewehre und stürzen uns auf die Nachbarn, um ihre Häuser anzuzünden und sie selber totzuschlagen. So ist der Mensch! Nichts kann uns davon überzeugen, dass unser Hunger, unsere Armut, unser frühes Sterben, unsere missgebildeten Kinder – dass diese Nöte Vorrang haben vor unserem Nationalstolz!

Alexander Solschenizyn, Rußlands Weg aus der Krise. Ein Manifest, München 1990, S. 7 f.

Erörtert Solschenizyns Text (M 2).
Welche Gründe nennt er für die Lage Russlands?
Welche Gefahren sieht er?

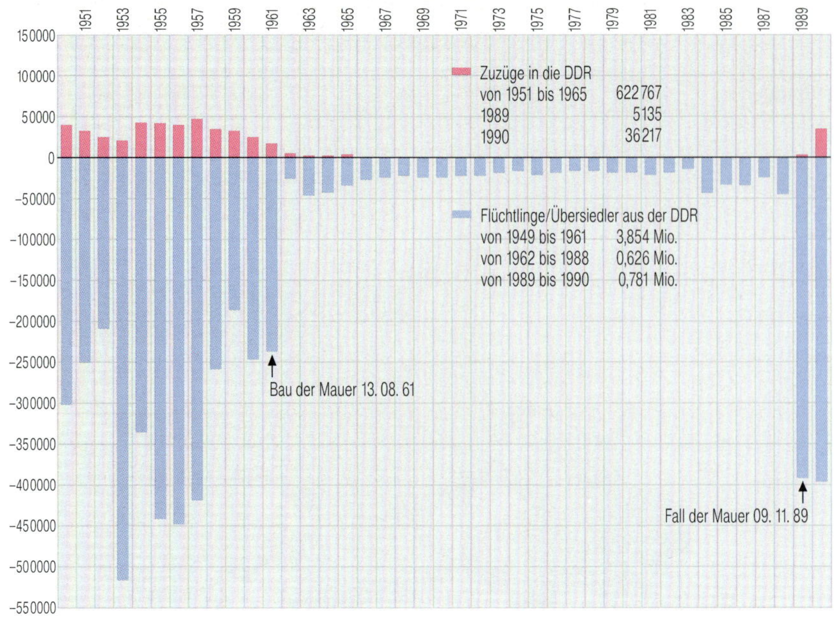

1 Übersiedler und Flüchtlinge zwischen der DDR und der Bundesrepublik.
Angaben nach: H. Wendt, Wanderungen in Deutschland zwischen Ost und West [...], in: Paul Ganz und Franz-Josef Kemper (Hrsg.), Mobilität und Migration in Deutschland, Erfurt 1995, S. 6-8, und Matthias Judt (Hrsg.), DDR-Geschichte in Dokumenten. Beschlüsse, Berichte, interne Materialien und Alltagszeugnisse, Berlin 1997, S. 545 f.

Die friedliche Revolution in der DDR

Der „Eiserne Vorhang“ hebt sich
In der DDR rechnete die Parteispitze um Erich Honecker mit dem Scheitern der Reformen in den sozialistischen „Bruderstaaten“. Sie sah trotz enormer wirtschaftlicher Probleme keinen Grund für eine neue Politik. Statt Reformen durchzuführen, vergrößerte sie ihren Unterdrückungsapparat.

2 Militärparade zum 40. Staatsjubiläum.
Foto aus Ost-Berlin vom 7. Oktober 1989.

Zwei Ereignisse in ihrem 40. Gründungsjahr standen am Anfang vom Ende der DDR: Am 2. Mai 1989 bekam der „Eiserne Vorhang“ zwischen Ost und West sein erstes Loch: Die Reformkommunisten in Ungarn schnitten den Stacheldraht an der österreichisch-ungarischen Grenze durch. DDR-Bürger durften die Grenze zwar noch nicht regulär überschreiten, doch nutzten immer mehr Menschen die nun ungefährliche Grenze, um in den Westen zu fliehen. Als dann die ungarische Regierung in der Nacht zum 11. September die Grenze zu Österreich für die DDR-Bürger öffnete, reisten innerhalb von drei Tagen 15 000 DDR-Bürger in die Bundesrepublik aus.
Das zweite Ereignis waren die Kommunalwahlen vom 7. Mai 1989. Die Parteispitze fälschte wie üblich das Ergebnis. Doch erstmals konnten Bürgerrechtsgruppen dies nachweisen. Das westdeutsche Fernsehen, das trotz offizieller Ächtung zum DDR-Alltag gehörte, sorgte dafür, dass die Verantwortlichen bloßgestellt wurden.
Als immer mehr Menschenrechtsverstöße an die Öffentlichkeit drangen, solidarisierten sich breite Bevölkerungskreise mit den Oppositionellen und forderten ein Ende der Missstände. Viele DDR-Bürger verloren jede Hoffnung auf eine Verbesserung der Verhältnisse. Sie sahen nur noch einen Weg: die Übersiedlung in den Westen.

Die SED feiert – Menschen fliehen
Die Zahl der Ausreiseanträge war seit Mitte der 1980er-Jahre stark gestiegen und lag Mitte 1989 bei rund 250 000. Trotzdem glaubte die Parteispitze noch, den Unmut der Bevölkerung ohne Reformen überstehen zu können. Die SED-Führung täuschte sich. Während im September 1989 die Vorbereitungen zum 40. Staatsjubiläum liefen, flohen Zehntausende über die ungarisch-österreichische Grenze in den Westen. Zahlreiche Menschen suchten Zuflucht in der Ständigen Vertretung der Bundesrepublik in Ost-Berlin sowie in den westdeutschen Botschaften in Budapest, Warschau und Prag. Sie wollten in den Westen ausreisen. Ende September/Anfang Oktober ließ die SED-Führung die „Botschaftsflüchtlinge“ nach Verhandlungen mit der Bundesregierung widerwillig in verriegelten Sonderzügen durch die DDR ziehen, damit die Feiern zum 40. Gründungsjubiläum der DDR ungestört stattfinden konnten.

3 Montagsdemonstration.
Foto aus Leipzig vom 9. Oktober 1989. Etwa 70 000 Menschen zogen friedlich durch die Innenstadt.

Die Opposition formiert sich
Während die Ausreisewelle zunahm, gab die Bürgerrechtsbewegung das Motto *Wir bleiben hier!* aus und forderte demokratische Reformen. Sie folgte darin den Beispielen aus Prag, Warschau und Budapest. Gleichzeitig wurden – trotz Verboten – ab Juli/August 1989 politische Vereinigungen und Parteien wie *Demokratie Jetzt*, *Demokratischer Aufbruch* und die *Sozialdemokratische Partei* gegründet. Bei allen programmatischen Unterschieden forderten sie gemeinsam freie Wahlen und Rechtsstaatlichkeit für die DDR.

„Wer zu spät kommt ..."
Erstmals hatten am Montag, den 4. September 1989, nach einem Friedensgebet in der Leipziger Nikolaikirche etwa 1 200 Menschen für Reisefreiheit und Demokratie demonstriert. Damit hatten die *Montagsdemonstrationen* begonnen, die bald regelmäßig in immer mehr Städten stattfanden. Während die Machthaber den 40. Jahrestag der DDR am 6. und 7. Oktober vor den Augen der Welt und mit dem sowjetischen Staatschef Gorbatschow in Ost-Berlin mit Pomp und Militärparaden feierten, spitzte sich die Lage zu. Mit einem Riesenaufgebot bewaffneter Sicherheitskräfte ging die Staatsmacht gegen die Demonstranten vor. Die von Gorbatschow während des Staatsaktes nebenbei geäußerte Warnung „Wer zu spät kommt, den bestraft das Leben", überhörte Honecker.

„Wir sind das Volk – keine Gewalt!"
Eine Wende brachte die Montagsdemonstration vom 9. Oktober in Leipzig. Obwohl Pläne der „Stasi" für die Inhaftierung aller Oppositionellen bestanden und die bewaffneten Kräfte in höchste Alarmbereitschaft versetzt worden waren, blieb der Befehl zur Zerschlagung der Demonstration aus. Der Ruf *Wir sind das Volk – keine Gewalt!* und eine unter dramatischen Umständen von dem Kapellmeister des Gewandhausorchesters, *Kurt Masur*, im letzten Augenblick mit Sekretären der SED-Bezirksleitung getroffene Verabredung verhinderten einen blutigen Zusammenstoß. Die Demonstration wirkte wie ein Dammbruch. In den nächsten Wochen gingen die Menschen von Rostock bis Karl-Marx-Stadt (seit 1990 wieder Chemnitz) an jedem Montag auf die Straße. Sie protestierten gegen den Führungsanspruch der SED und forderten Reise- und Meinungsfreiheit sowie die Zulassung neuer Parteien.
Die SED-Führung reagierte nur zögernd. Am 18. Oktober musste der 77-jährige Staatsratsvorsitzende Erich Honecker seine Ämter abgeben. Nachfolger wurde der 42-jährige *Egon Krenz*, der seit 1984 sein Stellvertreter war. Der Ministerrat trat am 7., das Politbüro am 8. November geschlossen zurück. Damit reagierte die SED auf die Demonstrationswelle, die ihren Höhepunkt in der Großdemonstration vom 4. November auf dem Alexanderplatz in Ost-Berlin gefunden hatte.
Die letzte Möglichkeit, die Fluchtbewegung aufzuhalten und die eigene Macht zu retten, sah die SED-Spitze am 9. November in der Öffnung der Grenzen zur Bundesrepublik und nach West-Berlin. Der Mauerfall war der Anfang vom Ende der DDR.

4 Die Mauer fällt.
Foto vom 9./10. November 1989.
Am Abend des 9. November 1989 wurde der Beschluss des DDR-Ministerrats mitgeteilt, alle Grenzen in die Bundesrepublik und nach West-Berlin zu öffnen. Nach der sensationellen Nachricht strömten die Menschen aus Ost- und West-Berlin an die Mauer.
Auf beiden Seiten der Grenze kam es in der Nacht zu volksfestartigen Szenen.

M 1 Großdemonstration auf dem Alexanderplatz in Ost-Berlin.
Foto vom 4. November 1989.
Rund 200 000 Menschen versammelten sich friedlich auf dem Alexanderplatz in Ost-Berlin. Mitarbeiter der Theater und Vertreter der Künstlerverbände hatten die fünfstündige Protestkundgebung organisiert.

M 2 „Jedes Land wählt seine Lösung"

Im Frühjahr 1987 geht der DDR-Spitzenfunktionär Kurt Hager in einem Gespräch mit Redakteuren des „Stern" über die „Umgestaltung" in der Sowjetunion auch indirekt auf die Situation in der DDR ein:

Stern: „Perestroika", Umgestaltung also auch in der DDR? [...]
Hager: Wir deutschen Kommunisten haben dem Land Lenins stets große Achtung und Bewunderung entgegengebracht, und daran wird sich nichts ändern. [...] Dies bedeutete jedoch auch in der Vergangenheit nicht, dass wir alles, was in der Sowjetunion geschah, kopierten.
Stern: Ein hartes Wort ...
Hager: [...] Würden Sie, wenn Ihr Nachbar seine Wohnung neu tapeziert, sich verpflichtet fühlen, Ihre Wohnung ebenfalls neu zu tapezieren?

Stern, H. 16/1987, S. 140

M 3 Forderungen der Opposition

Verschiedene Oppositionsgruppen erklären nach einem Treffen im Oktober 1989:

Uns verbindet der Wille, Staat und Gesellschaft demokratisch umzugestalten. Es kommt darauf an, einen Zustand zu beenden, in dem Bürgerinnen und Bürger dieser Gesellschaft nicht die Möglichkeit haben, ihre politischen Rechte so auszuüben, wie es die Menschenrechtskonventionen der Vereinten Nationen und die KSZE-Dokumente verlangen. [...] Wir halten es für vorrangig, in unserem Lande eine Diskussion darüber zu eröffnen, welche Mindestbedingungen für eine demokratische Wahl eingehalten werden müssen: Sie muss unterschiedliche politische Entscheidungen ermöglichen. Sie muss geheim sein, d. h. die Wähler sind verpflichtet, eine Wahlkabine zu benutzen. Sie muss frei sein, d. h. niemand darf durch Druck zu einem bestimmten Wahlverhalten genötigt werden. Die nächsten Wahlen sollten unter UNO-Kontrolle stattfinden.

taz (Hrsg.), DDR-Journal zur Novemberrevolution. August bis Dezember 1989. Berlin 2. erweiterte Auflage o. J. [1990], S. 24

M 4 „Was wir brauchen ..."

Pfarrer Friedrich Schorlemmer aus Wittenberg, der die Friedens- und Menschenrechtsbewegung in der DDR geprägt hat, sagt am 4. November 1989 auf der Großdemonstration in Ost-Berlin:

Plötzlich ist es zum Erlebnis geworden, unsere Zeitungen zu lesen. Aus Zerrspiegeln wurden Spiegel. Warum mussten wir so lange darauf warten?! Ist das alles nur ein Traum, aus dem es ein bitteres Erwachen gibt? Oder sind wir mitten in einem wirklichen, dauerhaften, demokratischen Aufbruch? Wir brauchen jetzt, denke ich, Toleranz und kritische Solidarität miteinander. [...] Der nun begonnene Dialog darf sich aber nicht aufs Dampfablassen beschränken, sonst entartet er zum großen Papperlapapp des Volkes. [...] Wir brauchen nun eine Struktur der Demokratie von unten nach oben. Die Regierung hat auf das Volk zu hören und nicht das Volk auf die Regierung. Wir lassen uns nicht mehr bevormunden.

„Initiativgruppe 4.11.89" (Hrsg.), 40 Jahre DDR – TschüSSED. Ausstellung der „Initiativgruppe 4. 11. 89" im Museum für Deutsche Geschichte, Berlin-Ost, und im Haus der Geschichte der Bundesrepublik Deutschland, Bonn 1990, S. 36

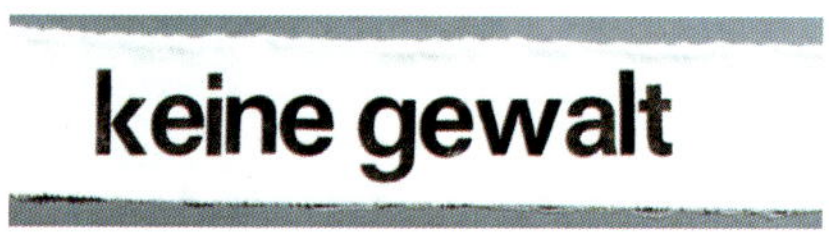

M 5 Stirn- und Armbinde.
November 1989.

M 6 Transparent der Berliner Demonstration vom 4. November 1989.
Format: 60 x 129 cm.

1. *Formuliere eine mögliche Antwort der Bürgerrechtsbewegung auf Hagers Haltung (M 2).*
2. *Stelle die Forderungen der Oppositionsgruppen (M 3) den tatsächlichen Verhältnissen (siehe Seite 38 bis 43) gegenüber. Überlege, ob die Forderungen innerhalb des Systems der DDR durchsetzbar gewesen wären.*
3. *Pfarrer Schorlemmer stellt moralische und politische Forderungen (M 4). Bestimme die Voraussetzungen für deren Umsetzung.*

Lerntipp

Zeitzeugen befragen

Über den „Fall der Mauer“ kannst du auch selbst Betroffene, Handelnde oder Zuschauer befragen. Du findest sie in der Familie, in der Bekanntschaft, in Parteien oder im Internet. Die Befragung muss gut vorbereitet werden. Du benötigst Grundkenntnisse des Ereignisses. Ein Zettel mit persönlichen Angaben zum Interviewpartner und einigen Leitfragen hilft dir, das Gespräch zu führen und die Informationen zu ordnen. Fotos aus der Zeit, an die sich Erinnerungen knüpfen, sind ergiebige Gesprächsanlässe. Höre konzentriert zu und frage an unklaren Stellen sofort nach. Berücksichtige immer auch, dass das Gedächtnis trügen kann. Nachfragen kann dann manchmal weiterhelfen. Nur so kannst du den Dingen auf den Grund gehen.
Ein Hilfsmittel für Befragungen ist der Kassettenrecorder. Tonaufnahmen halten alles fest, was gesagt wurde. Aber du kannst in ihnen leicht „ertrinken“, das heißt, du musst aus zu vielen allgemeinen Aussagen die für dein Thema wichtigen mühsam heraussuchen. Eine andere Möglichkeit ist es, Stichworte per Hand oder Laptop mitzuschreiben und erst später auszuformulieren. Dabei kann dir allerdings auch etwas entgehen.
Deinen Text solltest du deinem Interviewpartner zur Überprüfung vorlegen. Beachte: Jeder Gesprächspartner kann dir nur aus seiner persönlichen Sicht berichten. Ein anderer Zeitzeuge hat vielleicht dieselben Ereignisse anders wahrgenommen. Vergleiche daher die Aussagen mit anderen Quellen.

→ *CD-ROM-Tipp: Auf der Kippe. Originaltöne zur Wende, Köln: DeutschlandRadio 1998*

M 1 Ankunft in West-Berlin.
Foto vom 9./10. November 1989.
Bis Ende November kamen über 13 Millionen Menschen aus der DDR in die Bundesrepublik, wo sie ein „Begrüßungsgeld“ von DM 100,00 (Euro 51,00) erhielten.

M 2 Zeitzeugen über den 9.11.1989
Ein 17-Jähriger aus Ost-Berlin berichtet kurze Zeit nach dem Ereignis:

Am allerschönsten in meinem ganzen Leben war der 9. November. [...] Wir gingen zur Friedrichstraße, weil sie im Fernsehen gesagt hatten, dass die Grenze aufgeht. Wir wollten es nicht glauben, und meine Mutter hatte gesagt: „Wenn ihr rüberdürft – ihr geht nicht! Wer weiß, ob das nur für die Ausreiser ist, und ihr dürft vielleicht nicht zurück.“
Dann haben die Menschen dort mit den Grenzern diskutiert. Und Punkt null Uhr kam ein Oberst und sagte: „Die Grenze ist offen.“ Dann sind wir zum [Bahnhof] Zoo gefahren. [...] Als wir da ausstiegen, das war ein Aufatmen in mir – jetzt bist du wirklich in der Welt. Die Gedächtniskirche bei Nacht, das war so beeindruckend. Dann kamen die ganzen Ostautos. Die Leute haben getanzt auf den Autodächern mit Sekt in der Hand. Das war ganz irre. Dann bin ich zu meiner Tante, die vor drei Jahren rübergegangen war. Die wurde leichenblass, denn die dachte, wir sind abgehauen. Aber als wir ihr alles erzählten, hat sie sich sehr gefreut. Wir blieben dann bis um fünf Uhr früh.

Der damalige Chefredakteur der „Berliner Zeitung“ erinnert sich 1999 im Fernsehen:

„Die öffnen noch heute Abend die Mauer??? Das kann doch nicht wahr sein!“ [...] So lebte ich meinen Freudenschock an diesem Abend am Redaktionsschreibtisch aus: Eingedeckt von den Reporter-Berichten über den Mauerfall, unterbrochen von Blitz-Besuchen freudetrunkener Politiker, überfallen mit „Congratulation to the Berliners“-Telefonaten aus den USA, gerührt vom Anruf der urlaubernden Ehefrau aus dem Westen: „Ich kehre noch heute nach Berlin zurück.“

Ein ehemaliger DDR-Offizier aus Thüringen erzählt um 1992 einem Journalisten:

Ich war in dieser Nacht „Offizier vom Dienst“ im Regiment Plauen gewesen, da haben sie am späten Abend im Radio gemeldet, dass die Grenzen offen sind.
Am nächsten Morgen bin ich zurück nach Probstzella gefahren, immer am Schutzstreifen entlang, weil ich gedacht habe, dass da die Straßen noch nicht so verstopft sind; bin da langgefahren und hab glückliche Gesichter gesehen. Die Leute waren alle begeistert. Ein bissl was Befreiendes war es schon. Ich hab mich auch gefreut.
Als ich im Stau stand, bin ich ausgestiegen und hab mit den Leuten gesprochen. Ich hatte Uniform an, aber die waren freundlich. Mich hat keiner beschimpft oder was. Wir waren ja alle irgendwie froh, ich weiß auch nicht ...

Erster Text: Vera-Maria Baehr, Wir denken erst seit Gorbatschow, Recklinghausen 1990, S. 34 f.
Zweiter Text: Hans-Hermann Hertle und Kathrin Elsner, Mein 9. November, Berlin o. J. [1999], S. 224.
Dritter Text: Roman Grafe, Die Grenze durch Deutschland, Berlin 2002, S. 360

1. *Vergleiche und erkläre die Reaktionen der drei Zeitzeugen.*
2. *Suche weitere Zeitzeugenberichte. Bestimme zuvor einen Adressatenkreis (Politiker, Jugendliche, Frauen o. ä.). Erstelle aus den Berichten eine kleine Dokumentation.*

Deutschland wird wiedervereint

1 „Wir sind ein Volk."
Pappschild (80 x 60 cm) vom Herbst 1989.

Die katastrophale Lage

Erst nach der Öffnung der Grenzen erkannten die Bürger in Ost und West, wie katastrophal die wirtschaftlichen und ökologischen Verhältnisse in der DDR waren. Dazu wurden die Bestechlichkeit und Misswirtschaft der alten SED-Führung sowie der Umfang der Spitzeltätigkeit des Ministeriums für Staatssicherheit bekannt. Die Menschen in der DDR reagierten verbittert. Täglich verließen über 2 000 das Land. Ihre Zukunft suchten sie in Westdeutschland.

„Wir sind ein Volk!"

Ab Mitte November 1989 waren in Leipzig und vielen anderen Städten Deutschlandfahnen zu sehen und die Parole *Deutschland, einig Vaterland!* zu hören. Auf Massenkundgebungen wurde aus dem Slogan *Wir sind das Volk!* der Ruf *Wir sind ein Volk!* Nicht mehr die Reform der DDR, sondern die deutsche Einheit wurde Ziel der Demonstrationen.

Die im November neu gebildete Regierung unter *Hans Modrow* (SED) konnte gegen den Willen der Bevölkerung nicht regieren. Auf Initiative der Kirchen fanden ab dem 7. Dezember Gespräche zwischen Regierung und Vertretern der Bürgerrechtsbewegung am *Runden Tisch* statt. Wichtige Entscheidungen sollten von nun an bis zu den ersten freien Wahlen in der DDR gemeinsam abgesprochen werden.

Der Druck wächst

Der schnelle politische und wirtschaftliche Verfall der DDR und die anhaltend hohen Übersiedlerzahlen setzten die Regierenden in Ost und West unter Zugzwang. Am 17. November 1989 machte Modrow erste Vorschläge für eine engere Zusammenarbeit zwischen der DDR und der Bundesrepublik.

Elf Tage später stellte Bundeskanzler Helmut Kohl im Deutschen Bundestag ein *Zehn-Punkte-Programm* zur Überwindung der Teilung Deutschlands und Europas vor. Darin machte die Bundesregierung eine umfassende Hilfe von unumkehrbaren Reformen in der DDR abhängig. Am Ende einer stufenweisen Zusammenarbeit beider Länder sollte die *Wiedervereinigung* Deutschlands stehen. Doch bereits Ende des Jahres war die DDR aus eigener Kraft zu keiner Reform mehr fähig. Unruhen waren nicht auszuschließen. Losungen bei Massendemonstrationen wie *Kommt die D-Mark, bleiben wir, kommt sie nicht, geh'n wir zu ihr* verstand die Bundesregierung als dringliche Aufforderung der DDR-Bürger zum Handeln.

In der SPD befürwortete ein Teil der Partei um Willy Brandt die Wiedervereinigung, andere zögerten, weil sie die Art der beabsichtigten Vereinigung ablehnten und den Zusammenbruch der DDR-Wirtschaft fürchteten.

Die ersten freien Wahlen

Hauptthema des im Dezember 1989 einsetzenden Wahlkampfes in der DDR war die Vereinigung der beiden deutschen Staaten. Während die Bürgerbewegungen (*Neues Forum*, *Demokratie Jetzt* und andere) die Einheit nicht „so schnell wie möglich, sondern so gut wie möglich" forderten, wollte die *Allianz für Deutschland** die Einheit so rasch wie möglich verwirklichen.

In den ersten freien Volkskammerwahlen am 18. März 1990 entschied sich die große Mehrheit der Bürger für die schnelle Einheit. Am 12. April 1990 wählte die Volkskammer *Lothar de Maizière* (Ost-CDU) zum Ministerpräsidenten und bestätigte sein Kabinett der Großen Koalition aus CDU, SPD, Liberalen, DSU und DA. In seiner Regierungserklärung vom 19. April nannte de Maizière seinen Wählerauftrag: „Die Einheit muss so schnell wie möglich kommen, aber ihre Rahmenbedingungen müssen so gut, so vernünftig und so zukunftsfähig sein wie nötig."

Eine gemeinsame Wirtschaftsordnung

Der erste Schritt zur Vereinigung der gegensätzlichen Gesellschafts- und Wirtschaftssysteme war die Währungs-, Wirtschafts- und Sozialunion am 1. Juli 1990. Sie beruhte auf einem Vertrag, der von den Regierungen in Bonn und Ost-Berlin erarbeitet und von der Volkskammer sowie vom Deutschen Bundestag verabschiedet worden war. Die Soziale Marktwirtschaft und die Deutsche Mark hielten Einzug in die noch bestehende DDR.

Reaktionen des Auslands

Angesichts der sich anbahnenden Vereinigung erinnerten Politiker und Bürger im Ausland an die deutsche Vergangenheit, vor allem an die beiden Weltkriege, die von Deutschland ausgegangen waren, und die Ermordung der europäischen Juden. Während in den Vereinigten Staaten keine Vorbehalte gegen ein vereintes

** Zusammenschluss aus der CDU (Ost), dem „Demokratischen Aufbruch" (DA) und der „Deutschen Sozialen Union" (DSU)*

Deutschland geltend gemacht wurden, beschwor die britische Regierung für kurze Zeit die Gefahr eines *Fourth German Reich* herauf. Italienische und französische Politiker befürchteten ein Nachlassen des deutschen Einsatzes für die europäische Integration.
Bedenken gab es auch in Israel und Polen. Die israelische Regierung erinnerte an die „jubelnden Massen in den 1930er-Jahren und das, was sich daraus ergab". Teile der polnischen Bevölkerung waren besorgt, die Oder-Neiße-Grenze könnte durch das vereinte Deutschland infrage gestellt werden.

Aus zwei mach' eins

Die Wiederherstellung der Einheit Deutschlands war ohne Zustimmung der Siegermächte des Zweiten Weltkrieges nicht möglich. Dies war 1945 in Potsdam festgelegt worden. Besonders problematisch war, dass beide deutsche Staaten Teile gegensätzlicher militärischer und wirtschaftlicher Bündnisse waren. Deshalb bemühte sich die Bundesregierung unter Bundeskanzler Kohl seit Februar 1990 um die außenpolitische Absicherung der Einigung. Ihre wichtigsten Verhandlungspartner waren der amerikanische Präsident *George Bush* und der sowjetische Staats- und Parteichef Michail S. Gorbatschow.
Aufgrund vorheriger amerikanisch-sowjetischer Vereinbarungen über die zukünftige Mitgliedschaft Gesamtdeutschlands in der NATO erhielt Bundeskanzler Kohl während eines Treffens im Kaukasus am 15./16. Juli 1990 von Gorbatschow die öffentliche Zusage zur deutschen Einheit. Die Sowjetunion sicherte den Abzug der Roten Armee aus der DDR bis 1994 zu. Dafür versprach der Kanzler, die gesamtdeutschen Streitkräfte zu reduzieren und auf die Herstellung, den Besitz und den Einsatz von ABC-Waffen* zu verzichten. Darüber hinaus sagte Kohl der Sowjetunion umfangreiche wirtschaftliche Unterstützung zu.
Danach konnten die *Zwei-plus-Vier-Gespräche* zwischen den Außenministern der vier Siegermächte und den beiden deutschen Staaten über die äußeren Aspekte der Herstellung der deutschen Einheit abgeschlossen werden. Am 12. September 1990 wurde der *Zwei-plus-Vier-Vertrag* unterzeichnet. Dieser Friedensvertrag bestätigte die „endgültigen" Grenzen des vereinten Deutschlands wie die „volle Souveränität über seine inneren und äußeren Angelegenheiten".

Der Einigungsvertrag

Vor der Wiedervereinigung war die Verfassungsfrage zu klären: Sollte die DDR dem Geltungsbereich des Grundgesetzes beitreten? Oder sollte das vereinigte Deutschland eine neue Verfassung erhalten, die dem deutschen Volk zur Abstimmung vorgelegt würde? Das Grundgesetz ließ beide Möglichkeiten zu.
In einer Sondersitzung der Volkskammer wurde am 23. August 1990 um 2.47 Uhr der Beitritt nach *Artikel 23* des Grundgesetzes beschlossen. Über zwei Drittel der Abgeordneten stimmten dafür, nur die *Partei des Demokratischen Sozialismus* (*PDS*), die Nachfolgerin der SED, und das *Bündnis 90* stimmten dagegen. Sie wollten die Wiedervereinigung mit einer neuen Verfassung verbinden.
Den rechtlichen Rahmen der Vereinigung bildete der am 31. August abgeschlossene *Einigungsvertrag*. Die staatliche Existenz der DDR endete am 3. Oktober 1990 mit dem Beitritt der fünf neuen Bundesländer Brandenburg, Mecklenburg-Vorpommern, Sachsen, Sachsen-Anhalt und Thüringen zur Bundesrepublik Deutschland, der Auflösung von DDR-Regierung und Volkskammer sowie der Übernahme von 144 Abgeordneten in den gesamtdeutschen Bundestag. An diesem Tag wurde der neue Nationalfeiertag, der Tag der deutschen Einheit, erstmals festlich begangen.

2 Das „historische" Treffen im Kaukasus.
Foto vom 15. Juli 1990. Gorbatschow und seine Frau Raissa (links) mit Helmut Kohl bei einem Spaziergang.

Mehrheiten bestätigen den Weg

Die Ergebnisse der ersten Landtagswahlen in den fünf neuen Bundesländern vom 14. Oktober und der ersten gesamtdeutschen Wahlen vom 2. Dezember 1990 bestätigten den eingeschlagenen Weg der deutschen Einheit. Mit stattlichen Mehrheiten stimmten die Wählerinnen und Wähler für die Politik der Regierungskoalition von CDU/CSU und FDP, die auf eine schnelle Einheit gesetzt und eine rasche Angleichung der Lebensverhältnisse versprochen hatte. Die Bedenken der oppositionellen SPD wegen der Finanzierung der Aufbauhilfe und ihre Warnungen vor den sozialen Folgen einer zu raschen Privatisierung der früheren Staatsbetriebe erwiesen sich als nicht wählerwirksam.

3 Einheitsgleichung.
Karikatur von Brigitte Schneider aus der Wochenzeitung „Das Parlament" vom 22. Juni 1990.

* **ABC-Waffen**: *Sammelbezeichnung für atomare, biologische und chemische Waffen*

M 1 „Keine Experimente mehr!“

Bei Demonstrationen wird mit der Vergangenheit abgerechnet und über Zukunftsvorstellungen diskutiert. Hier ein Bericht aus Leipzig vom 20. November 1989:

„Ich bin Werkzeugmacher und heiße Hans Teschnau“, stellt sich ein Redner vor. Er habe vierzig Jahre Sozialismus ertragen und keine Lust mehr auf neue Varianten. „Keine Experimente mehr! Wir sind keine Versuchskaninchen!“, lautet seine Losung. Vor der Tür gebe es schließlich ein funktionierendes Gegenmodell. Freie Marktwirtschaft und Wiedervereinigung seien der einzige Ausweg. Die Reaktion ist eindeutig: langer Beifall und Sprechchöre: „Deutschland, einig Vaterland.“ Immer wieder skandiert die Menge auch „Freiheit, Freiheit“ und „Wir sind das Volk“.

Christoph Links/Hannes Bahrmann, Chronik der Wende. Die DDR zwischen 7. Oktober und 18. Dezember 1989, Berlin 1994, S. 122

M 2 Wahlaufkleber zu den Volkskammerwahlen in der DDR 1990.
Nenne die Parteien, die hier eindeutig zur Wiedervereinigung Stellung nehmen.

M 3 Wahlergebnis der Volkskammerwahl vom 18. März 1990

Wahlbeteiligung: 93,4 %		*Stimmen (%)*	*Mandate*
CDU*	Christlich-Demokratische Union Deutschlands**	40,82	163
SPD	Sozialdemokratische Partei Deutschlands	21,88	88
PDS	Partei des Demokratischen Sozialismus**	16,40	66
DSU*	Deutsche Soziale Union	6,31	25
BFD	Bund freier Demokraten: Deutsche Forumpartei, Liberaldemokratische Partei**, Freie Demokratische Partei	5,28	21
Bündnis 90	Neues Forum. Demokratie jetzt, Initiative Freiheit und Menschenrechte	2,91	12
DBD	Demokratische Bauernpartei**	2,18	9
Grüne-UFV	Grüne Partei + Unabhängiger Frauenverband	1,97	8
DA*	Demokratischer Aufbruch – sozial + ökologisch	0,92	4
Sonstige		0,89	4

**Allianz für Deutschland (CDU, DSU und DA)   ** ehemalige Blockparteien*

Uwe Andersen/Wichard Woyke (Hrsg.), Handwörterbuch des politischen Systems der Bundesrepublik Deutschland, Berlin ²1995, S. 676

M 4 „Blühende Landschaften“

Aus Anlass des Inkrafttretens der Währungs-, Wirtschafts- und Sozialunion sagt Bundeskanzler Helmut Kohl am 1. Juli 1990:

Es wird harte Arbeit erfordern, bis wir Einheit und Freiheit, Wohlstand und sozialen Ausgleich für alle Deutschen verwirklicht haben. Viele unserer Landsleute in der DDR werden sich auf neue und ungewohnte Lebensbedingungen einstellen müssen – und auch auf eine gewiss nicht einfache Zeit des Übergangs. Aber niemandem werden dabei unbillige Härten zugemutet. Den Deutschen in der DDR kann ich sagen [...]: Es wird niemandem schlechter gehen als zuvor – dafür vielen besser. Nur die Währungs-, Wirtschafts- und Sozialunion bietet die Chance, ja die Gewähr dafür, dass sich die Lebensbedingungen rasch und durchgreifend bessern. Durch eine gemeinsame Anstrengung wird es uns gelingen, Mecklenburg/Vorpommern und Sachsen-Anhalt, Brandenburg, Sachsen und Thüringen schon bald wieder in blühende Landschaften zu verwandeln, in denen es sich zu leben und zu arbeiten lohnt. [...]

Die Menschen in der DDR sind vier Jahrzehnte durch eine sozialistische Diktatur um die Früchte ihrer Arbeit betrogen worden. Sie verdienen unsere Unterstützung. Für die Menschen in der Bundesrepublik gilt: Keiner wird wegen der Vereinigung Deutschlands auf etwas verzichten müssen. Es geht allenfalls darum, Teile dessen, was wir in den kommenden Jahren zusätzlich erwirtschaften, unseren Landsleuten in der DDR zur Verfügung zu stellen – als Hilfe zur Selbsthilfe. Dies ist für mich ein selbstverständliches Gebot nationaler Solidarität.

Bulletin des Presse- und Informationsamtes der Bundesregierung Nr. 86 vom 3. Juli 1990, S. 743 f.

1. *Erläutere, warum die Mehrheit der DDR-Bürger keine Reform der DDR, sondern den Anschluss an die Bundesrepublik wollte (M 1 bis M 3).*
2. *Erörtert die Rede des Bundeskanzlers aus damaliger und heutiger Sicht (M 4).*

M 5 „Aus dem „Einigungsvertrag“

Der „Vertrag zwischen der Bundesrepublik Deutschland und der Deutschen Demokratischen Republik über die Herstellung der Einheit Deutschlands“ überträgt das gesamte rechtliche System der Bundesrepublik auf die zum damaligen Zeitpunkt noch nicht bestehenden fünf neuen Bundesländer im Osten Deutschlands.
Die DDR-Volkskammer stimmt am 20. September 1990 mit 299 gegen 80 Stimmen (PDS und Bündnis 90/Grüne) und einer Enthaltung für den „Einigungsvertrag“.
Der Deutsche Bundestag setzt den Vertrag am selben Tag mit 440 gegen 47 Stimmen (Die Grünen) und drei Enthaltungen in Kraft. Einen Tag später verabschiedet der Bundesrat den Vertrag einstimmig.

Die Bundesrepublik Deutschland und die Deutsche Demokratische Republik [...] sind übereingekommen, einen Vertrag über die Herstellung der Einheit Deutschlands mit den nachfolgenden Bestimmungen zu schließen:

Artikel 1 (Länder)

(1) Mit dem Wirksamwerden des Beitritts der Deutschen Demokratischen Republik zur Bundesrepublik Deutschland gemäß Artikel 23 des Grundgesetzes am 3. Oktober 1990 werden die Länder Brandenburg, Mecklenburg-Vorpommern, Sachsen, Sachsen-Anhalt und Thüringen Länder der Bundesrepublik Deutschland. [...]
(2) Die 23 Bezirke von Berlin bilden das Land Berlin.

Artikel 2
(Hauptstadt, Tag der Deutschen Einheit)

(1) Hauptstadt Deutschlands ist Berlin. Die Frage des Sitzes von Parlament und Regierung wird nach der Herstellung der Einheit Deutschlands entschieden.*
(2) Der 3. Oktober ist als Tag der Deutschen Einheit gesetzlicher Feiertag.

Presse- und Informationsamt der Bundesregierung (Hrsg.), Bulletin Nr. 104 vom 6. September 1990, S. 877 f.

**Am 20. Juni 1991 bestimmten die Abgeordneten des Deutschen Bundestages mehrheitlich Berlin zum Sitz von Parlament und Regierung.*

M 8 Vor dem Reichstagsgebäude.

Foto vom 3. Oktober 1990.

M 6 Bundestagswahl vom 2. Dezember 1990

Angaben in %	Ost	West	Gesamt
Wahlbeteiligung	73,9	79,1	77,8
CDU/CSU	41,8	44,3	43,8
SPD	24,3	35,7	33,5
FDP	12,9	10,6	11,0
B 90/Grüne	6,1	4,8	3,8/1,2*
PDS	11,1	0,3	2,4

** Grüne und Bündnis 90/Grüne kandidierten getrennt in den alten und neuen Bundesländern.*

M 7 Kommentare aus dem Ausland

Der „Tages-Anzeiger“ aus Zürich schreibt:

Die Hochgefühle der Regierungskoalition werden bald einer nüchternen Stimmungslage weichen müssen. Denn jetzt wird der ganz gewöhnliche Alltag die Phase der historischen Höhenflüge ziemlich rasch ablösen. Außenpolitisch muss das groß gewordene Deutschland seine neue Rolle finden, was nicht einfach sein wird. Innenpolitisch rücken die garstigen Sachthemen wieder in den Vordergrund [...]. Vor allem aber wird die Einheitsfinanzierung die Regierung [...] bald einholen und auch belasten.

Der britische „Guardian“ bemerkt:

Das übrige Europa betrachtet die Zukunft Deutschlands mit gemischten Gefühlen. [...] Deutschland ist eine regionale Macht geworden und besitzt ein ähnliches Gewicht wie Japan. Von Moskau bis London hat diese Veränderung ungeahnte Konsequenzen hinsichtlich unserer Position zur europäischen Einigung und darüber hinaus. Man könnte mit Recht sagen, dass Deutschland – genau wie Japan – einen größeren Anspruch auf einen ständigen Sitz im Weltsicherheitsrat* als Großbritannien besitzt.

Zit. nach: Frankfurter Rundschau vom 4. Dezember 1990

** gemeint ist der UN-Sicherheitsrat*

1. *Arbeite heraus, was der Vertrag für alle Deutschen änderte (M 5).*
2. *Vergleiche die Bundestagswahl (M 6) mit der Volkskammerwahl (M 3, Seite 62).*
3. *Arbeite die Einstellungen der Kommentatoren zum Wahlausgang heraus (M 7).*

Vereinigt, aber doch getrennt?

1 Alt und Neu.
Wohnhaus in Threna (Sachsen).
Foto von Peter Hirth, um 1995.

Die Wirtschaft im Osten zerfällt

Die zentrale Planwirtschaft der DDR wurde auf die wettbewerbsorientierte Soziale Marktwirtschaft umgestellt. Ganze Wirtschaftszweige mit nicht konkurrenzfähigen Produkten brachen zusammen, etwa vier Millionen Arbeitsplätze gingen verloren. Was waren die Ursachen?

- Mit der Einführung der D-Mark in der DDR wurden auch die Löhne im Verhältnis 1:1 umgestellt. Schlagartig verteuerten sich die Waren um ein Vielfaches, sodass sie auf den bisherigen osteuropäischen Märkten nicht mehr bezahlbar waren. Der Absatz brach ein. Die meisten neuen Bundesbürger kauften lieber Güter aus dem Westen; Ostprodukte waren auch im Westen nicht gefragt.
- Weil die Eigentumsverhältnisse mancher Betriebe mit veralteten Anlagen nicht zu klären waren, konnte nicht rechtzeitig investiert werden, um die Herstellung der Güter rentabel zu machen oder neue Produkte anbieten zu können.

Privatisierung und Arbeitslosigkeit

Die im März 1990 gegründete Treuhandanstalt in Berlin sollte die ehemaligen 12 000 Staatsbetriebe an private Unternehmer sanieren, verkaufen oder – wenn dies nicht möglich war – stilllegen.

- Viele Betriebe fanden kaum Interessenten oder nur dann, wenn die Käufer hohe staatliche Zuschüsse zur Tilgung bestehender Schulden erhielten.
- Zahlreiche Firmen fielen in die Hände zweifelhafter Geschäftemacher und Spekulanten, die die Probleme nicht lösen konnten oder wollten.

Die Folge waren Betriebsschließungen und eine steigende Arbeitslosigkeit. 2,8 Millionen Menschen suchten daher zwischen 1990 und 2005 ihre berufliche Zukunft im Westen.* Die Ansiedlung einiger Großunternehmen besonders aus dem Automobilbau, 856 000 neue kleine und mittlere Betriebe (Stand: 2005) sowie der allgemeine Wirtschaftsaufschwung 2006/2007 verbesserten die Lage vor allem in Dresden, Jena und Leipzig. An anderen Regionen ging der Aufschwung jedoch vorbei, eine Besserung ist nicht in Sicht. Positiv entwickelt sich allerdings der Tourismus.

Der wirtschaftliche Umbau und die Angleichung der Lebensverhältnisse an den westlichen Standard haben gewaltige öffentliche Investitionen verschlungen. Bis 2006 wurden für den Aufbau der Infrastruktur, für Wohnungen und Restaurierung öffentlicher Bauten, für die Förderung der Wirtschaft, für Renten und sonstige Sozialleistungen rund 1 400 Milliarden Euro aus Steuern, Sozialversicherungsbeträgen und staatlichen Schulden aufgebracht. Durch die in diesem Umfang nicht vorhersehbaren Kosten der Wiedervereinigung hat Deutschland im letzten Jahrzehnt erheblich an wirtschaftlicher Leistungsfähigkeit verloren.

** In dieser Zeit zogen 1,9 Mio. Bundesbürger in die neuen Bundesländer.*

2 Arbeitslosenquote in Ost- und Westdeutschland.
Nach: www.destatis.de

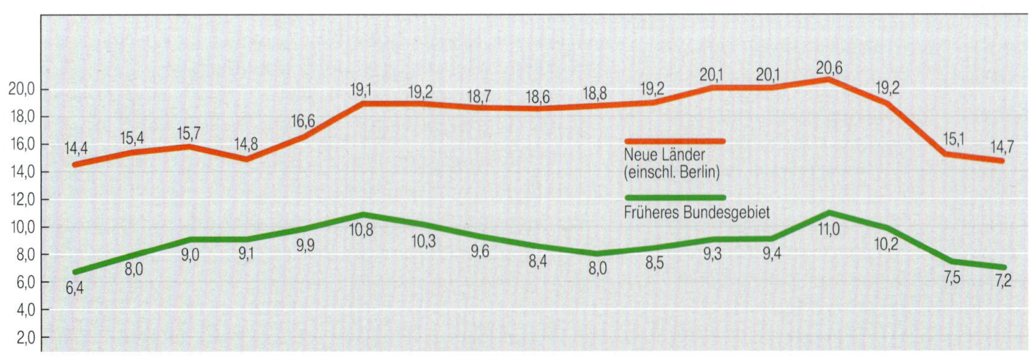

Vom Westen überrollt?

Obwohl Löhne und Gehälter inzwischen weitgehend angeglichen wurden und es den Rentnern in den neuen Bundesländern besser als je zuvor geht, fühlt sich ein Teil der Ostdeutschen durch die radikale politische und wirtschaftliche Umstellung ungerecht behandelt. Orientierungslosigkeit, Rechtsradikalismus und DDR-Nostalgie machten sich breit, vor allem bei jungen Erwachsenen. Ein Teil der neuen Bundesbürger möchte die DDR zurückhaben. Die überwiegende Mehrheit der Bevölkerung steht aber positiv zum vereinten Deutschland.
Insgesamt sind die Menschen in den neuen Bundesländern mit Demokratie, pluralistischer Gesellschaft und Marktwirtschaft weniger zufrieden als die im Westen. Auch in ihrem Wahlverhalten werden Kritik und Skepsis deutlich. So erreichte die CDU in den neuen Bundesländern bei keiner Bundestagswahl mehr ihr Spitzenergebnis vom Dezember 1990. Allen traditionellen Parteien erwuchs in der aus der SED hervorgegangenen Partei *Die Linke* eine ernste Konkurrenz. Ihr Erfolg im Osten beruht darauf, dass sie die Unzufriedenheit vieler Ostdeutscher mit den neuen Verhältnissen aufgriff.

Das Erbe der Stasi

Erst nach dem Ende der DDR bekamen die Bürger Einblicke ins Zentrum des SED-Staats: das Ministerium für Staatssicherheit. Gigantische Aktenberge (112 Kilometer Akten, das entspricht drei Millionen Bücher von 400 Seiten), zahllose Tonaufnahmen, Fotos, Filme und Geruchskonserven belegen die umfassenden Kontroll- und Bespitzelungsaktionen sowie Menschenrechtsverletzungen der Stasi.
Die Unterlagen des MfS wurden auf Initiative von Bürgerrechtlern sichergestellt und einer 1991 geschaffenen Bundesbehörde für die Aufarbeitung der Stasiunterlagen der ehemaligen DDR übertragen. Seit Öffnung des Archivs stellten 5,7 Millionen Menschen (Stand: 2006) aus den neuen und alten Bundesländern Anträge auf Einsicht in ihre Akten. Erst daraus erfuhren viele, warum sie von der Staatsmacht überwacht wurden, wer sie verraten und hintergangen hatte. Gleichzeitig belegen diese Akten auch den Widerstandswillen zahlreicher Bürger, die sich nicht von der Stasi anwerben ließen und dafür Nachteile in Kauf nahmen.

„Wir wollten Gerechtigkeit ...“

Bereits im Einigungsvertrag wurde festgelegt, die ostdeutschen Abgeordneten und Mitarbeiter des öffentlichen Dienstes zu überprüfen. Viele Prominente aus Politik, Wissenschaft, Kultur und Sport wurden als Inoffizielle Mitarbeiter (IM) der Stasi enttarnt. Damit war ihre Karriere meist beendet. Einige redeten sich heraus, weil die Beweise nicht eindeutig waren. Unter den aus der Nationalen Volksarmee in die Bundeswehr übernommenen Soldaten waren 20 Prozent als IM tätig, bei den Lehrern 4,5 Prozent.
Weil dem Rechtsstaat im Gegensatz zur Willkürjustiz der SED-Diktatur enge Grenzen gesetzt sind, blieb die strafrechtliche Ahndung des DDR-Unrechts für die Opfer des SED-Regimes unbefriedigend. Viele zeigten sich enttäuscht über die Ergebnisse der Ermittlungsverfahren und Prozesse. Die Bürgerrechtlerin *Bärbel Bohley* fasste die Stimmung zusammen: „Wir wollten Gerechtigkeit und bekamen den Rechtsstaat.“
Frühere Unrechtsurteile der DDR-Justiz wurden inzwischen aufgehoben und politische Opfer rehabilitiert. Einige erhielten für Haft und Verfolgung eine geringe staatliche Entschädigung. 2007 beschloss der Bundestag eine Ehrenpension für einen kleinen Kreis armer ehemaliger Häftlinge der DDR.

Der neue deutsche Nationalstaat

Das wiedervereinigte Deutschland ist gemäß Grundgesetz ein „Nationalstaat des Rechts und der Freiheit“ (*Ralf Dahrendorf*). Er unterscheidet sich wesentlich vom Macht- und Obrigkeitsstaat der Vergangenheit. Wichtige Grundlagen wurden in der Weimarer Republik und in der alten Bundesrepublik gelegt, besonders das Konzept des föderalen und sozialen Rechtsstaates. Deutschland setzt sich heute als konstruktives Mitglied von EU, NATO und UNO für Frieden, Sicherheit und Wohlstand in der Welt ein, ohne allerdings seine nationalen Interessen zu verstecken.

3 Besetzte Stasi-Zentrale in Berlin.
Foto vom Februar 1990.

M 1 Besser / schlechter nach der Wiedervereinigung

Das Institut für Demoskopie Allensbach stellt 2004 die Frage: „Was ist nach der Wiedervereinigung in den neuen Bundesländern besser und was schlechter geworden?"

Angaben der Bevölkerung in Prozent

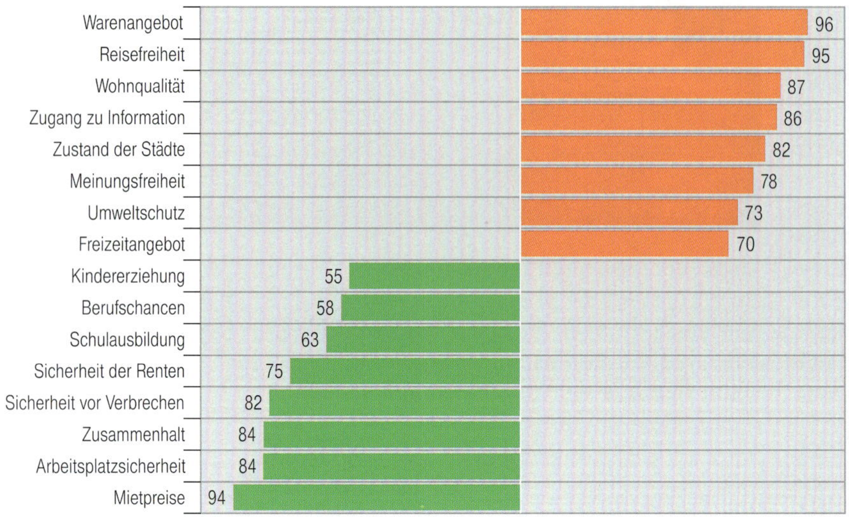

Nach: Klaus Schröder, Die veränderte Republik. Deutschland nach der Wiedervereinigung, München 2006, S. 513

M 2 Die Frage nach der Gesellschaftsform

In einer repräsentativen Telefonumfrage wird 2004 die Frage gestellt: „Welche Gesellschaftsform ist für die neuen Bundesbürger erstrebenswerter: die frühere (DDR) oder die jetzige (BRD)?"

Bevölkerung ab 14 Jahren (Angaben in Prozent)

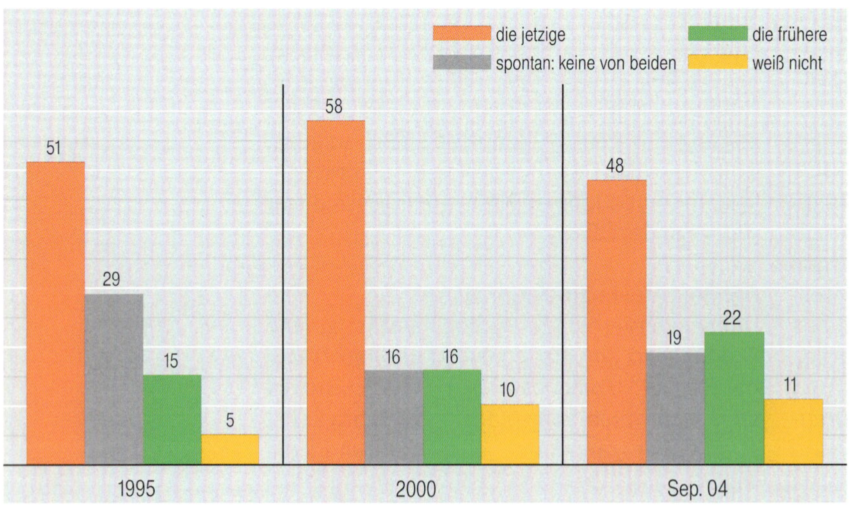

Nach: Thomas Gensicke, Die Ostdeutschen und der Systemzweifel der Westdeutschen – Warum die innerdeutsche Integration so schwierig ist, in: Jürgen Weber (Hrsg.), Illusionen, Realitäten, Erfolge. Zwischenbilanz zur Deutschen Einheit, München 2006, S. 67

M 3 „Sind wir ein Volk?"

In einer sozialwissenschaftlichen Untersuchung von 2006 wird festgestellt:

Die Ostdeutschen fühlten sich kurz nach 1990 deutlich stärker mit Gesamtdeutschland als mit der DDR verbunden. Bereits 1993 kam es jedoch zu einer Trendwende. Nun lag die Identifikation mit der ehemaligen DDR vor der Bindung an Deutschland als Ganzes. Dies änderte sich jedoch Ende der 1990er-Jahre wieder. 2002 waren die Bindungen an die frühere DDR stark rückläufig, während die Verbundenheit der Ostdeutschen mit Gesamtdeutschland hoch blieb. 2003 und 2004 blieb die Bindung an die DDR auf dem erreichten niedrigen Niveau. Die Deutschland-Verbundenheit ging allerdings deutlich zurück. In Ostdeutschland wurde 2004 sogar das niedrigste Niveau der gesamtdeutschen Identifikation seit dem bisherigen Tiefstwert von 1993 erreicht.

Katja Keller, Getrennt vereint? [...], in: J. W. Falter u. a., Sind wir ein Volk? Ost- und Westdeutschland im Vergleich, München 2006, S. 24 f.

Erläutere die Ergebnisse der Umfragen (M 1 und M 2). Vergleiche deine Ergebnisse mit M 3.

M 4 Zwischenbilanz

Klaus von Dohnanyi – ehemaliger sozialdemokratischer Bundes- und Landespolitiker – leitete 2004 den „Gesprächskreis Aufbau Ost“ im Auftrag von Bundeskanzler Gerhard Schröder.

15 Jahre nach der Einführung der Währungsunion und nach dem Vollzug der politischen Einheit bleiben die Unterschiede zwischen Ost und West erheblich: Etwa ein Drittel der ostdeutschen Wirtschaftsleistung, so die Fachleute, lebt von den Finanztransfers aus dem Westen, die auf verschiedenen Wegen (unter diesen ist der Solidarpakt* eher nachrangig!) rund vier Prozent der gesamten Wirtschaftsleistung ausmachen. Sozialsysteme, Infrastruktur, Unternehmensaufbau und öffentliche Finanzen können nur so am Leben gehalten werden. Nach bisheriger Rechnung sind es Jahr für Jahr rund 90 Milliarden Euro; also mehr als das Dreifache eines Verteidigungshaushalts der Nation.

[...] Der Aufbau Ost war nicht nur teurer, er dauerte auch viel länger, als manche Versprechung erwarten ließ. Die Folgen dieser Fehlschätzungen lasten ökonomisch auf der Republik, und zwar auf der ganzen Bundesrepublik Deutschland.

Weil wir aber über diese Folgen niemals wirklich offen sprachen, wuchsen im Osten bald Enttäuschung und im Westen Ungeduld. [...] Die enttäuschten Menschen im Osten sind empfindlich; sie verstehen Fehleinschätzungen gern als bewusste Täuschungen und sehen sich allzu oft als Opfer dunkler Mächte (z.B. westdeutscher Glücksritter), anstatt den entscheidenden Anteil der DDR zu berücksichtigen. [...]

So stehen wir heute, nach 15 Jahren deutscher Einheit, einem zweifachen Problem gegenüber: Einerseits hat sich Deutschland, so wie die Regierung Kohl die wirtschaftliche Vereinigung organisiert hat, ökonomisch übernommen. Nicht nur ist die öffentliche Verschuldung nach der Vereinigung massiv gestiegen, auch die jährlichen Transferzahlungen überfordern inzwischen die Wirtschaftskraft Westdeutschlands. Weil etwa zwei Drittel der etwa 90 Milliarden Euro pro Jahr unmittelbar in den ostdeutschen Sozialbereich* gelangen, bleibt das Wachstum in Deutschland schwach. Wirkliche Kaufkraft kann so nicht gemehrt werden.

Andererseits sind diese Transferzahlungen weiterhin notwendig: Schon die ostdeutsche Massenarbeitslosigkeit von durchschnittlich nahezu 20 Prozent erfordert erhebliche Summen. Hier gibt es eine unselige Wechselwirkung: Die hohe Arbeitslosigkeit und die erheblichen Zinsen, die für eine noch immer wachsende Verschuldung der Nation notwendig sind, erlauben keinen nachhaltigen Aufschwung. Und die so verursachte Wachstumsschwäche erlaubt keine Aufwärtsentwicklung auf den Arbeitsmärkten.

Klaus von Dohnanyi, Freiheit Ost, in: Aus Politik und Zeitgeschichte, Heft 40/2005, S. 9f.

*** Solidarpakt**: *Zum Abbau der teilungsbedingten Sonderlasten erhalten die neuen seit 1995 besondere Finanzmittel von den alten Bundesländern.*

** Renten, Arbeitslosengeld, Krankenversicherung*

M 5 „Was ist mit dem Osten los?“

Der evangelische Theologe Richard Schröder, der 1990 Mitglied der Volkskammer der DDR und des Bundestages war, schreibt im August 2005:

Von allen ehemals sozialistischen Ländern hat Ostdeutschland den höchsten Lebensstandard und die beste Infrastruktur. Aber dieser Vergleich wird in Ost und West vermieden. Im Westen fragt man: Warum sind die noch nicht wie wir? – als wenn es gar keine Westmacken gäbe, auf die wir lieber verzichteten. Und im Osten: Warum leben wir noch nicht wie sie, sondern mit 70 Prozent Westlohn und doppelt so vielen Arbeitslosen? Der Blick nach Westen verdeckt im Osten auch den Vergleich mit den DDR-Verhältnissen. Manche – eine Minderheit – verklären sie. [...]

Und warum sind die Ostdeutschen nicht dankbarer? Die einseitige Forderung von Dankbarkeit ruiniert jede Beziehung, da sie das Eingeständnis fortdauernder Abhängigkeit einschließt. [...] Und warum eigentlich dankt niemand den Ostdeutschen, deren Zivilcourage im Herbst 1989 die deutsche Einheit möglich machte und die eine unglaubliche Umstellungsleistung erbracht haben? Zweifellos haben sie den größeren Teil der Kriegsfolgelasten zu tragen gehabt. [...]

Die deutsche Einheit ist weiter voran geschritten als die italienische, hat ein Italiener bemerkt. Bloß die Deutschen glauben das nicht, weil sie an übertriebenen Maßstäben leiden und die schlechten Nachrichten besonders lieben. Im Ausland hält man die deutsche Einigung für gelungen.

Frankfurter Allgemeine Zeitung vom 25. August 2005

M 6 „Da war doch was...“

Karikatur von Gerhard Mester vom 2. Oktober 2005.

1. *Leite politische Forderungen aus M 1 bis M 5 ab.*
2. *Interpretiere die Karikatur (M 6).*
3. *Suche aktuelle Meinungen und Umfrageergebnisse zum Thema „Wiedervereinigung“ bzw. „innere Einheit“.*

Welcher Nationalfeiertag?

Gedenktage

Ein nationaler Gedenktag soll die Menschen anregen, sich mit der Geschichte und Verfassung seines Staates zu beschäftigen.

In der Bundesrepublik Deutschland löste der SPD-Vorsitzende *Hans-Jochen Vogel* am 12. November 1989 die Diskussion nach einem neuen Nationalfeiertag aus. Er fragte öffentlich, ob die Deutschen nicht statt des gescheiterten Arbeiteraufstandes vom 17. Juni 1953 in der DDR die Öffnung der innerdeutschen Grenzen am 9. November 1989 feiern sollten. Die Abgeordneten der DDR-Volkskammer und des Deutschen Bundestages stimmten dagegen. Sie entschieden sich am 20. September 1990 mehrheitlich für den 3. Oktober als „Tag der deutschen Einheit".

M 1 Was Historiker dazu meinen

Auf die Frage nach einem deutschen Nationalfeiertag antworten im Juni 1990 auch bekannte Historiker.

Braucht man einen Nationalfeiertag? Wenn ja, dann kann man ihn nicht künstlich ins Leben rufen, sondern er muss in der Tradition und aus ihr leben. Der 9. November ist ungeeignet, zum einen wegen seiner Vieldeutigkeit von 1918, 1923, 1938. Zum anderen war es 1989 der Tag, an dem das SED-Regime jene Entscheidung traf, die sich als seine letzte herausstellte. Man wird den Tag der Vollendung der deutschen Einheit auf den 17. Juni oder den 23. Mai zu legen haben, um einen davon fortan zum Nationalfeiertag zu machen: den 17. Juni 1953 als Tag der moralisch-politischen Verwahrung gegen die Diktatur, den 23. Mai 1949 als Tag, an dem den Deutschen das Glück zuteil wurde, eine Verfassung von Maß und Mitte zu gewinnen, die allen gut gedient hat – und hoffentlich weiter dienen wird. Ich würde dem 23. Mai den Vorzug geben.

Michael Stürmer

Der 17. Juni ist schon längst zum Feiertag geworden und symbolisiert erstens ein Scheitern, zweitens eine deutsch-sowjetische Repression gegen andere Deutsche. Der 9. November ist nur tragbar, wenn zugleich der 9. November 1938 in Trauer erwähnt wird. Aber es wäre kein unrichtiges Datum. Warum aber nicht von vorne anfangen und den Tag nehmen, an dem zum ersten Mal das neue gesamtdeutsche Parlament tagen wird?

Alfred Grosser

Ich unterstütze die Idee einer vor über einem Jahrzehnt gegründeten Initiative „18. März – Nationalfeiertag in beiden deutschen Staaten", das Erbe der gesamtdeutschen und liberal-demokratischen Revolution von 1848 in der Form des deutschen Nationalfeiertags zu ehren. [...] Die Bewegung von 1848 war zugleich eine gesamteuropäische für nationale und staatsbürgerliche Freiheit. Beide bisherigen deutschen Staaten haben sich stets positiv auf die Revolution von 1848/49 bezogen.

Peter Brandt

Der 9. November 1989 wäre an sich der ideale Festtag, nicht grimmig wie die Erstürmung der Bastille, sondern freundlich und freudig. Aber eine Schwierigkeit gibt es: Die älteren Generationen erinnern sich auch noch an den 9. November 1918 als Beginn der sogenannten Revolution und an Hitlers allzu oft wiederholten Schwur: „Einen 9. November 1918 wird es nie wieder geben!" [...] Es wäre also wohl besser, den 10. November zum nationalen Feiertag zu erheben.

Golo Mann

Die Zeit vom 15., 22. und 29. Juni 1990

1. *Erörtert die Vorschläge (M 1) und entwerft eigene Alternativen.*
2. *Der 9. November scheint ein Schicksalstag der Deutschen zu sein. Überlegt, ob zwischen den Daten von 1918, 1923, 1938 und 1989 Zusammenhänge bestehen.*

M 2 Neuer Straßenname?

Foto aus Berlin vom 12. November 1989.

Referatthemen:

- *Der 9. November in der deutschen Geschichte. 1918-1923-1938-1989*
- *Der 9. November. Nationaler Gedenktag oder Nationalfeiertag?*

Lektüretipps:

- *Horst Möller, Der 9. November in der deutschen Geschichte des 20. Jahrhunderts, in: Eckart Conze und Thomas Nicklas (Hrsg.), Tage deutscher Geschichte. Von der Reformation bis zur Wiedervereinigung, Darmstadt 2004, S. 195-216*
- *Peter Reichel, Der 9. November: Triumph oder Trauer?, in: ders., Schwarz-Rot-Gold. Kleine Geschichte deutscher Nationalsymbole, München 2005, S. 89-97*
- *Johannes Willms (Hrsg.), Der 9. November. Fünf Essays zur deutschen Geschichte, München [2]1995*

Daten

ab 1985	*In der Sowjetunion beginnt unter Michail Gorbatschow eine Reformpolitik.*
1989	*Massendemonstrationen stürzen die kommunistischen Regierungen in den osteuropäischen Staaten.*
9. November 1989	*In der DDR fällt nach der friedlichen Revolution die Mauer; die innerdeutsche Grenze wird durchlässig.*
3. Oktober 1990	*„Tag der deutschen Einheit": Durch den Beitritt der fünf neuen Bundesländer wird die Wiedervereinigung Deutschlands vollzogen.*

Begriffe

Glasnost und **Perestroika**: Die beiden Begriffe Glasnost (dt. Offenheit, Durchsichtigkeit) und Perestroika (dt. Umbau, Umgestaltung) stehen stellvertretend für die Reformpolitik in der Sowjetunion von 1985 bis 1991, für die *Michail S. Gorbatschow* verantwortlich zeichnete.

Mauerfall: Öffnung der Berliner Mauer am 9. November 1989. Während die SED-Spitze vorsichtige Reformen der DDR diskutierte und auch über ein neues Reisegesetz sprach, um die Fluchtbewegung aufzuhalten, gab Politbüromitglied *Günter Schabowski* am 9. November bekannt, dass ständige Ausreisen und Privatreisen in den Westen ab sofort beantragt werden könnten. Nachdem westliche Medien die Information „DDR öffnet Grenzen" umgehend verbreiteten, erzwangen tausende Ost-Berliner die Öffnung der Grenze. In den folgenden Tagen begann der Abriss der Mauer, doch erst am 30. Juni 1990 wurden die Kontrollen an den Grenzübergängen eingestellt.

Zusammenfassung

Als die Sowjetregierung Anfang der 1980-Jahre in Europa neue Mittelstreckenraketen stationieren wollte, antwortete die NATO mit dem Beschluss, ebenfalls Raketen aufzustellen, falls Moskau keine Zugeständnisse machen würde (NATO-Doppelbeschluss). Die Sowjetunion lenkte nicht ein und stationierte ihre Raketen.
Der amerikanische Präsident *Ronald Reagan* reagierte darauf mit einer „Politik der Stärke und des Dialogs".
Michail S. Gorbatschow, der 1985 in der UdSSR an die Macht kam, nahm das amerikanische Gesprächsangebot an. Seine unter den Begriffen *Glasnost* und *Perestroika* laufende Reformpolitik setzte innen- und außenpolitische Veränderungen in Gang. Sie wirkten auch auf die Oppositionsbewegungen in den anderen kommunistischen Staaten Ostmitteleuropas befreiend. Überall brach das kommunistische System fast gewaltlos zusammen, auch in der DDR, wo aufgrund der sich verschlechternden wirtschaftlichen Lage und der politischen Gängelung eine Massenflucht und eine anwachsende Protestbewegung das SED-Regime ins Wanken brachten. Die Öffnung der Berliner Mauer am 9. November 1989 zeigte, dass die kommunistische Herrschaft zu Ende ging (*Mauerfall*).
In Verhandlungen mit den Siegermächten des Zweiten Weltkrieges, den USA, der Sowjetunion, Großbritannien und Frankreich, gelang es den Regierungen beider deutscher Staaten, die Zustimmung zur Wiedervereinigung Deutschlands zu erreichen.
Voraussetzungen dafür waren das eindeutige Bekenntnis der Bundesrepublik zur Westbindung, die *Entspannungspolitik* sowie die Abrüstungsvereinbarungen zwischen den USA und der Sowjetunion, die den *Kalten Krieg* beendet hatten.
Die Existenz der DDR endete am 3. Oktober 1990 mit der Aufnahme fünf neuer Bundesländer in die Bundesrepublik Deutschland. Der Bundestag bestimmte dieses Datum zum Nationalfeiertag („Tag der Deutschen Einheit").

Regierungschefs

Bundesrepublik Deutschland

1982-1998	Helmut Kohl (CDU)
1998-2005	Gerhard Schröder (SPD)
ab 2005	Angela Merkel (CDU)

Deutsche Demokratische Republik

1976-Okt. 1989	Erich Honecker
Okt-Dez. 1989	Egon Krenz

Vereinigte Staaten von Amerika

1981-1989	Ronald Reagan
1989-1993	George H. W. Bush

Sowjetunion

1985-1991	Michail S. Gorbatschow

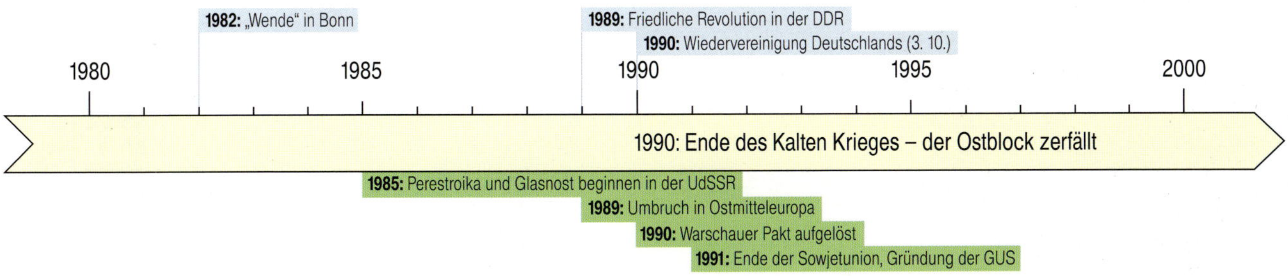

Europa und die Welt nach dem Ost-West-Konflikt

Positionen

„Erträumen wir also Europa! Lassen wir uns leiten von dem Bild eines befriedeten Kontinents, dessen Schranken und Hindernisse gefallen sind und in dem Geschichte und Georgrafie endlich miteinander versöhnt sind, sodass alle Staaten Europas, nachdem sie im Westen und Osten getrennte Wege gegangen sind, gemeinsam ihre Zukunft aufbauen können."

Der französische Politiker Valéry Giscard d'Estaing im Februar 2002

„Zur modernen europäischen Identität gehört nicht die Zugehörigkeit zu einer bestimmten Ethnie, Religion oder Kultur, sondern eine bestimmte Art des Umgangs mit Religion, Religiosität und Kultur im öffentlichen Leben. Der europäische Gedanke beruht auf der Trennung von Kirche und Staat, auf der Toleranz der Religionen und Konfessionen füreinander und für die nichtreligiösen Weltanschauungen sowie auf dem Schutz von Menschenrechten und der Gewährung von Bürgerrechten unabhängig von der religiösen Zugehörigkeit der Bürgerinnen und Bürger. Europäische Identität ist daher vor allem eine politische Kultur des Umgangs mit Kulturen und nicht der Glaube an den besonderen Wert von einzelnen Religionen, Kulturen und Weltanschauungen. […]
Europa braucht keine kulturelle Identität, sondern eine politische, die vor allem anderen die Überzeugung einschließt, dass der Sinn der Einigung nicht zuletzt auch in der Schaffung eines Freiraums für kulturelle Differenz besteht, die es jedem erlaubt, nach seiner eigenen Fasson selig zu werden, solange dies das gleiche Recht aller anderen einschließt."

Der Politikwissenschaftler Thomas Meyer, 2004

„Work in progress."
Zweiteiliges Bild (2,00 x 4,00 m) von Jörg Frank, 1995.

Europa nach der Auflösung der Blöcke

1 Sonderbriefmarke der Deutschen Post, Januar 2002.

Nicht nur Wirtschaftsgemeinschaft
Das Ende des Kalten Krieges, die Vereinigung Deutschlands und der Zerfall des sowjetischen Machtbereiches 1990/91 beschleunigten die europäische Einigung. Am 7. Februar 1992 unterzeichneten die Staats- und Regierungschefs der 12 Mitgliedstaaten der EU den *Vertrag über die Politische Union und die Wirtschafts- und Währungsunion* (*Vertrag von Maastricht*). Er trat am 1. November 1993 in Kraft und legte drei „Säulen“ der Zusammenarbeit fest:

- eine gemeinsame Wirtschafts- und Währungspolitik;
- eine gemeinsame Außen- und Sicherheitspolitik in allen wichtigen Bereichen wie Friedenserhaltung, Menschenrechte und Abrüstung;
- eine Zusammenarbeit in der Innen- und Rechtspolitik, z. B. in der Asylpolitik sowie bei der Bekämpfung des Terrorismus und der internationalen Kriminalität.

Mit „Maastricht“ wurde die EU ein Wirtschaftsraum ohne innere Zollkontrollen, ohne Passkontrollen und mit der Möglichkeit, in einem anderen Mitgliedstaat Ausbildung und Arbeit zu suchen. Darüber hinaus wurde die *Unionsbürgerschaft* eingeführt. Sie verleiht den EU-Bürgern mit Wohnsitz in einem anderen EU-Land das aktive und passive Wahlrecht bei Kommunal- und Europawahlen.

Nachdem am 1. Januar 1995 Österreich, Schweden und Finnland der Europäischen Union beigetreten waren, wurde vier Jahre später die *Währungsunion* eingeführt. Ab 1. Januar 2002 ist der *Euro* das Zahlungsmittel der Europäer; er wurde aber zunächst nur in 11 von 15 Ländern eingeführt. Der Euro soll die Wettbewerbsbedingungen Europas auf dem Weltmarkt verbessern und zur weiteren politischen Integration beitragen.

Von 15 zu 27 Mitgliedern
Mit dem Zusammenbruch der kommunistischen Diktaturen richteten sich die Hoffnungen vieler Menschen in Ost- und Mitteleuropa auf die EU. Polen, Ungarn und die Tschechoslowakei wünschten die „Rückkehr“ nach Europa. Sie waren die Ersten, die nach dem Zerfall des *Rates für Gegenseitige Wirtschaftshilfe* und des *Warschauer Paktes* 1991 auf eine Eingliederung in die EU und die NATO drängten.*
1993 hatten die Regierungschefs die *Kopenhagener Kriterien* für die Aufnahme neuer Mitglieder festgelegt. Danach sind Demokratie, Rechtsstaatlichkeit und freie Marktwirtschaft Voraussetzungen für die Aufnahme von Beitrittsverhandlungen.**
Im April 2003 wurden in Athen die Beitrittsabkommen mit insgesamt zehn neuen Mitgliedsländern, darunter acht ehemalige Ostblockstaaten, unterzeichnet. Die *Osterweiterung der EU* trat 2004 in Kraft. Sie berücksichtigte einige Sonderregelungen: So haben die Bundesrepublik Deutschland und Österreich erreichen können, dass die Freizügigkeit der Arbeitnehmer aus den Beitrittsländern erst nach sieben Jahren wirksam wird. Seit Januar 2007 gehören der EU 27 Staaten mit rund 500 Mio. Einwohnern an. Weitere Staaten streben den Beitritt an.

** Polen, Tschechien und Ungarn sind seit 1999 Mitglieder der NATO. 2004 traten Estland, Lettland, Litauen, Slowakei, Slowenien, Rumänien und Bulgarien dem Bündnis bei; siehe die Karte auf S. 93.*
*** Siehe M 4, Seite 76.*

2 Die EU-Osterweiterung.
Karikatur von Walter Hanel, 1995.

3 Die EU auf dem Weg nach Osten.
Nach: Atlas der Globalisierung, Berlin 2007, S. 71 (aktualisiert).

Probleme
Die Erweiterungen haben die wirtschaftlichen und rechtlichen Probleme der EU nicht verringert. Die Unterschiede zwischen den armen und reichen Mitgliedsländern sind nach wie vor groß. So wird der Wettbewerb zwischen den europäischen Unternehmen durch weit auseinanderliegende Lohnkosten oder unterschiedliche soziale und ökologische Standards (*Sozialversicherung, Schadstoffbelastungen* u. a. m.) stark verzerrt.
Besondere Schwierigkeiten zeigten sich immer schon auf dem gemeinsamen Agrarmarkt, wo der Zusammenschluss am weitesten fortgeschritten ist. Die Verbraucher verstehen nicht, dass z.T. über die Hälfte des Haushalts der Gemeinschaft dafür ausgegeben wird, Agrarüberschüsse wie Äpfel, Rotwein oder Milch zu vernichten.
Viel kritisiert wird die bürokratische Regulierungswut der EU. Normen legen beispielsweise fest, wie Sitze von Traktoren beschaffen oder Bananen geformt sein müssen.

Grundsätze der Zusammenarbeit
Die EU ist kein Zentralstaat, sondern ein Verbund von Staaten. In zahlreichen Verträgen haben die Mitgliedstaaten zwar immer mehr Rechte an europäische Institutionen (*Rat, Kommission, Parlament*) übertragen, doch ihre nationale Selbstständigkeit in zentralen Politikbereichen nicht aufgegeben.
Die Verträge halten fest, dass zentrale Entscheidungen nur getroffen werden dürfen, wenn die EU allein zuständig ist (z. B. Währungspolitik für die Euro-Staaten und gemeinsame Handelspolitik). Sonst gilt der Grundsatz der *Subsidiarität*, nach dem die EU nur solche Aufgaben übernehmen soll, die Länder und Regionen nicht erfüllen können.

1 Freier Personenverkehr
> Wegfall von Grenzkontrollen
> Harmonisierung der Einreise-, Asyl-, Waffen-, Drogengesetze
> Niederlassungs- und Beschäftigungsfreiheit für EU-Bürger
> Verstärkte Außenkontrolle

2 Freier Dienstleistungsverkehr
> Liberalisierung der Finanzdienste
> Harmonisierung der Banken- und Versicherungsaufsicht
> Öffnung der Transport- und Telekommunikationsmärkte

3 Freier Warenverkehr
> Wegfall von Grenzkontrollen
> Harmonisierung oder gegenseitige Anerkennung von Normen und Vorschriften
> Steuerharmonisierung

4 Freier Kapitalverkehr
> Größere Freizügigkeit für Geld- und Kapitalbewegungen
> Schritte zu einem gemeinsamen Markt für Finanzleistungen
> Liberalisierung des Wertpapierverkehrs

4 Die vier Freiheiten im Binnenmarkt der EU (Stand: 2008).
Quelle: Erich Schmidt Verlag, Zahlenbilder 715320

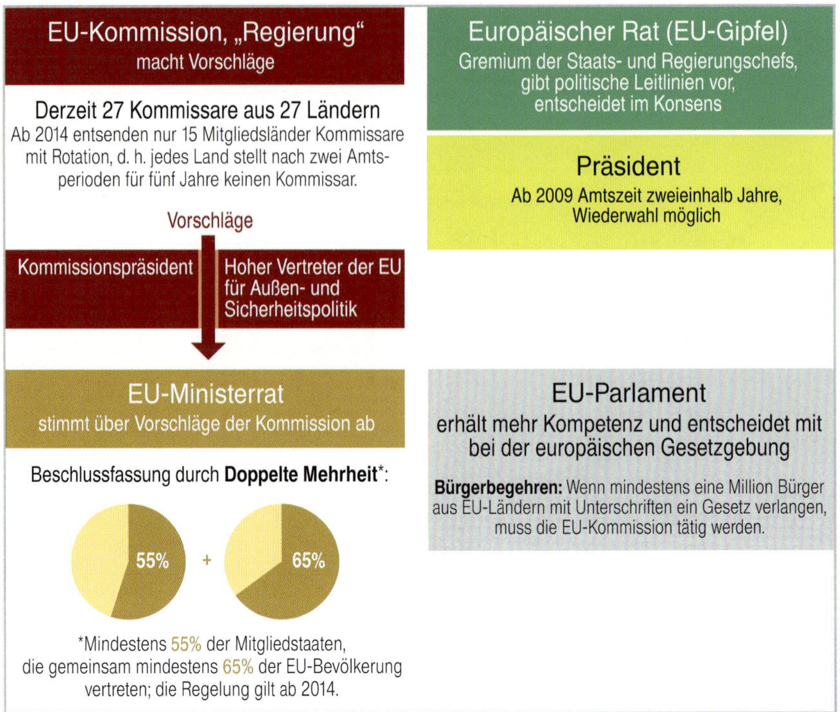

5 Kernbereiche der neuen EU.
Bei dem EU-Gipfel in Lissabon vom 13. Dezember 2007 einigten sich die 27 Staats- und Regierungschefs auf einen Reformvertrag, der den abgelehnten Verfassungsentwurf von 2004 ersetzen sollte.
Die Grafik zeigt die wichtigsten Bereiche des Reformvertrages.
Quelle: dpa-Grafik (überarbeitet)

Demokratischer und handlungsfähiger

Seit dem Jahr 2000 wurden Reformen der europäischen Institutionen vorangetrieben, um die EU handlungsfähiger und demokratischer zu machen. Im Verlauf der oft zähen Verhandlungen entwickelten sich zwischen Rat, Parlament und Kommission nach und nach Ansätze einer Gewaltenteilung, die der in den Mitgliedstaaten näher kommt.

Am 29. Oktober 2004 unterzeichneten 25 Staats- und Regierungschefs in Rom einen Verfassungsentwurf. Die Urkunde fasste die bisherigen Verträge zu einem Gesamtdokument zusammen und legte institutionelle Reformen der EU fest. Das Parlament erhielt mehr Rechte und die Macht der Kommissare wurde vergrößert. Darüber hinaus erhielten die EU-Bürger die Möglichkeit eingeräumt, durch Bürgerbegehren stärker Einfluss auf die Arbeit der Kommission zu nehmen.

Denkpause

Der Verfassungsentwurf sollte nach Annahme durch alle Mitgliedstaaten in Kraft treten. Dazu kam es nicht. Während in der Bundesrepublik der Vertrag am 12. Mai 2005 fast einstimmig im Parlament angenommen worden war und weitere 14 Staaten dafür stimmten, sprachen sich am 29. Mai bzw. 1. Juni 2005 Franzosen und Niederländer in Volksabstimmungen mehrheitlich gegen ihn aus. Enttäuscht beschloss man daraufhin, eine Denkpause einzulegen und gemeinsam mit den Bürgerinnen und Bürgern über die Zukunft der EU nachzudenken.

Zwei Jahre später wurde unter der deutschen Ratspräsidentschaft eine Vertragsreform auf den Weg gebracht, die im Dezember 2007 in Lissabon von den Staats- und Regierungschefs unterzeichnet wurde. Neu geregelt wurden u. a. das Abstimmungsverfahren im EU-Ministerrat (*Prinzip der doppelten Mehrheit*), die Zuständigkeit in der Außen- und Sicherheitspolitik, die Zahl der EU-Kommissare sowie die Möglichkeit der nationalen Parlamente, innerhalb von acht Wochen gegen beabsichtigte Rechtsakte der EU Einspruch erheben zu können. Nachdem die Iren das neue Vertragswerk im Juni 2008 ablehnten, ist die weitere Entwicklung des Reformprozesses wieder offen.

Perspektiven

Viele Bürger haben ein gespaltenes Verhältnis zur EU. Während es zahlreichen Menschen inzwischen alltäglich erscheint, sich frei und ohne Geldumtausch in den Mitgliedstaaten zu bewegen oder Schulpartnerschaften mit anderen Ländern zu unterhalten, schlägt sich diese europäische Selbstverständlichkeit nicht in aktiver Teilhabe am Projekt Europa nieder: Bei den Europawahlen 1979 lag die Wahlbeteiligung bei 63 %, 2004 wählten nur noch 45,5 % der Bürger ihre Abgeordneten.

Dennoch bleiben unter dem Strich erstaunliche Erfolge: Europa ist weitgehend zu einer Friedenszone geworden. Der Güteraustausch stieg ständig und der Wohlstand der EU-Bürger wuchs, auch in den Ländern wie Irland, die lange Zeit am Ende der Entwicklung standen.

→ ***Tipp:*** *Informationen und Links zu allen EU-Institutionen bietet das Portal der Europäischen Union.*

M 1 Gründe sich zu freuen

Am 25. Mai 2006 erhält der 1954 geborene Jean-Claude Juncker, Ministerpräsident des Großherzogtums Luxemburg, den Karlspreis der Stadt Aachen. In seiner Dankesrede nimmt er auch zur Erweiterung der EU Stellung und sagt:

Viele mögen den westeuropäischen Schritt in Richtung Ost- und Mitteleuropa überhaupt nicht mehr. Auch das bleibt mir irgendwo letztendlich schleierhaft. [...]
Ich bin noch [...] in Angst vor russischen Raketen aufgewachsen. Und die Menschen in Prag, in Budapest, in Warschau hatten doch Angst, weil es ihnen eingeredet wurde, – weil es sie vielleicht auch gab – vor der NATO-Aggression und -Aggressivität. Mir ist es lieber, die Menschen aus Prag, aus Warschau, aus Budapest, aus Ljubljana richten heute ihre Hoffnungen auf Westeuropa, anstatt dass die Raketen auf Westeuropa gerichtet sind.
Und die Menschen haben Ende der 1980er-, Anfang der 1990er-Jahren in Europa [...] selbst wieder Geschichte gemacht, anstatt dass Geschichte gegen sie gemacht wurde. [...] Ganze Völker wurden zu Architekten der Geschichte, statt zu den Sklaven der Geschichte zu werden. Und wir freuen uns nicht darüber, dass es uns gelungen ist, diese [...] neu entstandenen Staaten in und um Europa herum in den Kanal der europäischen solidaritäts- und friedensbildenden Gewässer zu führen?
Es würde dem Kontinent heute viel schlechter gehen, es gäbe viel Unordnung auf dem Kontinent, ja Chaos auf dem Kontinent, wenn wir Ost- und Mitteleuropa und Westeuropa nicht auf dem Wege der Wiedervermählung europäischer Geschichte und europäischer Geografie ideal hätten zusammenführen können, bei allen Schwierigkeiten, die dieser Prozess mit sich gebracht hat.
Am 1. Mai 2004, als wir in Dublin den Beitritt der 10 neuen osteuropäischen, mitteleuropäischen und Mittelmeerstaaten in die Europäische Union feiern konnten, das war doch der Tag, an dem Jalta begraben wurde.

www.karlspreis.de/index.php?id=13&doc=48&r=5

M 2 Grundlage statt Verfassung: die „Berliner Erklärung"

Die 27 Mitgliedstaaten der Europäischen Union haben am 25. März 2007 gemeinsam mit dem Europäischen Parlament und der Europäischen Kommission folgende juristisch unverbindliche Erklärung in Berlin angenommen:

Europa war über Jahrhunderte eine Idee, eine Hoffnung auf Frieden und Verständigung. Diese Hoffnung hat sich erfüllt. [...] Wir Bürgerinnen und Bürger der Europäischen Union sind zu unserem Glück vereint.
I. [...] Für uns steht der Mensch im Mittelpunkt. Seine Würde ist unantastbar. Seine Rechte sind unveräußerlich. Frauen und Männer sind gleichberechtigt.
Wir streben nach Frieden und Freiheit, nach Demokratie und Rechtsstaatlichkeit, nach gegenseitigem Respekt und Verantwortung, nach Wohlstand und Sicherheit, nach Toleranz und Teilhabe, Gerechtigkeit und Solidarität. [...] Die Europäische Union gründet sich auf Gleichberechtigung und solidarisches Miteinander. So ermöglichen wir einen fairen Ausgleich der Interessen zwischen den Mitgliedstaaten.
Wir wahren in der Europäischen Union die Eigenständigkeit und die vielfältigen Traditionen ihrer Mitglieder. Die offenen Grenzen und die lebendige Vielfalt der Sprachen, Kulturen und Regionen bereichern uns. [...]
II. [...] Dieses europäische Modell vereint wirtschaftlichen Erfolg und soziale Verantwortung. Der Gemeinsame Markt und der Euro machen uns stark. So können wir die zunehmende weltweite Verflechtung der Wirtschaft und immer weiter wachsenden Wettbewerb auf den internationalen Märkten nach unseren Wertvorstellungen gestalten. Europas Reichtum liegt im Wissen und Können seiner Menschen; dies ist der Schlüssel zu Wachstum, Beschäftigung und sozialem Zusammenhalt.
Wir werden den Terrorismus, die organisierte Kriminalität und die illegale Einwanderung gemeinsam bekämpfen. Die Freiheits- und Bürgerrechte werden wir dabei auch im Kampf gegen ihre Gegner verteidigen. Rassismus und Fremdenfeindlichkeit dürfen nie wieder eine Chance haben. Wir setzen uns dafür ein, dass Konflikte in der Welt friedlich gelöst [...] werden. [...] Wir wollen Armut, Hunger und Krankheiten zurückdrängen. [...] Wir wollen in der Energiepolitik und beim Klimaschutz gemeinsam vorgehen und unseren Beitrag leisten, um die globale Bedrohung des Klimawandels abzuwenden.
III. Die Europäische Union lebt auch in Zukunft von ihrer Offenheit und dem Willen ihrer Mitglieder, zugleich gemeinsam die innere Entwicklung der Europäischen Union zu festigen. [...]
Mit der europäischen Einigung ist ein Traum früherer Generationen Wirklichkeit geworden. Unsere Geschichte mahnt uns, dieses Glück für künftige Generationen zu schützen. Dafür müssen wir die politische Gestalt Europas immer wieder zeitgemäß erneuern.

Blätter für deutsche und internationale Politik 52. Jg. (2007), H. 5, S. 628 f.

M 3 Europaflagge.
Die Europafahne mit dem Kreis aus zwölf goldenen fünfstrahligen Sternen auf blauem Grund gibt es seit 1953; seit 1986 wird sie für die Europäische Union verwendet. Der EU-Grundlagenvertrag von 2007 sieht zwar keine EU-Fahne und Hymne vor, die Symbole werden aber trotzdem beibehalten.

1. *Nimm Stellung zu der Rede Junckers (M 1). Kläre in dem Zusammenhang die Aussage des letzten Satzes.*
2. *Arbeitet die zentralen Punkte der Erklärung (M 2) heraus. Erörtert, ob sie die bestehende Skepsis vieler Menschen gegenüber der EU vermindern kann.*
3. *Informiere dich über die Symbolik der Europaflagge (M 3).*

Lerntipp

Eine Pro- und Kontra-Debatte führen

Für eine Pro- und Kontra-Debatte ist es erforderlich, die gegensätzlichen Positionen möglichst umfassend zu erarbeiten. Ihr könnt erst debattieren, wenn ihr euch über die Probleme des Themas informiert habt. Danach könnt ihr die Klasse in zwei Gruppen teilen und die Pro- und Kontra-Argumente strukturiert auflisten. Eine Gruppe beginnt, die andere muss jeweils antworten, bis keine neuen Argumente mehr auftauchen. Dann wird der Gesprächsleiter die Debatte beenden.
Versucht, andere von eurer Position zu überzeugen. Dabei kommt es auch auf die Vermittlung an, die Formulierungen sind also wichtig. Nennt anschauliche Beispiele, um abstrakte Aussagen zu verdeutlichen. Um zu ermitteln, ob der Austausch der Argumente Überzeugungen verändert, könnt ihr vor und nach der Debatte abstimmen und die Ergebnisse vergleichen.

M 1 Nationalflagge der Türkei.
Halbmond und Stern sind Symbole des Islam.

M 2 Strukturdaten im Vergleich

	Türkei	Deutschland	EU 27
Einwohner (in Mio.)	74,2	82,5	492,9
Einwohner je km²	96,0	236,0	118,0
Bevölkerungswachstum/Jahr (%)	1,3	0,0	k. A.
Urbanisierung (%)	66,0	88,0	k. A.
Alphabetisierung (%)	85,0	99,0	k. A.
Bruttonationaleinkommen je Einwohner 2005 (US-$)	4750	30690	k. A.
Inflationsrate 2005/2006 (%)	9,9	2,0	k. A.
Arbeitslosenquote 2006 (%)	9,9	8,4	7,9
Christen 2006 (in %)	0,2	66,8	83,9
Muslime 2006 (in %)	99,0	0,4	ca. 3,5

Nach: Harenberg Aktuell 2008 und Fischer-Weltalmanache 2004 und 2008

M 3 Die Türkei und Europa

1948	Die Türkei ist Gründungsmitglied der Organisation für Europäische Wirtschaftliche Zusammenarbeit (OEEC).
1949	Die Türkei wird Mitglied im Europarat.
1952	Die Türkei wird NATO-Mitglied.
1959	Die Türkei stellt einen Antrag auf Mitgliedschaft in der EWG.
1987	Die Türkei stellt offiziell den Antrag auf Vollmitgliedschaft in die EG.
1999	Der Europäische Rat erkennt den Kandidatenstatus der Türkei an.
2000	In Nizza werden auf einem EU-Gipfel die Vorbedingungen für die Aufnahme von Beitrittsgesprächen formuliert.
2001	Das türkische Parlament verabschiedet das „EU-Integrationsgesetz"; 14 Gesetzesänderungen sollen zur Umsetzung der „Kopenhagener Kriterien" führen.*
2004	Ein EU-Gipfel setzt den Beginn der Beitrittsgespräche für den 3. Oktober 2005 fest. Der Beitritt wird frühestens ab 2014 möglich.

Nach: Udo Steinbach, Türkei, in: Werner Weidenfeld (Hrsg.), Europa-Handbuch, Gütersloh 2002, S. 307 ff.

* Siehe M 4.

M 4 Die „Kopenhagener Kriterien"

Auf der Tagung des Europäischen Rates in Kopenhagen im Jahr 1993 werden folgende Grundbedingungen für eine Mitgliedschaft genannt:

- Institutionelle Stabilität als Garantie für Demokratie.
- Rechtsstaatlichkeit, Wahrung und Schutz der Menschenrechte und der Rechte von Minderheiten.
- Vorhandensein einer funktionsfähigen Marktwirtschaft.
- Fähigkeit, den Marktkräften und dem Wettbewerbsdruck standzuhalten.
- Fähigkeit, die aus einer Mitgliedschaft und aus der Wirtschafts- und Währungsunion erwachsenden Verpflichtungen zu übernehmen.

Nach: http://europa.eu.int/pol/enlarg/overview_de.htm

Um die Debatte über ein Thema wie den EU-Beitritt der Türkei vorzubereiten, solltet ihr euch umfassend über die historischen, geografischen, wirtschaftlichen, religiösen, innen-, außen- und militärpolitischen (geostrategischen) Aspekte informieren. Ihr könnt dazu auch jeweils Expertengruppen zu bestimmten Bereichen bilden.
Die hier vorgelegten Materialien bieten nur einen kleinen Beitrag zum Thema und sind zu aktualisieren.

M 5 Aus türkischer Sicht.
Karikatur von Ekrak Akyol aus „Milliyet Gazetesi“ vom 14. Dezember 2002.

M 6 Ein riskantes Unternehmen

Der Historiker Hans Ulrich Wehler schreibt am 12. September 2002 in der Wochenzeitung „Die Zeit“:

Soll der Türkei tatsächlich der Weg in die EU frei gemacht werden? Ist es politisch klug, historisch begründet, vor allem aber vom Ergebnis her legitimierbar, sich auf dieses riskanteste Unternehmen in der Geschichte der europäischen Einigung einzulassen? [...]
Das Land besitzt keine liberalisierte Marktwirtschaft, missachtet eklatant die Menschenrechte, verfolgt die kurdische Minderheit, vor allem aber ist es als muslimischer Staat durch eine tiefe Kulturgrenze von Europa getrennt. Der Konsens lautet: Nach geografischer Lage, historischer Vergangenheit, Religion, Kultur, Mentalität ist die Türkei kein Teil Europas. [...]
Das muslimische Osmanenreich hat rund 450 Jahre lang gegen das christliche Europa unablässig Krieg geführt; einmal standen seine Heere sogar vor den Toren Wiens. Das ist im Kollektivgedächtnis der europäischen Völker, aber auch der Türkei tief verankert. Es spricht darum nichts dafür, eine solche Inkarnation* der Gegnerschaft in die EU aufzunehmen. Das mag man noch als Vorurteil eines Historikers abtun. Doch ändert das nichts an dem Tatbestand, dass eine politische Union über Kulturgrenzen hinweg noch nie und nirgendwo Bestand gehabt hat. [...]
Warum sollte heutzutage ein muslimischer, von der fundamentalistischen Welle einer erkennbaren Mehrheit bedrohter Staat zu Europa hinzustoßen, das nun einmal durch seine völlig anderen Traditionen geprägt ist? [...]
Warum sollte, da nach europäischen Kriterien rund 30 Prozent des türkischen Arbeitskräftepotenzials als arbeitslos gelten, einem anatolischen Millionenheer die Freizügigkeit der EU eröffnet werden? Überall in Europa erweisen sich muslimische Minderheiten als nicht assimilierbar und igeln sich in ihrer Subkultur ein. Auch die Bundesrepublik hat bekanntlich kein Ausländer-, sondern ausschließlich ein Türkenproblem.

Die Zeit Nr. 38 vom 12. September 2002

M 7 „Die Türkei ist europäisch“

Der türkische Außenminister Abdallah Gül schreibt am 11. Dezember 2002 in der französischen Zeitung „Le Monde“:

Die Türkei handelt und reagiert aufgrund ihrer Geschichte, ihrer Geografie und ihres Wertesystems europäisch. Sie ist nach einem drei Jahrhunderte währenden Anpassungsprozess den europäischen Werten verhaftet. Als Schlüsselelement der europäischen Verteidigungs- und Sicherheitspolitik ist sie im Rahmen des Atlantischen Bündnisses seit fünfzig Jahren integraler Bestandteil Europas. [...]
Durch die Einbeziehung der Türkei als Mitglied wird die Union die Glaubwürdigkeit eben jener Werte geltend machen, auf denen sie beruht, wie etwa der ethnischen Toleranz, der Achtung der Religionen und Kulturen. Die historischen Feindschaften werden ein für allemal der Vergangenheit angehören. Die Sicherheit und der Frieden in Südosteuropa werden gefestigt.

Guillaume Le Quintrec und Peter Gies (Hrsg.), Histoire/Geschichte, Europa und die Welt seit 1945. Deutsch-französisches Geschichtsbuch, Stuttgart - Leipzig 2006, S. 150

* **Inkarnation**: *Verkörperung*

M 8 „Wir sollten ...“

Vor ihrer Wahl zur Bundeskanzlerin spricht sich Angela Merkel (CDU) im Dezember 2004 gegen eine Vollmitgliedschaft der Türkei in die EU und für eine privilegierte Partnerschaft aus. Als Bundeskanzlerin sagt sie auf dem deutsch-türkischen Wirtschaftsforum am 6. Oktober 2006 in Istanbul:

[Es gibt] keinen Zweifel daran, dass wir eine engere Verflechtung der Türkei mit der Europäischen Union brauchen, dass wir auf diesem Weg auch vorangehen und es natürlich gleichzeitig für erforderlich halten, dass die Wegquerungen oder Hürden auf diesem Weg, wie immer man das nennen will, auch genommen werden.
Dabei gilt es, die Reformen fortzuführen. Ich glaube, inzwischen ist in der Türkei auch ganz klar geworden, dass man dies nicht tut, um Europa einen Gefallen zu tun, sondern dass dies auch ein Fortschritt, ein Gewinn für die Türkei ist. Ihre Wachstumsraten wären ohne Reformen [...] überhaupt nicht möglich geworden. Insofern ist das für uns und für Sie eine Win-win-Situation und nicht das, was man ein Opfer nennt. [...]
Ich habe manchmal die Sorge, dass in der Türkei die öffentliche Diskussion so geführt wird, als wollten wir [...] der Türkei zusätzliche Steine in den Weg legen. Ich glaube, wir sollten aufpassen, dass wir darüber wirklich in einer konstruktiven Weise diskutieren und daraus nicht Emotionen entwickeln, die für beide Seiten nicht hilfreich und auch nicht gewollt sind.

www.bundesregierung.de/nn_23272/Content/DE/Rede/ 2006/10/2006-10-06-dt-tuerkisches-wirtschaftsforum.html

Ethnische und nationale Konflikte: das Beispiel Jugoslawien

1 „Lob der Torheit."
Zeichnung (31 x 23 cm) von Borislav Sajtinac. Der aus Jugoslawien stammende und seit 1969 in München lebende Künstler kommentiert mit diesem Bild vom November 1991 den Bürgerkrieg in seiner früheren Heimat.
Erläutere die Aussage der Zeichnung. Beachte dabei den Hintergrund, die Symbole der Akteure und die Bildunterschrift.

Ein Vielvölkerstaat zerfällt

Die *Sozialistische Föderative Republik Jugoslawiens*, die zur Zeit des Kalten Krieges als Puffer zwischen den Blöcken diente, begann nach dem Tode von *Josip Broz Tito* (1980) zu zerfallen. Tito hatte das Land 35 Jahre lang autoritär regiert. 1989 lösten sich die ersten Teilrepubliken aus der alten Föderation. Slowenien und Kroatien erklärten im Juni 1991 ihre Unabhängigkeit von Belgrad. Beschleunigt wurde der politische Zerfall durch wirtschaftliche Probleme, denn die große Rüstungsindustrie der Republik litt stark unter dem Zusammenbruch des Ostblocks. Die vor allem von Serben geführte Bundesarmee versuchte, den Zerfall des Vielvölkerstaates Jugoslawien gewaltsam aufzuhalten. Dagegen wehrten sich die anderen Völkerschaften. Ein Bürgerkrieg begann.

Ohne Rücksicht darauf zu nehmen, dass die meisten Republiken Jugoslawiens in sich selbst wieder kleine Vielvölkergebilde darstellen, betrieben nun nationalistische Politiker eine Politik der Verdrängung und Vertreibung von Minderheiten. Hauptverantwortlich dafür waren *Slobodan Milošević*, der 1989 zum Vorsitzenden der Kommunistischen Partei Serbiens und zum Präsidenten Serbiens gewählt worden war, und *Franjo Tudjman*, der im Mai 1990 Präsident der *Sozialistischen Teilrepublik Kroatien* wurde.

Krieg in Bosnien-Herzegowina

In der seit 1991 unabhängigen und 1992 völkerrechtlich anerkannten *Republik Bosnien-Herzegowina* lebten etwa 4,5 Millionen Serben, Bosniaken (Muslime), Kroaten und Menschen anderer Völkerschaften (Ethnien). Jeder zweite Bewohner besaß mindestens einen Verwandten aus einer anderen als der eigenen Ethnie. Unbeeindruckt davon haben radikale Nationalisten diesen kleinen Staat und dessen multikulturelle Gesellschaft zerstört.
Dabei haben alle kämpfenden Parteien grausame Verbrechen begangen, die verharmlosend als „ethnische Säuberungen" bezeichnet wurden. Mit systematischen Vertreibungen, Plünderungen, Brandstiftungen, Vergewaltigungen und mit Internierungslagern versuchten sie, ethnisch gemischte Gebiete in allein von einem Volk bewohnte Gebiete umzuwandeln. Die Folgen: Über eine Million Menschen flohen ins Ausland (600 000 in EU-Staaten, davon fast die Hälfte nach Deutschland), eine weitere Million Binnenflüchtlinge irrte im Lande umher und 250 000 Menschen starben in dem bis 1995 dauernden Krieg.

Diplomatische Bemühungen

Die westlichen Staaten versuchten, den Zerfall Jugoslawiens mit diplomatischen Mitteln aufzuhalten. Dies verstanden die serbischen Nationalisten als Aufforderung, Slowenen und Kroaten gewaltsam zu unterwerfen. Auch die internationale Anerkennung der Republiken Slowenien, Kroatien und Bosnien-Herzegowina konnte die Gewalt aus Belgrad nicht stoppen. Es folgte daher der Abbruch von diplomatischen Beziehungen zu Restjugoslawien, die Beschränkung des Handels und das Verbot von Waffenlieferungen. Damit hoffte die internationale Gemeinschaft, die Kriegsparteien friedlich zu stimmen. Außerdem wurden mehrfach Waffenstillstandsverhandlungen geführt und Friedenspläne erarbeitet.

Krieg gegen den Krieg

Von Anfang an bemühten sich die *Vereinten Nationen*, den Krieg mit Schutztruppen (*Blauhelm-Soldaten*) einzugrenzen und humanitäre Hilfe bereitzustellen. Aber erst im Februar 1994 erteilte der UN-Sicherheitsrat den im ehemaligen Jugoslawien stationierten 33 000 Soldaten ein Mandat für Kampfeinsätze. Für die *NATO* wurde es der erste bewaffnete Einsatz seit ihrer Gründung. Als dann im März 1995 Moskau mit Belgrad ein Abkommen über militärische Zusammenarbeit abschloss, schien eine internationale Lösung des Konflikts noch schwerer. Unter dem Druck der Amerikaner konnte 1995 auf der Bosnien-Konferenz im amerikanischen Dayton ein Friedenskompromiss gefunden werden. Bosnien-Herzegowina blieb ein Staat, wurde aber in zwei Einheiten aufgeteilt: in eine muslimisch-kroatische Föderation und eine serbische Republik. Als Garant für die Einhaltung des Friedens wurde eine internationale Truppe von 60 000 Soldaten (darunter 4 000 Angehörige der Bundeswehr) unter der Führung der NATO einberufen.

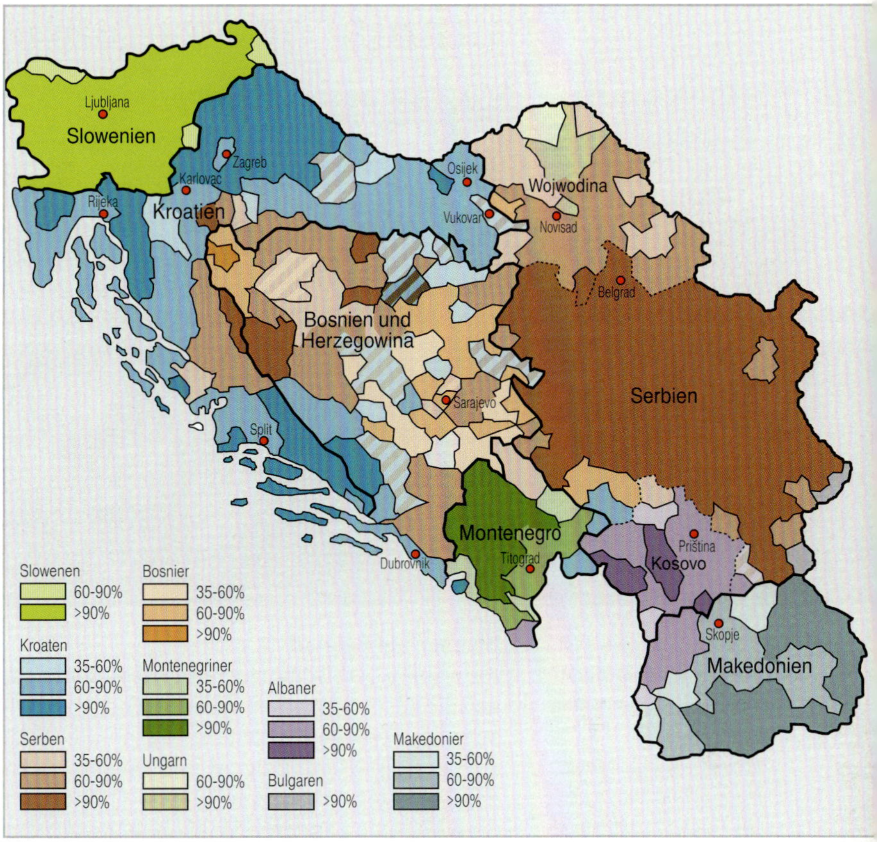

2 Völker im ehemaligen Jugoslawien.
Das 1918 ins Leben gerufene „Königreich der Serben, Kroaten und Slowenen", das 1929 den Namen Jugoslawien (wörtlich übersetzt: „Südslawien") erhielt, verdankte seine Entstehung dem Zusammenbruch zweier Vielvölkerreiche: des Osmanischen Reiches und der Habsburgermonarchie. Die Slowenen, Kroaten und ein Teil der Serben waren seit der Spätantike vom römischen Christentum beeinflusst worden, dagegen gehörten die Mehrzahl der Serben, Bosnier, Albaner sowie andere Völkerschaften zum oströmischen Einflussbereich (Byzanz) und hatten über 500 Jahre unter türkischer (muslimischer) Oberherrschaft gelebt.
Die Angaben in der Karte beruhen auf einer Volkszählung des Jahres 1981.

Der Kosovo-Konflikt

Die Lage wurde erneut kritisch, als sich das Kosovo aus dem jugoslawischen Staatsverband lösen wollte. Der Provinz Kosovo, die als Wiege der serbischen Kultur gilt, war 1989 der Autonomiestatus entzogen worden, danach hatten die Serben begonnen, die dort lebenden Albaner – immerhin über 80 % der etwa 2,1 Mio. Einwohner – systematisch aus dem politischen Leben zu verdrängen.

Als es 1998 zu Kämpfen zwischen der *Albanischen Befreiungsarmee Kosova* (UCK) und serbisch-jugoslawischen Sicherheitskräften kam, wurde der Westen erneut aktiv. Er befürchtete, dass ein Krieg im Kosovo sich auf Griechenland, die Türkei und den Mittleren Osten ausweiten könnte. Die internationale Gemeinschaft drohte mit NATO-Lufteinsätzen und zwang die Serben und Kosovo-Albaner 1999 in Frankreich zu Verhandlungen. Die Bemühungen scheiterten aber, da der serbische Präsident Milošević die Stationierung von NATO-Streitkräften in Ex-Jugoslawien ablehnte.

3 Flüchtlinge aus dem Kosovo auf dem Marktplatz von Kukes in Albanien.
Foto vom 9. April 1999. Nach Schätzungen des UN-Flüchtlingskommissariats flohen während des Kosovo-Konflikts mehr als 1,36 Mio. Menschen nach Albanien, Montenegro und Makedonien. Diese Staaten waren kaum in der Lage, die Flüchtlinge zu versorgen.

Bomben auf Belgrad

Als weitere serbisch-jugoslawische Angriffe gegen die Kosovo-Albaner folgten und neue „ethnische Säuberungen" drohten, begann die NATO am 24. März 1999, Belgrad und Umgebung zu bombardieren. Erstmals seit ihrer Gründung griff die NATO einen anderen Staat ohne UN-Mandat an, und erstmals seit dem Zweiten Weltkrieg beteiligten sich deutsche Soldaten an Kampfeinsätzen. Der Einsatz war völkerrechtlich umstritten, da Russland und die Volksrepublik China sich im UN-Sicherheitsrat dagegen ausgesprochen hatten. 77 Tage lang bombardierten NATO-Flugzeuge die „Bundesrepublik Jugoslawien". Gleichzeitig nahm die Gewalt im Kosovo zu. Hunderttausende Menschen irrten im Lande umher oder flohen in die Nachbarländer.

Der Friedensplan scheitert

Anfang Juni 1999 willigten Milošević, die jugoslawische Bundesregierung und das serbische Parlament in einen von der EU, USA und Russland vorgelegten Friedensplan ein. Kosovo wurde unter die Aufsicht der UNO gestellt. Eine international zusammengesetzte Friedenstruppe von 50 000 Mann (darunter 8 500 Bundeswehr-Soldaten) besetzte das Land, die serbisch-jugoslawischen Streitkräfte zogen ab und die Flüchtlinge kehrten in ihre Heimat zurück. Doch damit kehrte kein Frieden ein. Denn nun gingen Teile der Kosovaren mit Gewalt gegen die Serben vor.

Vor Gericht in Den Haag

Um die schweren Verbrechen zu verfolgen, die seit 1991 auf dem Gebiet des ehemaligen Jugoslawien begangen worden waren, richteten die Vereinten Nationen 1993 in Den Haag (Niederlande) einen internationalen Strafgerichtshof ein. Angeklagt wurden über 160, zum Teil noch flüchtige, Politiker und Militärs. Im Februar 2002 wurde auch Milošević, von 1997 bis zum 5. Oktober 2000 Präsident der *Bundesrepublik Jugoslawien*, wegen Völkermords angeklagt. Zu einem Urteil kam es nicht, da Milošević während des Prozesses im März 2006 starb.

Streit um die Selbstständigkeit

Die Bundesrepublik Jugoslawien besteht nicht mehr. Die früheren Teilrepubliken *Serbien* und *Montenegro* gründeten 2003 einen Staatenbund, aus dem Montenegro drei Jahre später wieder ausstieg. Der staatsrechtliche Status der überwiegend von Albanern bewohnten Provinz Kosovo blieb offen. Während die Verfassung den Kosovo als Bestandteil Serbiens (*autonome Provinz Kosovo-Metohija*) beschreibt, streben die Kosovaren ihre vollständige Unabhängigkeit an. 2004 kam es erneut zu gewaltsamen Auseinandersetzungen zwischen Albanern und Serben. Vermittlungsversuche der EU und UNO sowie Verhandlungen zwischen den Kosovo-Albanern und Serben über den Status des Kosovo endeten 2006 erfolglos.

Kosovo erklärt sich für unabhängig

Nach achteinhalb Jahren unter UNO-Verwaltung hat das Parlament des Kosovo im Februar 2008 einstimmig beschlossen, sich von Serbien abzuspalten und einen eigenen Staat zu gründen. Während Serbien und Russland protestierten, fand die Unabhängigkeitserklärung die Unterstützung der USA, Großbritanniens, Frankreichs, Italiens und Deutschlands. Diese Staaten hatten sich an den Vorbereitungen beteiligt. Gleichzeitig sicherte die Europäische Union dem Kosovo Hilfe beim Aufbau eines Rechtsstaates zu. Die rund 17 000 NATO-Soldaten, darunter knapp 2 400 Deutsche, blieben im Land. Alle Befürworter der Unabhängigkeit hoffen, den wirtschaftlichen Zerfall des Kosovo zu stoppen und die Demokratie zu stärken.

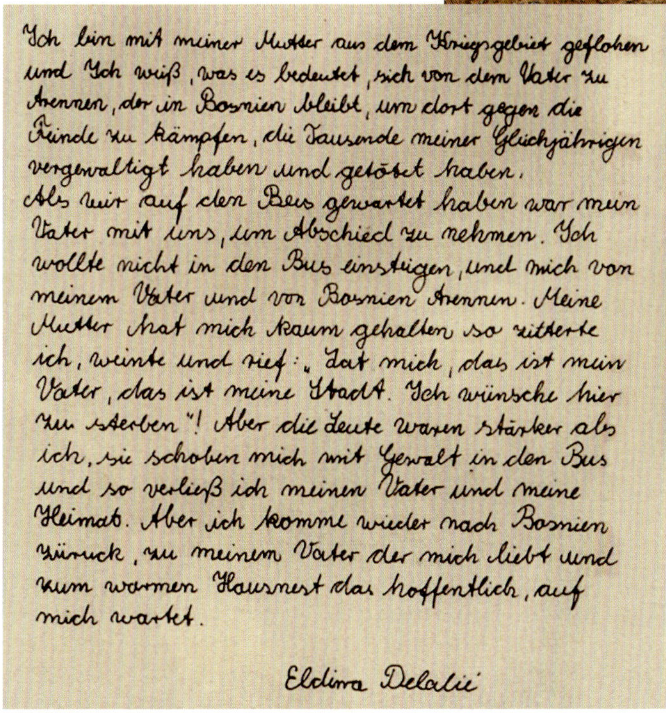

Ich bin mit meiner Mutter aus dem Kriegsgebiet geflohen und Ich weiß, was es bedeutet, sich von dem Vater zu trennen, der in Bosnien bleibt, um dort gegen die Feinde zu kämpfen, die Tausende meiner Gleichjährigen vergewaltigt haben und getötet haben. Als wir auf den Bus gewartet haben war mein Vater mit uns, um Abschied zu nehmen. Ich wollte nicht in den Bus einsteigen, und mich von meinem Vater und von Bosnien trennen. Meine Mutter hat mich kaum gehalten so zitterte ich, weinte und rief: „Laßt mich, das ist mein Vater, das ist meine Stadt. Ich wünsche hier zu sterben"! Aber die Leute waren stärker als ich, sie schoben mich mit Gewalt in den Bus und so verließ ich meinen Vater und meine Heimat. Aber ich komme wieder nach Bosnien zurück, zu meinem Vater der mich liebt und zum warmen Hausnest das hoffentlich, auf mich wartet.

Eldina Delalić

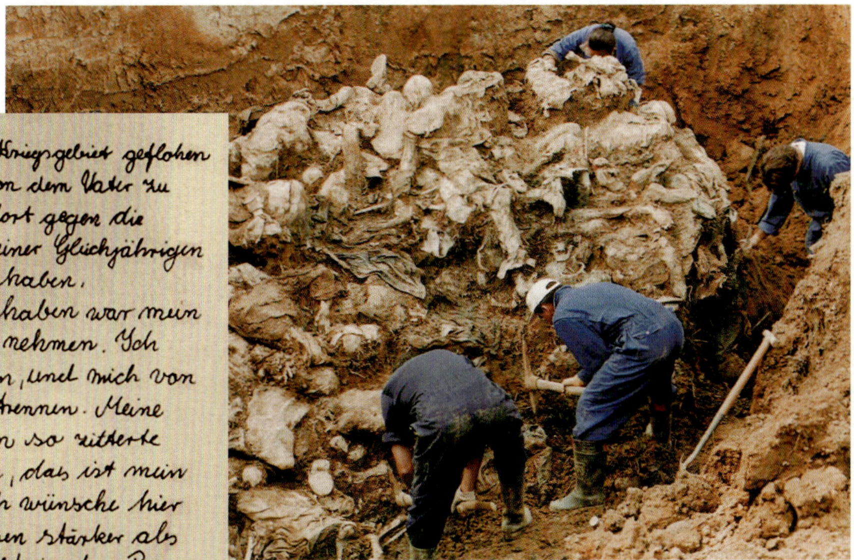

M 3 Massengrab in der ostbosnischen Stadt Srebrenica.
Foto vom 18. Dezember 1996.
Srebrenica gehörte zu einer UN-Schutzzone, die im Juli 1995 von bosnischen Serben eingenommen wurde. Die dort stationierten Blauhelm-Soldaten mussten machtlos zusehen, wie Tausende Bosniaken (Muslime) auf der Flucht vor den serbischen Einheiten erschossen wurden. In Massengräbern wurden bis 1998 etwa 1 000 Leichen geborgen; etwa 8 000 Bosniaken gelten als vermisst.

M 1 Eldina berichtet von ihrer Flucht aus Bosnien.
Die Zeilen wurden Anfang 1994 verfasst. Elidna lebte zu der Zeit bereits in München.
Vorlage: Petra Hölscher (Hrsg.), Interkulturelles Lernen, Frankfurt a. M. 1994

M 2 Entscheidung für eine deutsche Beteiligung an NATO-Einsätzen

Der Deutsche Bundestag tritt am 16. Oktober 1998 zusammen, um über eine Beteiligung der Bundeswehr an möglichen NATO-Luftoperationen abzustimmen. Dem geplanten Einsatz liegt kein UN-Mandat zugrunde. Mit 500 Stimmen bei 62 Gegenstimmen und 18 Enthaltungen stimmt der Bundestag dem Einsatz bewaffneter Streitkräfte unter der Führung der NATO zu; die Begründung lautet:

Die internationale Völkergemeinschaft ist tief besorgt über die Lage im Kosovo. Das unverhältnismäßige gewaltsame Vorgehen der serbischen Sicherheitskräfte hat zu 290 000 Flüchtlingen und Binnenvertriebenen geführt. Der Hohe Repräsentant der Vereinten Nationen für Flüchtlingsfragen schätzt, dass ca. 50 000 Menschen schutzlos der Witterung ausgesetzt sind. Durch den herannahenden Winter wird die Lage äußerst kritisch. Diese Entwicklung kann, wenn nichts unternommen wird, in Kürze zu einer humanitären Katastrophe führen. Die Bundesregierung hat in bilateralen* Bemühungen und in gemeinsamen Anstrengungen im Rahmen der Vereinten Nationen, der Nordatlantischen Allianz [...], der EU und der Organisation für Sicherheit und Zusammenarbeit in Europa versucht, eine Lösung der Kosovo-Krise zu erreichen. Die Forderungen der internationalen Gemeinschaft an Belgrad zur Erreichung eines Waffenstillstands, zur Linderung der humanitären Notlage und damit zum Schaffen von Voraussetzungen für die Aufnahme von Substanzverhandlungen zwischen den Konfliktparteien sind in der [UN-]*Sicherheitsrats-Resolution 1199* festgehalten worden. Belgrad hat diese Forderungen bisher nicht erfüllt. [...]
Das Bündnis hat entschieden, den Eintritt einer humanitären Notlage durch den Einsatz von Streitkräften abzuwenden. Der NATO-Rat hat die Operationspläne für begrenzte und in Phasen durchzuführende Luftoperationen am 8. Oktober 1998 abschließend gebilligt und hat nach Zustimmung der Mitglieder der Allianz den Einsatz autorisiert. Die Bundesregierung hat deswegen beschlossen, unter dem Vorbehalt der vorherigen konstitutiven Zustimmung durch den Deutschen Bundestag für die Luftoperationen zur Abwendung einer humanitären Katastrophe die [...] von NATO-Mitgliedstaaten gebildete Eingreiftruppe unter Führung der NATO einzusetzen.

Blätter für deutsche und internationale Politik, 43. Jg. (1998), H. 12, S. 1507 f.

* **bilateral**: *zweiseitig*

1. *Nenne die für dich wichtigste Aussage des Briefes (M 1).*
2. *Führt eine Pro- und Kontra-Diskussion über die Entscheidung des Deutschen Bundestages (M 2). Berücksichtigt dabei die Darstellung und die Materialien.*
3. *Berichte über den aktuellen Stand der Kosovo-Frage.*

Krisenherd Nahost

1 Amerikanische Soldaten vor brennenden Ölquellen in Kuwait.
Foto vom 2. März 1991. Am Ende des Zweiten Golfkrieges steckte die irakische Armee die kuwaitischen Ölquellen in Brand und ließ Öl ins Meer laufen.

Die Krisenregion
Der Nahe Osten ist eine der gefährlichsten Regionen der Welt. Im Mittelpunkt steht der „Nahost-Konflikt". Er beruht auf dem nationalen Anspruch sowohl der Juden als auch der Palästinenser auf einen eigenen Staat. Während die Juden mit militärischen Mitteln und westlicher Unterstützung ihren Staat 1948 gründen und zur alleinigen Atommacht der Region werden konnten, besteht bis heute kein palästinensischer Staat.* Der Konflikt ist nicht der einzige Krisenherd im Nahen Osten. Zwischen dem Suezkanal im Westen und Afghanistan im Osten, der Türkei im Norden und Saudi-Arabien im Süden brachen weitere Spannungen auf. Sie wirken bis in die Gegenwart und beeinflussen sich gegenseitig.

Schlüsselregion der Weltenergie
Der Nahe Osten ist die Schlüsselregion der Weltenergieversorgung. Dort lagern sechzig Prozent der gesicherten Ölvorkommen der Erde und vierzig Prozent der Welterdgasreserven. Dieser natürliche Reichtum ist ungleich verteilt und führt zu einem großen Wohlstandsgefälle zwischen den ölreichen und den armen Ländern ohne Öl. Dies verschärfte nicht nur die sozialen Spannungen in der Region, sondern verursachte auch Kriege im Kampf um die Vormacht im Nahen Osten.

Es fehlt Wasser
Im Nahen Osten herrscht große Wasserknappheit bei steigendem Bedarf. Sie wird auch durch die Verstädterung der letzten Jahrzehnte verursacht: So gab es 1970 erst zwei Millionenstädte, im Jahre 2002 waren es bereits fünfzehn. Trotz einiger Projekte zur Nutzung der Vorräte in Jordanien, Ägypten, Syrien und der Türkei sind zukünftige Kriege um Wasser in der Region möglich.

Heimat dreier großer Religionen
Der Nahe Osten ist Ursprung und Heimat dreier Weltreligionen: des Judentums, des Christentums und des *Islam* (arab.: *„Ergebung in Gott"*). Obwohl alle drei in der Region fortbestehen, hat der Islam in den letzten vierzehn Jahrhunderten die drei Hauptvölker der Region – Araber, Perser und Türken – entscheidend geprägt.
Die islamische Welt ist im Nahen Osten religiös und politisch gespalten. Während sich die *Sunniten*, die weltweit 90 % der Muslime ausmachen, als rechtgläubig verstehen, gelten ihnen die *Schiiten* als Ketzer. Innermuslimische Auseinandersetzungen waren und sind die Folge. Unabhängig davon grenzen sich seit den 1960er-Jahren strenggläubige Muslime deutlich von der nichtmuslimischen Welt ab. Ein Ergebnis dieser Abgrenzung ist die 1979 entstandene *Islamische Republik Iran*.**

** Siehe dazu das folgende Kapitel.*

Der Konfliktherd Afghanistan
Als sich in Afghanistan muslimische Stämme gegen die kommunistische Regierung erhoben, befahl die sowjetische Führung im Dezember 1979 den Einmarsch der Roten Armee in das Land. Die USA, Saudi-Arabien und Pakistan unterstützten die islamischen Glaubenskämpfer (*Mudschahidin*). Drei Jahre nach dem Abzug der sowjetischen Truppen begann 1992 in dem Land ein Bürgerkrieg zwischen den rivalisierenden muslimischen Gruppen.***

Die „Kurdenfrage"
Im Norden sorgt die „Kurdenfrage" für Unruhe: Das in der Türkei, Syrien, Irak und Iran als verfolgte Minderheit lebende kurdische Volk fordert einen eigenen Staat. Alle Versuche wurden von den betroffenen Staaten unterdrückt. Die Folge ist ein anhaltender kurdischer Untergrundkampf.

Drei Kriege im Golf
Um ein Gegengewicht zur Islamischen Republik Iran zu schaffen, unterstützten sowohl die UdSSR als auch die USA und andere westliche Staaten den Diktator *Saddam Hussein* im Nachbarland Irak. Dieser begann im Jahr 1980 den *Ersten Golfkrieg* mit dem Iran. Er wollte sein Land zur führenden Macht am Persischen Golf machen und die Erdölvorkommen kontrollieren. Als Saddam Hussein das benachbarte Kuwait angriff, wiesen ihn die USA 1990/91 im *Zweiten Golfkrieg* in die Schranken, beließen ihn jedoch im Amt. Erst im *Dritten Golfkrieg* 2003 wurde er gestürzt, nachdem die USA und ihre Verbündeten den Irak erobert hatten. Deren Truppen stehen noch im Land.****

*** Siehe dazu Seite 87 ff.*
**** Lies dazu auch Seite 94.*
***** Siehe dazu auch Seite 94 f.*

Informiere dich über die Sunniten und Schiiten. Stelle fest, in welchem Staat des Nahen Ostens die meisten Sunniten leben.

M 1 Der Nahe Osten.

Die Bezeichnung „Naher Osten" ist seit dem Zerfall des Osmanischen Reiches zu Beginn des 20. Jh. gebräuchlich. Das Gebiet umfasst arabische und nichtarabische Staaten.

M 2 Die fünf Länder mit den größten Erdölreserven*

Angaben für 2006

	Reserven in Mio. t	*Anteil in %*
Saudi-Arabien	35 347	21,7
Iran	18 707	11,5
Irak	15 646	9,6
Kuwait	13 810	8,5
VAE	13 307	8,2
Sonstige	65 990	40,5
Welt	162 807	100,0

** Unter Reserven versteht man die zu gegenwärtigen Preisen und mit heutigen Fördertechnologien gewinnbare Menge an Rohstoffen. Der weltweite Rohölbedarf lag 2007 bei 4 216 Mio. Tonnen pro Jahr.*

Nach: Bundesanstalt für Geowissenschaften und Rohstoffe

M 3 Strukturdaten einiger Staaten im Nahen Osten 1990 bis 2005

	Einwohner (in Mio.)		*Bruttoinlandsprodukt in Mrd. US-$*		*Pro-Kopf-Einkommen in US-$*		*Warenexporte in Mrd. US-$*	
	1990	**2005**	**1990**	**2005**	**1990**	**2005**	**1990**	**2005**
Afghanistan	16,1	29,9	2,8	7,3	155	k. A.	0,2	0,6
Ägypten	52,1	74,0	33,2	89,4	600	1260	3,3	21,0
Irak	18,9	28,8	63,7	33,2	1808	k. A.	16,8	30,1
Iran	56,9	68,3	116,0	189,8	2490	2600	17,8	62,4
Israel	4,8	6,9	53,2	123,4	10920	18580	11,9	46,4
Jordanien	3,2	5,5	3,3	12,7	1240	2460	1,1	3,7
Kuwait	2,1	2,5	23,5	80,8	8610	30630	8,3	64,3
Libanon	2,8	3,6	3,3	21,9	1124	6320	0,6	2,2
Palästinensische Gebiete	0,8*	3,6	k. A.	4,0	k. A.	1230	k.A.	0,3
Saudi-Arabien	14,9	23,1	80,9	309,8	7050	12510	31,1	19,0
VAE	1,6	4,5	28,3	104,2	19860	23950	58,1	107,9

**Palästinenser im besetzten Westjordanland*

Zusammengestellt aus: Fischer Weltalmanache 1993 bis 2008

1. *Erörtert die Bedeutung der Erdölreserven für die betreffenden Staaten (M 2) und die internationale Staatengemeinschaft.*

2. *Bildet Arbeitsgruppen zu den angegebenen Staaten (M 3) und*
– informiert euch über die Gründung und die jeweilige Staatsform,
– beschreibt die Strukturdaten und
– tragt die wichtigsten Ereignisse der letzten fünf Jahre zusammen.

3. *Nennt die auffallendsten politischen und wirtschaftlichen Unterschiede innerhalb der Region (M 1 bis M 3).*

Krieg ohne Ende?

Stationen des Nahost-Konflikts bis 1967

Erster Weltkrieg: Arabern wird ein eigener Staat, Juden eine Heimstatt in Palästina zugesichert

1947: UN-Teilungsplan, von Arabern abgelehnt

1948: Proklamation des Staates Israel

1948/49: Erster Israelisch-Arabischer Krieg; Flucht bzw. Vertreibung von 700 000 Palästinensern

1956: Zweiter Israelisch-Arabischer Krieg (Suez-Krieg gegen Ägypten)

1964: Gründung der *Palästinensischen Befreiungsorganisation Liberation* (PLO)

1967: Sechs-Tage-Krieg; Israel erobert Ost-Jerusalem, das Westjordanland, den Gaza-Streifen, die Golanhöhen und die Sinaihalbinsel

1 Israel 1995.

Die Palästinenserfrage

Israel besetzte nach dem Sechs-Tage-Krieg noch weitere Gebiete, um sich vor Angriffen zu schützen. Die arabische Welt unterstützte die Palästinenser. Sie machten eine Lösung des Konflikts von der Rückgabe der besetzten Gebiete abhängig.

1974 erreichte *Yassir Arafat*, der seit 1969 die Leitung der PLO übernommen hatte, einen ersten politischen Erfolg, indem die Vereinten Nationen das Recht des palästinensischen Volkes auf Selbstbestimmung und Unabhängigkeit anerkannten.

„Land gegen Frieden"

Die Fronten im Nahost-Konflikt lockerten sich, als die verfeindeten Mächte die Formel „Land gegen Frieden" anerkannten. Ägypten erkannte Israels Existenzrecht zuerst an. Als Gegenleistung dafür sollte es die Sinai-Halbinsel zurückerhalten. 1979 wurde der durch amerikanische Vermittlung zustande gekommene Friedensvertrag unterschrieben. Er legte die Rückgabe des Sinai bis 1982 fest. Im arabischen Lager galt Ägypten als Verräter. 1981 ermordete ein Extremist in Kairo Staatspräsident *Anwar al-Sadat* wegen seiner Friedenspolitik.

Die Erste Intifada

Trotz der Friedensbeteuerungen der PLO kam es immer wieder zu Anschlägen der Palästinenser auf israelische Einrichtungen und die jüdische Bevölkerung. 1982 marschierten israelische Truppen im benachbarten Libanon ein und forderten den Abzug der PLO-Kämpfer. Gleichzeitig besetzten sie im Süden des Libanons eine zehn Kilometer breite „Sicherheitszone".

Die Palästinenser gaben ihren Widerstand nicht auf. Im Dezember 1987 begann im Gaza-Streifen und im Westjordanland eine Erhebung: die *Erste Intifada* (wörtlich übersetzt: „abschütteln"). Der Aufstand der jungen Palästinenser, die nichts anderes erfahren hatten als Besatzung und Unterdrückung, war nicht einzudämmen. Auf beiden Seiten starben viele Menschen. Israel musste erkennen, dass eine rein militärische Lösung des Konflikts nicht möglich war.

Eine Zwei-Staaten-Lösung in Sicht

1988 erklärte König *Hussein* den Verzicht Jordaniens auf das von Israel besetzte Westjordanland (*Westbank*). Daraufhin tagte der *Palästinensische Nationalrat* in Algier und rief einen unabhängigen Palästinenser-Staat mit der Hauptstadt Jerusalem aus. Gleichzeitig erklärten sich die Palästinenser bereit, Israel auf der Grundlage bestehender UN-Resolutionen anzuerkennen. Doch die israelische Regierung lehnte die Zwei-Staaten-Lösung der „Terrororganisation" PLO ab.

Weitere Fortschritte im Friedensprozess waren erst möglich, als sich Israel auf Druck der Amerikaner bereit erklärte, direkt mit der PLO zu verhandeln. 1993 unterzeichneten Israels Ministerpräsident *Yitzhak Rabin* und PLO-Chef Arafat in Washington die Prinzipienerklärung über die Selbstverwaltung der Gebiete um Gaza und Jericho. Eine Wende des Konflikts schien nahe. Doch die Verwirklichung der Grundsätze erwies sich als schwierig. Obwohl die palästinensische Selbstverwaltung in Gaza begann und weitere Abkommen zwischen Israel und der PLO geschlossen wurden, störten Anhänger der radikalen islamischen Organisation *Hamas* (zu deutsch: religiöser Eifer; Abkürzung für „islamische Widerstandsbewegung") und uneinsichtige jüdische Siedler den Friedensprozess. Als im November 1995 Rabin von einem jüdischen Extremisten in Tel Aviv ermordet wurde, schien ein Frieden aber in greifbarer Nähe.

Vergebliche Hoffnungen

Rabins Nachfolger *Benjamin Netanyahu* hielt sich aber nicht an die Vereinbarungen. Er unterstützte die Siedler und beließ die Soldaten in den besetzten Gebieten. Der Friedensprozess geriet nach 1996 in eine Sackgasse.

Als Arafat im Mai 1999 drohte, einseitig einen Palästinenserstaat auszurufen, kam wieder Bewegung in den Friedensprozess. Doch die Verhandlungen zwischen dem neuen israelischen Regierungschef *Ehud Barak* und Arafat scheiterten trotz amerikanischer und europäischer Vermittlung.

Im September 2000 besuchte der israelische Politiker *Ariel Sharon* mit rund 2 000 Soldaten und Polizisten den zwischen Palästinensern und Israelis umstrittenen Tempelberg von Jerusalem. Danach begann die *Zweite Intifada*.

Eine neue Welle der Gewalt

Sharon gewann 2001 die Wahlen und wurde Ministerpräsident. Seine Regierung versuchte, die Erhebung der Palästinenser mit allen Mitteln zu unterdrücken. Palästinensische Terroristen reagierten darauf mit einer Welle von Selbstmordattentaten.

Für den Terror wurde Arafat persönlich verantwortlich gemacht. Da der PLO-Chef ihn nicht eindämmen konnte oder wollte, verlor er an Ansehen. Unabhängig davon reagierte die israelische Regierung auf jeden Terrorakt mit Vergeltung. Sie ließ Städte in den palästinensischen Gebieten besetzen und begann, eine fast 760 km lange Sperranlage zu errichten, um die jüdischen Siedler zu schützen.

Die „Road map“

Wieder erst auf Druck der amerikanischen Regierung stimmte das israelische Kabinett am 25. Mai 2003 dem vom „Nahostquartett“ (Vereinte Nationen, Europäische Union, USA und Russland) vorgelegten „Fahrplan“ für eine dauerhafte Zwei-Staaten-Lösung im israelisch-palästinensischen Konflikt zu. Diese „Road map“ für den Frieden sah die Gründung eines Palästinenserstaates im Jahre 2005 vor. Doch die Umsetzung des Planes stockte. Erst nach Arafats Tod Ende 2004 kamen die Verhandlungen wieder in Gang.

Weitere Verzögerungen

Die Gründung eines Palästinenserstaates verzögerte sich immer wieder. Das trieb immer mehr enttäuschte Palästinenser auf die Seite der Hamas, die eine Zwei-Staaten-Lösung ablehnt und ganz Israel und ganz Jerusalem für sich fordert. Die Hamas bekämpft die *Fatah* (zu deutsch: Eroberung, Sieg; Abkürzung für „Bewegung zur nationalen Befreiung Palästinas“), die bislang stärkste Partei in den Palästinensischen Autonomiegebieten. Sie sei zu gemäßigt und israelfreundlich. Unruhen, Selbstmordattentate und Raketenangriffe aus dem Gaza-Streifen veranlassten die israelische Armee, dort wieder einzudringen, nachdem sie das Gebiet 2005 verlassen hatte. Die Probleme wurden noch größer, als die Hamas Anfang 2006 die Wahlen in den Palästinensergebieten gewann. Die neue Regierung wurde international boykottiert und amerikanische und europäische Hilfsgelder für die Autonomiegebiete wurden gestoppt.

Im Sommer 2006 spitzte sich die Lage zu, nachdem libanesische Kämpfer der radikal-islamischen *Hisbollah* (zu deutsch: „Partei Gottes“) zwei israelische Soldaten entführt hatten. Israel griff den Libanon an, um die Hisbollah zu entmachten und Angriffe auf israelische Ortschaften zu unterbinden. Der Krieg erreichte sein Ziel nicht: Die Hisbollah blieb in der Regierung.

Ein Jahr später, im Juni 2007, vertrieb die Hamas mit Gewalt die Fatah aus dem Gaza-Streifen. Die palästinensische Einheitsregierung zerbrach: Im Westjordanland blieb die gemäßigte Fatah an der Macht, im Gaza-Streifen bestimmt seitdem die radikal-islamische Hamas.

2 Gaza-Streifen 2000.

Voraussetzungen für den Frieden

Ein dauerhafter Frieden im Nahen Osten liegt in weiter Ferne. Er hängt davon ab, dass

- die internationale Staatengemeinschaft für alle Seiten annehmbare Lösungsstrategien entwickelt und durchsetzen hilft,
- alle Palästinenser und alle Staaten im Nahen Osten das Existenzrecht Israels anerkennen,
- Israel die Siedlungspolitik beendet und sich aus den seit 1967 besetzten Gebieten zurückzieht,
- die Grenzen zwischen den Staaten im Nahen Osten geklärt und international anerkannt werden,
- eine Lösung für das von den Israelis und den Palästinensern beanspruchte Jerusalem gefunden,
- der Konflikt zwischen den Palästinensern beigelegt,
- der Terror als Mittel der Politik geächtet und
- die Flüchtlingsfrage gelöst wird,
- die wirtschaftlichen und sozialen Probleme der Region beseitigt werden und
- religiöse Toleranz herrscht.

M 1 UN-Entschließung 242

Am 22. November 1967, sechs Monate nach der Niederlage der Araber im Sechs-Tage-Krieg, veröffentlicht der UN-Sicherheitsrat die Resolution 242; darin heißt es u.a.:

Um einen gerechten und dauerhaften Frieden in Nahost herzustellen, sind folgende Grundsätze anzuwenden: „(I) Rückzug der israelischen Streitkräfte aus den Gebieten, die während des jüngsten Konflikts besetzt wurden; (II) Einstellung aller Behauptungen oder Formen eines Kriegszustandes sowie die Beachtung und Anerkennung der Souveränität, der territorialen Unversehrtheit und der politischen Unabhängigkeit eines jeden Staates in diesem Gebiet und die seines Rechtes, innerhalb sicherer und anerkannter Grenzen frei von Drohungen und Akten der Gewalt in Frieden zu leben."

Elmar Krautkrämer, Krieg ohne Ende? Israel und die Palästinenser – Geschichte eines Konflikts, Darmstadt 2003, S. 165f.

M 2 Schlechte Erfahrungen

Keine Generation von Israelis oder Palästinensern erlebte im 20. Jahrhundert eine Zeit ohne militärische Auseinandersetzungen. Beide Seiten sind von Kriegen und Anschlägen traumatisiert. Jede israelische Familie kennt jemanden, der in einem Krieg oder bei einem Anschlag der radikalen Palästinenserorganisationen zu Schaden kam. Die 1922 in Bethlehem geborene Palästinenserin Amelie Dschaqaman fasst am 26. April 2006 in Ramalla die Geschichte ihrer Familie so zusammen:

Meine Mutter kam während der osmanischen Besatzung auf die Welt. Ich wurde während der englischen Besatzung geboren, meine Kinder während der jordanischen, deren Kinder während der israelischen. Es gibt immer jemanden, der dieses Land will, aber nie jemanden, der uns will. Ist das keine Tragödie?

Noah Flug und Martin Schäuble, Die Geschichte der Israelis und Palästinenser, München 2007, S. 153

M 3 „Der einzige Ausweg wäre ein Dialog ..."

Die 1946 in einem Lager für Displaced Persons in Eschwege geborene Aliza Olmert lebt seit 1949 in Israel. Sie ist Schriftstellerin und Ehefrau des israelischen Premierministers Ehud Olmert. In einem am 3. September 2007 veröffentlichten Gespräch sagt sie:

Es ist ein ständiger Kampf ums Überleben. Ich habe fast 60 Jahre meines Lebens in einer Kriegszone gelebt. Es gab Pausen, in denen das Leben normal schien, es gab die Hoffnung auf Frieden, aber wir mussten uns immer mit wirklichen Problemen auseinandersetzen, mit Fragen von Leben und Tod, von Leben und Überleben, von Israel hier und Diaspora dort. [...]
Sie sind nie frei von einem Gefühl der Bedrohung, die über ihnen schwebt. [...]
Ich bin eine Pazifistin in meinen Ansichten, in meiner Einstellung. Aber es ist in unserer Situation sehr schwierig, ein praktizierender Pazifist zu sein. Wir werden ständig angegriffen, wir sind in dieser Gegend noch immer nicht willkommen. Existieren bedeutet, sich verteidigen müssen. Wenn es eine Alternative zum Kämpfen gäbe, würde ich mich dafür entscheiden. [...]
Wir sind eine Minderheit, die hier bleiben möchte. Inmitten einer arabischen Welt, die uns gegenüber nicht freundlich eingestellt ist. Der einzige Ausweg wäre ein Dialog mit gegenseitigem Verständnis füreinander. Wir haben sehr viel Mitgefühl für unsere Leiden, aber nicht für die Leiden der Palästinenser. Und umgekehrt ist es genauso. [...]
Ich habe nur eine Wunschvorstellung. Dass wir uns mit den Palästinensern verständigen, dass es zwei Staaten gibt, die voneinander profitieren, dass Israel eine Hightech-Gesellschaft wird, dass unsere Kinder und die Kinder der Palästinenser in Frieden und Wohlstand leben können.

Der Spiegel, 36/2007, S. 138 f.

M 4 Israelische Sperrmauer bei Jerusalem.
Foto von Jim Hollander, Juli 2004.
Zum Schutz vor Heckenschützen und Selbstmordattentaten baut Israel seit 2002 an einem fast 760 Kilometer langen „Anti-Terror-Zaun". Er trennt Israel vom palästinensischen Westjordanland. Die Anlage besteht zum größten Teil aus einem elektronisch gesicherten Zaun mit einem Graben. In besiedelten Gebieten und an belebten Kreuzungen wurde eine bis zu neun Meter hohe Betonmauer errichtet. Die Sperranlage verläuft zum Teil mitten durch palästinensisches Siedlungsgebiet und behindert Hunderttausende auf dem Weg zu Arbeitsplätzen, Feldern, Krankenhäusern und Schulen.
Im Juli 2004 erklärte der Internationale Gerichtshof in Den Haag die Sperranlage für völkerrechtswidrig.
Festzustellen ist aber, dass nach der Errichtung der Grenzanlage der palästinensische Terror deutlich nachgelassen hat.

1. *Erörtert, welche politischen Verhaltensweisen die Friedenschancen fördern, welche sie behindern können. Berücksichtigt dabei auch M 1.*
2. *Vergleiche die Sichtweisen (M 2 und M 3).*
3. *Informiere dich über den aktuellen Stand des israelisch-palästinensischen Konflikts und berichte.*

Islamisten gegen die Moderne?

Eine einheitliche islamische Welt?
Seit den 1960er-Jahren bemühten sich arabische Politiker, die politisch und kulturell gespaltene Welt der Araber wieder zu einigen. 1965 rief König *Feisal* von Saudi-Arabien, dem Land mit den größten Ölreserven der Welt und den wichtigsten Heiligtümern der Muslime in Mekka und Medina, zu einer „Islamischen Konferenzorganisation" auf. Daraus entwickelte sich die *Organization of Islamic Conference* (*OIC*), der 1998 53 Länder aus dem arabischen Raum, Afrika und Asien angehörten. Die OIC will die Zusammenarbeit der Staaten mit muslimischer Bevölkerung stärken und die Heiligen Stätten schützen.
Eine einheitlich handelnde Staatengemeinschaft entstand mit der OIC nicht. Zu den Mitgliedern zählen neben demokratischen Staaten viele diktatorische Regime. Zwar haben fast alle OIC-Mitglieder die „Allgemeine Erklärung der Menschenrechte" der Vereinten Nationen von 1948 mitunterzeichnet, doch viele von ihnen haben Bedenken gegen sie.

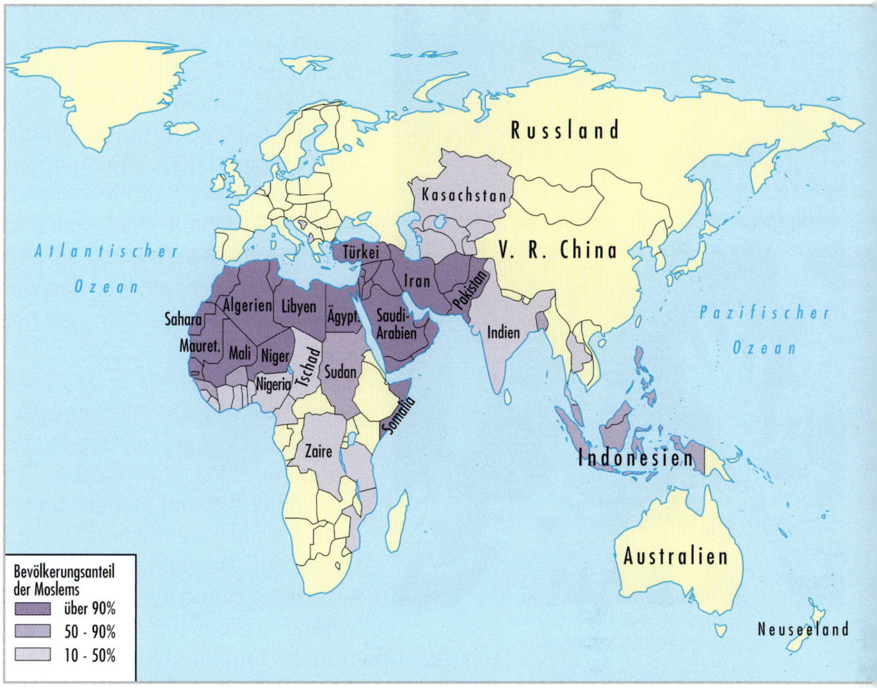

1 Die Welt des Islam.
Der Islam ist die zweitgrößte Religion nach dem Christentum. Er ist ebenfalls in verschiedene Glaubensrichtungen gespalten.
Um 2004 lebten rund 1,3 Milliarden Muslime auf der Welt. Die Zahl der Christen wird auf 2,1 Milliarden geschätzt.

„Der Islam ist die Lösung"
Mit dieser Parole kämpfen seit den 1960er-Jahren Oppositionelle und Herrscher im Nahen Osten um die Macht. Einige von ihnen verstanden ihre Ziele als Alternative sowohl zum Kapitalismus wie zum Kommunismus. Um ihre Politik zu rechtfertigen, griffen sie auf die religiöse Erneuerungsbewegung des Islam zurück, die von strenggläubigen Muslimen, den *Fundamentalisten*, vorangetrieben wurde. Daraus entstand der *Islamismus*. Dessen Anhänger fordern einen grundlegenden gesellschaftlichen und politischen Wandel der muslimischen Staaten. Das private und das gesellschaftliche Leben solle auf die „Hingabe an Gott", den Islam, gerichtet sein.

Der Nährboden des „Islamismus"
Bei der Entstehung des „Islamismus" spielte vor allem die Enttäuschung der arabischen Muslime über die Folgen der westlichen Zivilisation eine wichtige Rolle:

- Die Öffnung der Erdöl exportierenden islamischen Länder in Richtung Westen habe zu politischer und wirtschaftlicher Abhängigkeit geführt.
  Dabei seien die Armen immer ärmer und die Reichen immer reicher geworden. Die gewaltige Kluft sei der Boden für viele soziale und politische Konflikte geworden.
- Überall, wo die moderne westliche Welt Einzug hielt, hätten die Menschen ihre Identität und Kultur verloren; hemmungsloser Konsum, Zerfall der Familien, Entfremdung und Entwurzelung seien die Folgen. Die Trennung von Staat und Religion müsse daher rückgängig gemacht werden.
- Statt in den arabischen Staaten die Demokratie zu fördern, habe der Westen lange Zeit nur undemokratische Herrscher unterstützt.
- Der Westen nehme einseitig Partei für Israel.

Terror im Namen Allahs
Die Anhänger des „Islamismus" sind nur eine Minderheit in der muslimischen Welt. Im arabischen Raum stammen sie häufig aus den unteren Mittelschichten der rasch wachsenden Städte. Zahlreiche junge Männer, die erstmals Zugang zu höherer Bildung haben, sind von den sozialen, politischen und religiösen Verhältnissen in ihren Staaten enttäuscht. Einige organisieren sich und versuchen mit Gewalt, alle nichtislamischen Einflüsse zurückzudrängen. Zu den etwa 90 militant-islamischen Organisationen gehören die *Muslimbrüder* in Ägypten, die *Islamische Heilsfront* in Algerien und die *Taliban* (dt. *Koranschüler*) in Afghanistan. Ihre Anhänger sind für Terroranschläge auf der ganzen Welt verantwortlich.

2 Der iranische Revolutionsführer Khomeini kehrt aus dem Exil zurück.
Foto vom 15. Februar 1979.

Die Revolution im Iran

1979 wurde der vom Westen unterstützte Schah von Persien, *Resa M. Pahlawi*, gestürzt. Er hatte in den 1970er-Jahren die Modernisierung und Industrialisierung des Landes nach westlichem Vorbild ohne Rücksicht auf die islamische Tradition vorangetrieben. Die Mehrheit der Bevölkerung profitierte davon nicht. Im Gegenteil: Der Schah und seine Familie lebten im Luxus und die Unterschiede zwischen den wenigen Reichen und der Masse der Armen wurden immer größer. Darüber hinaus regierte er das Land wie ein Diktator. Mithilfe seiner Geheimpolizei ließ er jede Opposition brutal verfolgen. Dies machte ihn bei vielen Intellektuellen unbeliebt, die nach westlichem Vorbild Freiheit und Demokratie forderten. Ausschlaggebend für den Sturz des Schahs wurden aber nicht die westlich orientierten Intellektuellen, sondern die „Islamisten". Die Religionsführer (*Mullahs*) stachelten die Massen gegen das bestehende Regime auf. Der im Exil lebende *Ajatollah* Ruhollah Khomeini* organisierte 1978 von Paris aus Demonstrationen. Er warf dem Schah vor, durch seine Politik die heiligen Gesetze des Islam verletzt zu haben. Anfang 1979 musste Resa M. Pahlawi mit seiner Familie nach wochenlangen Streiks und Unruhen ins Ausland fliehen.

* **Ajatollah**: *Religionsgelehrter*

Die Herrschaft der Ajatollahs

Mit dem Sturz des Schah konnten erstmals Islamisten ihre politischen Vorstellungen verwirklichen. Am 31. März 1979 rief Khomeini die *Islamische Republik Iran* aus.
Grundlage des privaten und öffentlichen Lebens wurde jetzt der von den ranghöchsten Gottesgelehrten ausgelegte *Koran*, die Wiedergabe der göttlichen Offenbarungen, und die *Sunna*, die Überlieferung des Propheten.
Alle Gesetze brauchen die Zustimmung eines „Rates von Gottesgelehrten". Er hat zu prüfen, ob die Verordnungen mit den Grundsätzen des Islam übereinstimmen.

Schritte in die Vergangenheit?

Nach der Revolution mussten alle westlichen Firmen das Land verlassen. Schulen und Kultureinrichtungen der Europäer und Amerikaner wurden geschlossen, jede Opposition wurde verboten. Zahlreiche westlich orientierte Iraner suchten Asyl in Europa und Nordamerika. Sie sehen die neue Ordnung als einen Rückschritt an.
Liberal eingestellte Muslime und der Westen fordern eine klare Trennung von Staat und Kirche. Sie kritisieren die weitreichenden Eingriffe in die individuellen Freiheiten, die politischen Verfolgungen und die Menschenrechtsverletzungen. Für sie ist es nicht hinnehmbar, dass in dem Staat für Gotteslästerung, den Abfall vom Islam oder Ehebruch Todesurteile verhängt werden können.

Außenpolitische Unsicherheit

Der Iran versucht, eine Vormachtstellung im Gebiet des Persischen Golfs zu übernehmen und Atommacht zu werden. Der Westen und vor allem Israel, dessen Existenzrecht die iranische Regierung nicht anerkennt, beobachten das mit Sorge. Wirtschaftliche und poltische Maßnahmen wurden gegen den Iran eingeleitet. 2007 warnte die US-Regierung vor einem „Dritten Weltkrieg", sollte der Iran sein Atomwaffenprogramm nicht stoppen. Danach wurde bekannt, dass der Iran dies schon im Herbst 2003 angehalten hatte. Unabhängig davon setzte das Land aber den Bau einer Kernkraftanlage fort.

3 Graffito in Teheran.
Foto von Vahid Salemi vom 25. September 2007.
Die Zeichnung befindet sich seit Ende der 1990er-Jahre an einer Mauer in der Nähe der früheren US-Botschaft.
Interpretiere das Bild.

M 1 Die Revolution im Iran

Der britische Historiker Bernard Lewis analysiert den Revolutionsverlauf im Iran:

Die Islamische Revolution im Iran war die erste wahrhaft moderne Umwälzung des elektronischen Zeitalters. Khomeini war der erste charismatische* Redner, der seine Vorträge aus dem Ausland in die Heimat schickte, wo sie Millionen seiner Landsleute auf Kassetten zu Gehör gebracht wurden; er war der erste Revolutionsführer im Exil, der seinen Anhängern in der Heimat telefonische Anweisungen gab – dank dem Direktwahlsystem, das der Schah im Iran eingeführt hatte und das Khomeini in Frankreich, nicht jedoch im Irak, seinem vorherigen Verbannungsort, nutzen konnte. Es versteht sich, dass die iranischen Revolutionsführer in ihren offiziellen und inoffiziellen Kriegen uneingeschränkten Gebrauch von den Waffen machten, die der Westen und seine Nachahmer ihnen verkauften. Natürlich stehen den Revolutionären auch solche Waffen wie Faxgeräte, Internet und Satellitenschüsseln zur Verfügung. Tragischerweise machte das revolutionäre Regime im Iran noch andere Anleihen in Europa. Seine Symbole und Parolen mochten islamisch sein, doch sein Stil und seine Methoden waren häufig stärker an Europa orientiert. Die Schnellgerichte gegen zahlreiche ideologisch definierte Feinde und deren Exekution, die Vertreibung Hunderttausender von Männern und Frauen ins Exil, die umfangreiche Beschlagnahme von Privateigentum, die mit der Festigung der Macht einhergehende Mischung aus Repression und Subversion**, von Gewalt und Indoktrination*** – all das ist viel mehr dem Beispiel Robespierres und Stalins verpflichtet als dem Mohammeds [...]. Solche Methoden dürfen schwerlich als islamisch bezeichnet werden, sie sind jedoch durch und durch revolutionär.

Bernard Lewis, Stern, Kreuz und Halbmond. 2000 Jahre Geschichte des Nahen Ostens, München 1997, S. 464 f.

* **charismatisch**: *mit besonderer Ausstrahlungskraft*
** **Repression und Subversion**: *Unterdrückung und Zerstörung*
*** **Indoktrination**: *Meinungsbeeinflussung*

M 2 Die iranische Verfassung

Die 1979 verkündete Verfassung legt die Grundlagen des islamischen Staates fest; in der Präambel heißt es:

Die Verfassung der Islamischen Republik Iran strebt eine Gestaltung der kulturellen, sozialen, politischen und ökonomischen Institutionen der iranischen Gesellschaft nach islamischen Grundsätzen und Regeln an; sie entspricht dem innigsten Wunsch der islamischen Glaubensgemeinschaft. [...]

Zu den allgemeinen Grundsätzen der Verfassung gehören:

Die Islamische Republik gewährleistet durch Gerechtigkeit, politische, wirtschaftliche, soziale, kulturelle Unabhängigkeit und nationale Zusammengehörigkeit

a) ständige Neugewinnung der islamischen Vorschriften durch anerkannte islamische Rechtsgelehrte auf der Grundlage des Koran und der Tradition der Reinen (der Friede Gottes sei mit ihnen allen);

b) Nutzung von Wissenschaft, Technik und Fortschritt menschlicher Erfahrungen und das Bemühen, sie weiterzuentwickeln;

c) Ablehnung jeder Unterdrückung und jeder Unterwürfigkeit, jeder Herrschaft und Knechtschaft.

Bundeszentrale für politische Bildung (Hrsg.), Informationen zur politischen Bildung, H. 194. Der Islam und die Krise des Nahen Ostens, Bonn 1982, S. 14

M 3 Zur Lage der Menschenrechte

Die Menschenrechtsorganisation „Amnesty International" berichtet 1997:

Vor und nach der Gründung der Islamischen Republik Iran 1979 hat *Amnesty International* immer wieder schwere und weitverbreitete Menschenrechtsverletzungen im Iran dokumentiert. Diese Menschenrechtsverletzungen geschehen nach wie vor. Missachtung der Grundsätze für ein faires Gerichtsverfahren, jahrelange Inhaftierung ohne Anklage, Folter und Hinrichtungen, Diskriminierung religiöser Minderheiten, Verfolgung politischer Dissidenten* und Bedrohung unabhängiger Schriftsteller bzw. Verleger sowie kritischer Journalisten sind an der Tagesordnung. Eine unabhängige Untersuchung der Menschenrechtsverletzungen versucht die iranische Regierung u. a. dadurch zu behindern, dass sie unabhängigen Menschenrechtsbeobachtern den freien Zugang ins Land verweigert.

Zur Lage der Menschenrechte im Iran, Bericht von „amnesty international" – Sektion der Bundesrepublik Deutschland e. V., Länderabteilung, Bonn, vom 9. April 1997

* **Dissidenten**: *Abweichler, Andersdenkende*

M 4 Öffentliche Hinrichtung.
Foto aus dem Iran von 1989. Laut Berichten von „Amnesty International" wurden im Iran zwischen 1979 und 1988 etwa 7 500 Menschen hingerichtet. 2006 wurden 177 Todesurteile vollstreckt.

1. *Für den amerikanischen Politikwissenschaftler Samuel P. Huntington ist die „Erneuerungsbewegung" des Islam „eine Reaktion gegen Verwestlichung, nicht gegen Modernisierung". Erklärt und vergleicht die Position mit M 1 und der Darstellung auf S. 87.*
2. *Vergleicht die Grundsätze der iranischen Verfassung (M 2) mit M 3.*
3. *Informiert euch über die aktuelle Menschenrechtssituation im Iran.*

Russland nach 1990

Neue Herausforderungen

Russland übernahm in den internationalen Organisationen wie den Vereinten Nationen die Rechtsnachfolge der Sowjetunion und bemühte sich um die Anerkennung als Großmacht.
Im Frühjahr 1993 ließ sich Präsident *Boris Jelzin* in einer Volksabstimmung seinen wirtschafts- und verfassungspolitischen Kurs bestätigen. Doch seine radikalen Reformen führten im Oktober 1993 zu einem Konflikt mit den Kommunisten, die eine Wiederherstellung der Sowjetunion forderten. Jelzin konnte sich nur mit Gewalt durchsetzen. Es folgten Wahlen und eine Neuordnung der Machtverhältnisse zwischen Präsident und Parlament (*Duma*). Mit knapper Mehrheit (58,4 %) stimmte das Parlament Ende 1993 einer neuen Verfassung zu. Sie erklärt Russland zu einer föderativen, demokratischen Republik, sichert dem Präsidenten eine starke Stellung gegenüber dem Parlament, garantiert ein Mehrparteiensystem, schützt das Privateigentum und bekennt sich zu den Menschenrechten.

1 Zerstörungen in Grosny, der tschetschenischen Hauptstadt.
TV-Bild vom 22. Oktober 1999 vom russischen Fernsehsender NTV.
Der Bürgerkrieg in Tschetschenien hat zwischen 1994 und 2003 etwa 220 000 zivile Opfer gefordert. Vom 1. Oktober 1999 bis 15. Dezember 2002 starben nach amtlichen Angaben 4 750 russische Soldaten und Polizisten sowie 14 133 „Rebellen".

Nationalistische Bestrebungen verstärkten die Probleme. Gewählte oder selbst ernannte Führer forderten neue Grenzen nach ethnischen Gesichtspunkten. 1992 brachen in Georgien, Armenien, Aserbaidschan und Tadschikistan Bürgerkriege aus. Im Dezember 1994 begannen russische Truppen, die Unabhängigkeitswünsche der am Rande des Kaukasus lebenden Tschetschenen niederzuschlagen. Angesichts der atomaren Waffen in einigen Nachfolgestaaten der UdSSR bedeuteten diese Konflikte eine internationale Gefahr.

Nach Jelzin

Jelzins Wirtschaftsreformen waren erfolglos. Die Arbeitslosigkeit blieb hoch, die Armut nahm noch zu. Korruption und weiter wachsende Kriminalität vergrößerten die Probleme. Während Jelzin sich mit dem Westen arrangierte und 1997 den Weg für die Erweiterung der NATO nach Osten freigab, konnte er wichtige innenpolitische Reformen im Parlament nicht durchsetzen. Am Silvestermorgen 2000 übergab der gesundheitlich angeschlagene Präsident sein Amt an *Vladimir Putin*.
Unter Putin erholte sich die wirtschaftliche Lage. Mehr ausländische Investitionen flossen ins Land. Russland wurde zweitgrößter Ölförderer der Welt. Doch die großen sozialen Probleme blieben.

2 Wladimir Putin.
Titelblatt vom November 2003.
Der 1952 geborene Putin begann seine Karriere 1975 beim sowjetischen Geheimdienst. Unter Staatspräsident Jelzin wurde er Ministerpräsident. Nach Jelzins Rücktritt Ende 1999 übernahm er dessen Amt bis 2008. Seit Mai 2008 setzt Putin seine Politik als Regierungschef unter Staatspräsident Dimitri Medwedjew fort.

Der Krieg gegen die abtrünnigen Tschetschenen und der Kampf gegen Terroranschläge prägten Putins autoritäre Innenpolitik. Dabei schränkte er die Presse- und Meinungsfreiheit sowie die Wirtschaftsfreiheit ein.

Putins Weltmachtanspruch

Aus innenpolitischen und wirtschaftlichen Gründen strebte Putin zunächst nach stabilen und langfristigen Beziehungen zu den westeuropäischen Staaten und den USA. Nach dem Anschlag auf das World Trade Center am 11. September 2001* erklärte er seine Unterstützung im Kampf gegen den internationalen Terrorismus. 2002 einigte er sich mit den USA über eine Verringerung der Atomwaffen. Gleichzeitig beendete er die alten Rivalitäten mit China, dem weltweit größten Kunden der russischen Rüstungsindustrie.
Inzwischen nutzt das rohstoffreiche Russland die weltweit wachsende Nachfrage nach Energie, um seinen Weltmachtanspruch auszubauen. Selbstbewusst kritisierte Putin die amerikanische Außen- und Rüstungspolitik. Als die USA in Polen und der Tschechischen Republik Raketenabwehranlagen errichten wollten, drohte er, die Abrüstungsvereinbarungen zu kündigen und neue Atomwaffen zu entwickeln. Auch die Beziehungen Russlands zur EU sind belastet, seit das Europäische Parlament 2006 die Putin-Regierung wegen mangelnder Meinungsfreiheit in Russland kritisiert hatte.

** Lies dazu Seite 94 f.*

M 1 Wandel der politischen Vorstellungen in Russland 1993–2000

Auf der Grundlage von gesamtrussischen Meinungsumfragen mit jeweils 1700 bis 2100 Befragten konnten die Anhänger unterschiedlicher Gesellschaftsmodelle ermittelt werden.

Politischer Standort (in %)	1993	1995	1997	2000
Radikale Marktreformen und Annäherung an den Westen („Liberale")	24,0	17,0	11,0	7,8
Wiedergeburt der russischen Nation und russischer Sonderweg (Nationalisten und „National-Patrioten")	10,0	10,0	22,0	9,2
Wiedergeburt/Erneuerung des Sozialismus (Kommunisten, Reformsozialisten)	14,0	14,0	18,0	22,2
Gemäßigte Ideen und Konzepte, Ablehnung radikaler Lösungen („Zentristen")	keine Angaben	17,0	15,0	16,1
Kein Interesse an Politik	keine Angaben	41,0	32,0	33,8
Rest	52,0	1,0	2,0	10,9

Aus: Hans-Hermann Höhmann und Hans-Henning Schröder (Hrsg.), Russland unter neuer Führung. Politik, Wirtschaft und Gesellschaft am Beginn des 21. Jahrhunderts, Münster 2001, S. 210

M 2 Strukturdaten der Russischen Föderation

	1993	2002	2004	2006	2006 *Vergleichszahlen USA*
Einwohner (in Mio.)	148,7	146,2	144,8	143,4	296,4
Einwohner je km²	9	9	8,5	8,4	30
Bruttosozialprodukt (in US-$ je Einwohner)	2 340	2 250	1 750	2 610	37 870
Arbeitslosenquote (in %)	1,2*	10,2	7,1	7,3	4,6
Inflationsrate (in %)	300**	140***	10,9	9,0	3,2

** in % der Erwerbspersonen für 1991-1993 ** Angabe für 1994 *** für den Zeitraum von 1990-2001*

Quellen: Fischer-Weltalmanache 1996 ff., www.europa-auf-einen-blick.de/russland/index.php und www.amerika-auf-einen-blick.de/usa/index.php

M 3 Außenpolitische Überlegungen

Am 10. Februar 2007 sagt der russische Präsident Putin auf der Münchener Sicherheitskonferenz:

Vor nun zwei Jahrzehnten war die Welt ideologisch und wirtschaftlich gespalten, und es war das gewaltige strategische Potenzial zweier Supermächte, das die globale Sicherheit gewährleistete. [...] Die unipolare Welt, die nach dem Kalten Krieg postuliert wurde, kam jedoch ebenfalls nicht zustande. [...] Doch was ist das, eine unipolare Welt? In wie freundlichen Farben auch immer man diese ausmalen mag, am Ende bleibt doch immer, dass der Terminus sich auf eine ganz bestimmte Situation bezieht, nämlich ein einziges Zentrum der Staatsgewalt, ein Machtzentrum, ein Entscheidungszentrum. Das ist eine Welt, in der es einen Herrn gibt, einen Souverän. [...] Und mit Demokratie hat dies ganz gewiss nichts gemein. Denn Demokratie ist, wie Sie wissen, die Herrschaft der Mehrheit unter Berücksichtigung der Interessen und Meinungen der Minderheit. [...]
Ich bin der Auffassung, dass das unipolare Modell nicht nur inakzeptabel, sondern in der heutigen Welt auch unmöglich ist. [...]
Wir erleben mehr und mehr Abneigung gegen die Grundprinzipien des Völkerrechts. Und Rechtsnormen, die unabhängig sein sollten, nähern sich in Wirklichkeit zunehmend dem Rechtssystem eines einzelnen Staates an. Ein Staat – und dabei spreche ich natürlich zunächst und vor allem von den Vereinigten Staaten – hat seine nationalen Grenzen in jeder Hinsicht überschritten. Das zeigen die wirtschaftlichen, politischen, kulturellen und Bildungsstandards, die es anderen Nationen aufnötigt. [...]
Natürlich ist das äußerst gefährlich. Es führt zu der Tatsache, dass niemand sich sicher fühlt. [...] Natürlich stimuliert eine derartige Politik das Wettrüsten. Die Dominanz der Gewalt regt unweigerlich eine ganze Reihe von Ländern dazu an, Massenvernichtungswaffen zu erlangen. [...]
Ich bin überzeugt, dass der einzige Mechanismus, der Entscheidungen über den Einsatz militärischer Gewalt als letztes Mittel treffen kann, die Charta der Vereinten Nationen ist. [...] Der Einsatz von Gewalt kann nur dann legitim sein, wenn die Entscheidung dazu von den Vereinten Nationen getroffen oder bestätigt wird. Es besteht keine Notwendigkeit, die UNO durch NATO oder EU zu ersetzen. [...]
Russland ist ein Land mit über tausendjähriger Geschichte und hat so gut wie stets von dem Vorrecht Gebrauch gemacht, eine unabhängige Außenpolitik zu führen. Wir haben nicht die Absicht, heute von dieser Tradition abzugehen.

Blätter für deutsche und internationale Politik, 52. Jg. (2007), S. 374 f.

1. *Erläutere den Wandel der politischen Vorstellungen (M 1).*
2. *Erörtert die Bedeutung des wirtschaftlichen Wandels für die Innen- und Außenpolitik Russlands (M 2).*
3. *Verfasse eine Antwort auf Putins Rede aus westlicher Sicht (M 3).*

Die Stellung der USA nach 1990

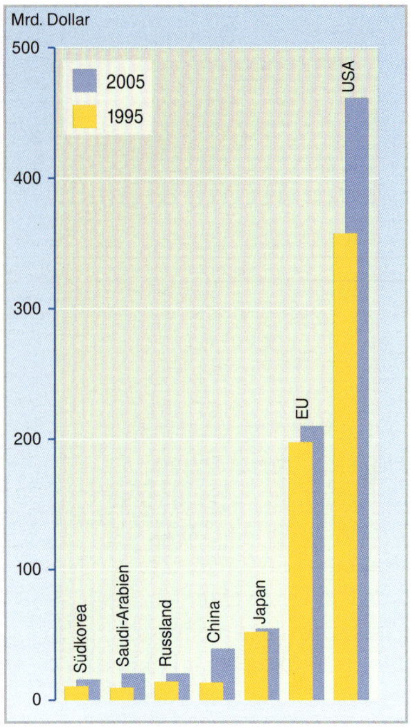

1 Militärausgaben im Vergleich.
Der Anteil der Rüstungsausgaben am Bruttoinlandsprodukt betrug 2005 in den USA und Russland jeweils 4,1%.

Grafik: Atlas der Globalisierung, Berlin 2007, S. 62

Nach dem Zerfall der Sowjetunion

Die USA verfolgten den Zusammenbruch der UdSSR erleichtert und besorgt zugleich. Der seit 1988 amtierende Präsident *George H. W. Bush* (*Republikaner*) befürchtete eine Radikalisierung der Einzelstaaten und die Verbreitung von Atomwaffen aus dem riesigen Bestand der Roten Armee. Deshalb unterstützten die USA die Transformation der Sowjetunion und versuchten, die Verbreitung der Atomwaffen zu begrenzen. Sie schlossen mit Russland Abrüstungsverträge, um die Waffen auf beiden Seiten zu verringern und zu verhindern, dass die früheren sowjetischen Teilrepubliken Massenvernichtungswaffen erhielten. Bushs Nachfolger *Bill Clinton* (*Demokrat*), der seit 1993 regierte, ermöglichte den ehemaligen Ostblockstaaten Polen, Ungarn und Tschechien 1999 gegen russische Vorbehalte den NATO-Beitritt.

Konflikt mit dem Irak

Im August 1990 besetzten irakische Truppen Kuwait und bedrohten Saudi-Arabien und Israel. Der UN-Sicherheitsrat verurteilte das Vorgehen. Einstimmig stellte er dem irakischen Diktator *Saddam Hussein* ein Ultimatum, Kuwait zu räumen oder militärische Gewalt anzuwenden. Unter Führung der USA stellten 27 Länder Truppen zur Verfügung. Weitere Staaten, darunter Deutschland und Japan, die keine Truppen schicken wollten, versprachen finanzielle Unterstützung. Als der Irak das Ultimatum verstreichen ließ, befreiten die überwiegend amerikanischen Einheiten im Januar 1991 Kuwait mit Gewalt. Den Irak eroberten sie nicht, da der Auftrag der UN dies nicht vorsah.

Saddam Hussein blieb aber an der Macht. Als er UN-Kontrollen seiner Rüstungsindustrie verweigerte, flogen die USA 1998 mit britischer Unterstützung massive Luftangriffe auf den Irak. Saddam Hussein konnte trotzdem bis zur erneuten amerikanischen Intervention 2003 weiter regieren.*

Die letzte verbleibende Supermacht

Nach dem Ende des Kalten Kriegs stellte sich die Frage, wie und wozu die einzige Supermacht USA ihre wirtschaftliche, militärische und technologische Überlegenheit nutzen würde. Die Regierungen Bush und Clinton zeigten sich entschlossen, mit UNO und NATO weltweit Demokratie und Menschenrechte durchzusetzen, aber auch eigene Interessen zu wahren. Allerdings zeigte sich in Somalia, Haiti und im ehemaligen Jugoslawien**, dass militärische Mittel nur bedingt dazu taugten. In andere Konflikte griffen die USA diplomatisch ein. Während Clintons Bemühungen zur Lösung des Streits zwischen Israel und den Palästinensern scheiterten***, glückte seine Vermittlung im Nordirland-Konflikt.

Wirtschaftsboom und Skandal

Erfolgreich war Clintons Wirtschaftspolitik. Er schloss viele Freihandelsabkommen, die der US-Wirtschaft neue Märkte in Lateinamerika und im asiatisch-pazifischen Raum öffneten. Auch das gewaltige Staatsdefizit der USA konnte er abbauen: Ein Wirtschaftsboom sorgte für einen Haushaltsüberschuss. Die US-Wirtschaft baute ihre Rolle als technologischer Vorreiter der digitalen Revolution aus. Die Zahl der Arbeitslosen sank, doch die Kluft zwischen Arm und Reich blieb. Da Clintons Versuch zum Ausbau des Gesundheitssystems scheiterte, blieben viele ohne Krankenversicherung; zudem wurden die staatlichen Sozialleistungen gekürzt.

Eine unter Eid geleugnete Affäre mit einer Praktikantin schränkte Clintons Handlungsfähigkeit nach 1998 ein. Sie gipfelte in einem erfolglosen Amtsenthebungsverfahren und beschädigte das Ansehen der USA erheblich.

Der Beginn des Terrors

In die Regierungszeit Clintons fällt der Beginn des islamistischen Terrors. Nachdem bereits 1993 ein Bombenattentat auf das *World Trade Center* in New York verübt worden war, folgten 1998 verheerende Bombenanschläge auf die US-Botschaften in Kenia und Tansania. Verantwortlich war das Terrornetzwerk *al-Qaida* (dt. die Basis) um den saudiarabischen Millionär *Osama bin Laden*, der bei den radikal-islamistischen Taliban in Afghanistan Unterschlupf gefunden hatte. Als Reaktion bombardierten die USA deren Ausbildungslager. Gleichzeitig wurden umfangreiche Rüstungsprogramme eingeleitet. Der Kampf gegen den Terrorismus ließ sich damit nicht gewinnen, das machten 2000 ein Attentat auf ein amerikanisches Kriegsschiff im Jemen sowie die Anschläge vom 11. September 2001 deutlich.****

* *Siehe Seite 94.*

** *Siehe Seite 78ff.;*

*** *Siehe Seite 84ff.*

**** *Lies dazu das folgende Kapitel.*

M 1 NATO member countries (2004).

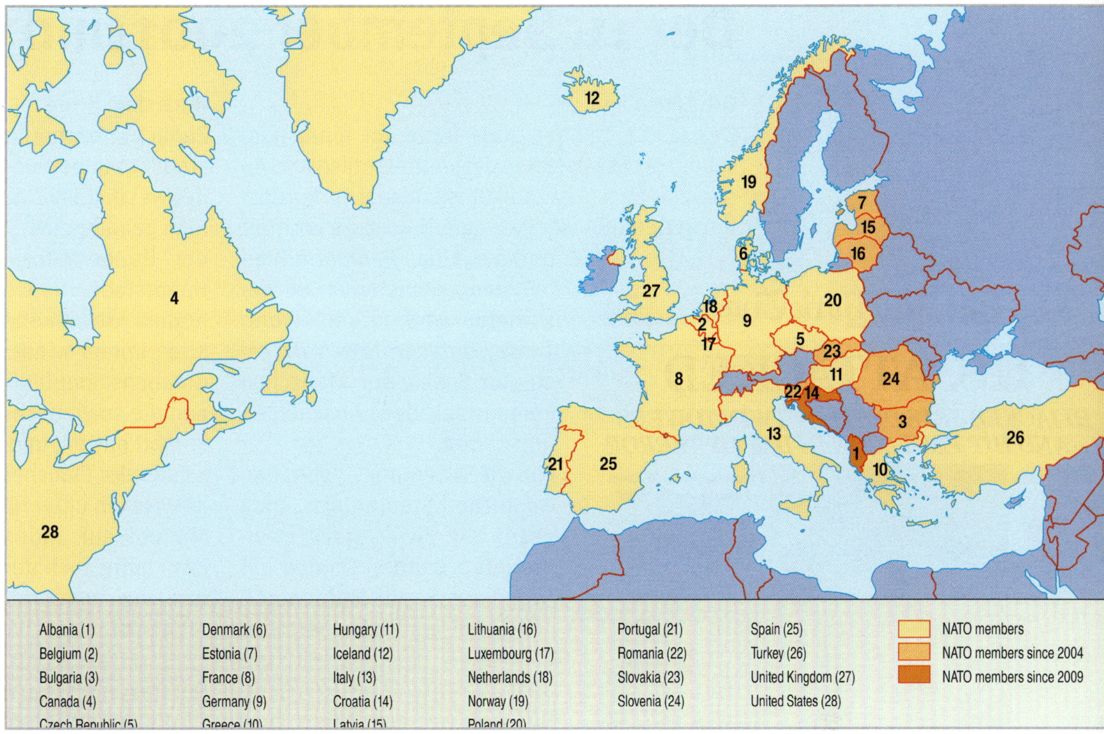

M 2 "Toward a New World Order"

On September 11, 1990, President George H. W. Bush spoke before a joint session of Congress, regarding the Persian Gulf War. Among other topics, he stated that the war presented an opportunity for a "New World Order" to emerge.

We stand today at a unique and extraordinary moment. The crisis in the Persian Gulf, as grave as it is, also offers a rare opportunity to move toward an historic period of cooperation. Out of these troubled times, our [...] objective – a new world order – can emerge: a new era – freer from the threat of terror[1], stronger in the pursuit of justice[2], and more secure in the quest for peace[3]. An era in which the nations of the world, East and West, North and South, can prosper[4] and live in harmony. [...] Today that new world is struggling to be born, a world quite different from the one we've known. A world where the rule of law supplants the rule of the jungle. A world in which nations recognize the shared responsibility for freedom and justice. A world where the strong respect the rights of the weak. This is the vision that I shared with President Gorbachev [...].

www.sweetliberty.org/issues/war/bushsr.htm

[1] **threat of terror**: *Bedrohung durch Terror*
[2] **pursuit of justice**: *Durchsetzung der Rechtsstaatlichkeit/der Gerechtigkeit*
[3] **quest for peace**: *Suche nach Frieden*
[4] **to prosper**: *wohlhabend; prosperity: Wohlstand*

M 3 "We must lead ..."

President Clinton said on October 22, 1998, in Detroit to an invited audience of university professors, ethnic leaders, businessmen, and grammar school students:

We must lead in two ways: first, by meeting the immediate challenges to our interests from rogue regimes[1]; from sudden explosions of ethnic and religious and tribal hatreds[2], from short term crises; and, second, by making long term investments in security, prosperity, peace and freedom that can prevent these problems from arising in the first place, and that will help all of us to fully seize the opportunities[3] of the 21st century. [...]
I came to office convinced that NATO can do for Europe's East what it did for Europe's West: prevent a return to local rivalries, strengthen democracy against future threats, and create the conditions for prosperity to flourish[4]. That's why the United States has taken the lead in a three part effort to build a new NATO for a new era. First, by adapting NATO with new capabilities for new missions. Second, by opening its doors to Europe's emerging democracies. Third, by building a strong and cooperative relationship between NATO and Russia. [...]
As we enter the 21st century, we must make a commitment to remain true to the legacy[5] of America's leadership to make sure America remains the indispensable[6] nation, not only for ourselves, but for what we believe in and for all the people of the world. That is our burden. That is our opportunity. And it must be our future. Thank you and God bless you all.

www.nato.int/docu/speech/1996/s961022a.htm

[1] **rogue regimes**: *„Schurkenstaaten"*
[2] **tribal hatred**: *ethnisch begründeter Hass, Hass zwischen Volksstämmen*
[3] **to seize the opportunity**: *die Gelegenheit nutzen*
[4] **to flourish**: *gedeihen*
[5] **legacy**: *Erbe, Tradition*
[6] **indispensable**: *unentbehrlich*

1. *Look at the map (M 1) and describe the expansion of the NATO. In what way is this development expressing a change of attitude of the military organization?*
2. *President Bush speaks about a "new world order" (M 2). Work out the political vision behind this term.*
3. *Compare President Bush's political ideas to President Clinton's ideas (M 3). How does he legitimize America's leadership? What role is NATO supposed to play?*

Der 11. September 2001 und die Folgen

Die Anschläge

Der 11. September 2001 bedeutet einen Einschnitt im Bewusstsein der Weltöffentlichkeit. An diesem Tag hatten radikal-islamistische Terroristen in den USA vier Passagierflugzeuge entführt und sie in das *Pentagon* (Verteidigungsministerium) in Washington und in das *World Trade Center* in New York gesteuert. Etwa 2 800 Menschen kamen bei den Anschlägen ums Leben.

Für die Attentate – von den westlichen Staaten als „Krieg gegen die Zivilisation" interpretiert – wurden *Osama bin Laden* aus Saudi-Arabien und seine multinationale Terrororganisation *al-Qaida* (dt. die Basis) verantwortlich gemacht. Die Welt war schockiert, und US-Präsident *George W. Bush* verkündete einen „Feldzug" gegen den Terrorismus. In dem Zusammenhang kam es zu zwei sogenannten Antiterrorkriegen: in Afghanistan und im Irak.

1 **Titelblatt der „New York Times" vom 12. September 2001.**

Der Afghanistanfeldzug

Nach Angaben der Geheimdienste hatten Osama bin Laden und al-Qaida ihr „Hauptquartier" in Afghanistan. Die Regierung des sich seit 1979 im Bürgerkrieg befindlichen Landes wurde seit 1996 von extremistischen Muslimen, den strenggläubigen *Taliban*, gebildet, die die Afghanen unter eine religiös begründete Diktatur zwangen, Körperstrafen einführten und insbesondere die Frauen völlig entrechteten.

Die afghanische Regierung war nach den Ereignissen des 11. September wiederholt aufgefordert worden, den Terroristenführer auszuliefern. Als die Taliban-Führung der Forderung nicht nachkam, bildeten die USA mit anderen Staaten eine Antiterrorkoalition, die am 7. Oktober 2001 mit vom UN-Sicherheitsrat gebilligten Angriffen gegen Ziele in Afghanistan begann.

Ende 2001 war das Regime in Kabul gestürzt. Taliban-Krieger und versprengte al-Qaida-Kämpfer zogen sich zu einem Guerillakrieg zurück.

Nach dem Krieg

Zunächst konnte nur die Region um die Hauptstadt Kabul befriedet werden. Mit Unterstützung der westlichen Staaten wurde eine neue Regierung gebildet. UN-Blauhelme, darunter Soldaten der Bundeswehr, kontrollieren seitdem die Hauptstadt.

In dem Vielvölkerstaat kam es auch nach dem Krieg immer wieder zu Übergriffen islamischer Glaubenskämpfer (*Mudschahidin*), die schon gegen die sowjetische Besatzung (1979-1988) gekämpft hatten, und sogenannter *Warlords*, rivalisierender Clanchefs. Im Herbst 2003 wurde das inzwischen unter NATO-Kommando gestellte UN-Mandat auf andere Landesteile ausgeweitet. Zwei Jahre nach dem Sturz des Taliban-Regimes war die angestrebte politische Neuordnung Afghanistans noch immer nicht abgeschlossen.

Der Irak und die „Achse des Bösen"

US-Präsident Bush hatte immer wieder erklärt, dass der Krieg gegen den Terror nicht auf Osama bin Laden und al-Qaida beschränkt bleiben könne. Anfang 2002 sprach er von einer „Achse des Bösen", womit er die Staaten Nordkorea, Iran und Irak meinte. Diese hatten zwar mit den Anschlägen vom 11. September nichts zu tun, aber nach Bushs Meinung bedrohten sie den Weltfrieden.

Der Irak, den die USA bis in die 1980er-Jahre militärisch aufrüsteten, entwickelte sich unter dem seit 1979 regierenden *Saddam Hussein* zum „Schurkenstaat" (engl. *rogue state*). 1980 überfielen irakische Truppen den Iran und 1990 besetzten sie Kuwait. Unter UN-Mandat befreiten Amerikaner Kuwait, dessen Hauptexportgüter Öl und Ölprodukte sind. Das Regime in Bagdad konnte aber an der Macht bleiben und wurde weiterhin als potenzielle Gefahr angesehen: 16 UN-Resolutionen, die den Irak aufforderten, seine Massenvernichtungswaffen abzurüsten, und langjährige Boykottmaßnahmen der UN brachten nicht das gewünschte Ergebnis.

Der Druck auf den Irak nimmt zu

1998 wurden die UN-Waffeninspekteure, die den Abrüstungsprozess beobachteten, vom Irak ausgewiesen. Nach einer Eskalation, u. a. hatte die irakische Armee das Hauptquartier der UN-Waffeninspekteure beschossen, bombardierten im Dezember die USA und Großbritannien in der *Operation Wüstenfuchs* vier Tage lang die irakische Hauptstadt Bagdad. Die Waffeninspekteure kehrten danach nicht in den Irak zurück.
Mit der UN-Resolution 1441 vom November 2002 wurde das Regime in Bagdad gezwungen, erneut Waffeninspekteure ins Land zu lassen. Bei mangelnder Kooperation wurden „ernsthafte Konsequenzen" angedroht.
Um den Druck auf den Irak zu erhöhen, bauten die USA eine militärische Drohkulisse am Golf auf. Die Frage, ob Bagdad den Forderungen der UN ausreichend nachkomme und Massenvernichtungswaffen habe, spaltete den UN-Sicherheitsrat. Die Berichte der Waffeninspekteure hatten bis Mitte März 2003 keine eindeutigen Beweise für derartige Waffen geliefert.
Trotzdem wollten die USA den Irak mit Androhung von Waffengewalt zur Abrüstung zwingen. Die Resolution 1441 sah ein derartiges Ultimatum aber nicht vor. Eine für einen Militärschlag notwendige „zweite Resolution" kam aufgrund der Bedenken Frankreichs, Deutschlands, Russlands und Chinas nicht zustande.

„Operation Irakische Freiheit"

Am 20. März 2003 begann die *Operation Irakische Freiheit*: Die USA und Großbritannien bombardierten den Irak, nachdem ein von Präsident Bush dem irakischen Diktator Saddam Hussein gestelltes Ultimatum, sein Land zu verlassen, verstrichen war. Als Kriegsziel nannte die US-Regierung die Beseitigung des diktatorischen Regimes. Die ursprünglich geforderte Entwaffnung trat in den Hintergrund.
Der ohne UN-Beschluss begonnene Krieg, an dem sich 30 Verbündete der Amerikaner beteiligten, wurde am 1. Mai 2003 von Bush für erfolgreich beendet erklärt. Gegen den Krieg protestierten Menschen in der ganzen Welt. Sie verurteilten ihn als Präventivkrieg und als Verstoß gegen das Völkerrecht.

Befreier oder Besatzer?

Die alliierten Streitkräfte wurden zwar als „Befreier" begrüßt, als „Besatzer" aber abgelehnt. Trotz intensiver Suche wurden keine Massenvernichtungswaffen gefunden. Die politische Neuordnung des Irak erwies sich als äußerst schwierig.
Die „Besatzungspolitik" der Siegermächte führte zu nachhaltigen Protesten irakischer Gruppen, vor allem der Schiiten und ehemaliger regimetreuer Kräfte. Es kam wiederholt zu Bombenattentaten auf US-Soldaten, auf UN-Einrichtungen und Mitglieder der irakischen Übergangsregierung.
Anfang Juni 2004 verabschiedete der UN-Sicherheitsrat einstimmig eine neue Irak-Resolution, die den Übergang des Irak zu demokratischen Verhältnissen regelte und eine befristete „Sicherheitspartnerschaft" zwischen der neuen irakischen Regierung und der von den USA geführten multinationalen Truppe begründet.
Auch nach der Verkündung einer neuen Verfassung und den Wahlen vom 15. Dezember 2005 blieb die Sicherheitslage in dem Land äußerst schwierig. Zu den Anschlägen gegen die amerikanischen Soldaten und ihre Verbündeten kamen nun vermehrt Auseinandersetzungen zwischen sunnitischen und schiitischen Muslimen. Extremisten beider Gruppen ließen das Land nicht zur Ruhe kommen. Eine Studie von 2006 bezifferte die Opfer des Irak-Kriegs inzwischen auf über eine halbe Million.

2 Demontage einer Saddam-Statue in Bagdad.
Foto vom April 2003. Nach 43 Kriegstagen erklärte George W. Bush am 1. Mai 2003 die Kampfhandlungen im Irak für beendet, aber erst am 13. Dezember 2003 konnten die amerikanischen Truppen den seit 1979 herrschenden irakischen Diktator festnehmen.

Die internationalen Folgen

Die von Washington geführten Antiterrorkriege machten deutlich, dass die USA ihre Position als alleinige Weltmacht zu festigen versuchten. Dies brachte ihnen den Vorwurf ein, die Rolle der UNO als „Weltpolizist" zu ignorieren und Entscheidungen nur nach eigenen Interessen zu treffen. Das Vorgehen löste internationale und nationale Kritik aus. Darüber hinaus verloren die Amerikaner an Glaubwürdigkeit in ihrem Kampf für Freiheit und Demokratie, nachdem 2004 Fotos von Misshandlungen irakischer Gefangener aus dem *Abu Ghraib Gefängnis* in Bagdad veröffentlicht worden waren.
„Wir sind mit Tricks in den Krieg gegen den Irak getrieben worden", rief der demokratische Senator *Edward Kennedy* 2004 aus, „der einen Erfolg in dem tatsächlichen Krieg gegen den Terrorismus erschwert und unser Ansehen in der Welt auf den niedrigsten Punkt in unserer gesamten Geschichte gebracht hat."

M 1 Krieg gegen den Terror

US-Präsident George W. Bush erklärt am 20. September 2001 vor dem amerikanischen Kongress:

Unsere Antwort [auf den Anschlag vom 11. September] umfasst weit mehr als unmittelbare Vergeltung und einzelne militärische Schläge. Die Amerikaner sollten sich nicht auf eine Schlacht, sondern auf einen lang andauernden Feldzug einstellen, wie wir ihn bislang noch nicht erlebt haben. [...]
Und wir werden Staaten verfolgen, die ihnen [den Terroristen] Hilfe oder Unterschlupf gewähren. Jede Nation in jeder Region muss nun eine Entscheidung treffen. Entweder sind sie auf unserer Seite oder auf der Seite der Terroristen. Von diesem Tage an wird jeder Staat, der weiterhin Terroristen unterstützt oder ihnen Unterschlupf gewährt, von den USA als feindliches Regime betrachtet. [...]

In einer Rede zur Lage der Nation sagt Bush am 29. Januar 2002:

Unser [...] Ziel ist es, den Terror unterstützende Regime daran zu hindern, Amerika oder seine Freunde und Bündnispartner mit Massenvernichtungswaffen zu bedrohen. Einige dieser Regime haben sich seit dem 11. September ziemlich ruhig verhalten. Aber wir kennen ihr wahres Gesicht. Nordkorea ist ein Regime, das sich mit Raketen und Massenvernichtungswaffen ausrüstet und gleichzeitig seine Bürger verhungern lässt.
Der Iran strebt aggressiv den Besitz dieser Waffen an und exportiert den Terror, während einige wenige Ungewählte die Hoffnung des iranischen Volks auf Freiheit unterdrücken.
Der Irak stellt weiterhin seine Feindseligkeit gegenüber Amerika zur Schau und unterstützt den Terror. Das irakische Regime plant insgeheim seit über zehn Jahren die Herstellung von Milzbrandererregern, Nervengas und von Nuklearwaffen. [...] Dies ist ein Regime, das internationalen Inspektionen zustimmte – und dann die Inspektoren hinausschmiss. Dies ist ein Regime, das etwas vor der zivilisierten Welt zu verstecken hat.

M 2 „Spiegel-Titel" vom 18. Februar 2002.
Die Illustration stammt von Jean-Pierre Kunkel. Dargestellt sind (v. l. n. r.): Außenminister Powell, Verteidigungsminister Rumsfeld, Präsident Bush, Vizepräsident Cheney und Sicherheitsberaterin Rice.

Staaten wie diese und ihre terroristischen Verbündeten stellen eine Achse des Bösen dar, die sich bewaffnet, um den Frieden auf der Welt zu bedrohen. Diese Regime sind eine ernste und wachsende Gefahr, da sie den Besitz von Massenvernichtungswaffen anstreben. Sie könnten Terroristen ihre Waffen zur Verfügung stellen und ihnen damit die Mittel geben, ihren Hass zu verwirklichen. Sie könnten unsere Bündnispartner angreifen und versuchen, die Vereinigten Staaten zu erpressen. Auf jeden Fall wäre der Preis der Gleichgültigkeit katastrophal.

Erster Text: Blätter für deutsche und internationale Politik, 46. Jg. (2001), H. 11, S. 1400. Zweiter Text: Ebda., 47. Jg. (2002), H 3, S. 368

M 3 „Etwas läuft grundverkehrt ..."

Der frühere Vizepräsident Al Gore sagt am 7. August 2003 vor Studenten der New York University über George W. Bushs Politik:

Die Richtung, in die unsere Nation geführt wird, beunruhigt mich zutiefst. [...] Zu den Annahmen, die wir heute als irrig erkennen, gehören auf jeden Fall folgende:
1) Saddam Hussein trug Mitverantwortung für den Angriff auf uns am 11. September 2001, weshalb die Invasion seines Landes und sein gewaltsamer Sturz eine angemessene Anwort auf diesen Angriff darstellen.
2) Saddam arbeitete eng mit Osama bin Laden zusammen und unterstützte Mitglieder der Terroristengruppe al-Qaida, indem er ihnen Waffen und Geld, Stützpunkte und Ausbildung zukommen ließ. [...]
3) Saddam stand im Begriff, den Terroristen Giftgas und biologische Waffen zu geben, tödliche Bakterien, mit denen sie Millionen Amerikaner töten könnten. Es war also schlichtweg ein Diktat des gesunden Menschenverstandes, unser Militär in den Irak zu schicken, um unsere Lieben und uns selbst vor einer schweren Bedrohung zu schützen.
4) Saddam stand kurz davor, Atombomben zu bauen und sie den Terroristen zu geben. [...]
5) Unsere GIs* würden mit offenen Armen empfangen werden. [...]
6) Auch wenn der Rest der Welt den Krieg überwiegend ablehnte, würde er doch nach unserem Sieg rasch einschwenken und uns sodann mit jeder Menge Geld und Soldaten aushelfen. [...]
Natürlich ist inzwischen allgemein bekannt, dass jede einzelne dieser Annahmen schlechterdings grundfalsch war.

Blätter für deutsche und internationale Politik, 48. Jg. (2003), H. 3, S. 1136 f.

* **GI**: *eigentlich Abk. für „Government Issue", die staatlich gelieferte Ausrüstung für die Soldaten; übertragen: der amerikanische Soldat*

1. *Bushs Aussagen (M 1) waren in den Vereinten Nationen umstritten. Erkläre, warum.*
2. *Formuliere aufgrund von M 3 politische Forderungen an die US-Regierung.*

Weltweite Herausforderungen und Chancen

Kein Frieden auf der Welt

Die *Vereinten Nationen* (UN) konnten bis heute ihre Hauptziele, „den Weltfrieden und die internationale Sicherheit zu wahren" (*Artikel 1 der UN-Charta von 1945*) nicht verwirklichen. Während des „Kalten Krieges" fanden weltweit bei etwa 180 bewaffneten Auseinandersetzungen über 30 Millionen Menschen den Tod. Auch nach 1990 zeichnete sich keine Wende ab. Zahlreiche innerstaatliche Konflikte sowie der internationale Terrorismus machten die Welt noch unsicherer.

Globale Probleme

Als globale, also weltweite Herausforderungen für die Menschheit gelten

- das Anwachsen der Weltbevölkerung,
- das „Wohlstandsgefälle" zwischen einigen wenigen wohlhabenden Nationen und der Mehrheit der Menschen, die in Elend leben oder gar verhungern,
- die Zerstörung der Umwelt durch Raubbau an den Rohstoffen und Verschmutzung von Luft, Wasser und Boden und
- die Bedrohung des Weltfriedens durch den internationalen Terrorismus.

Kein Problem kann allein betrachtet werden: So steigt beispielsweise mit dem Bevölkerungswachstum die Zahl der Armen, die ökologischen Belastungen nehmen aufgrund des wachsenden Ernährungs- und Energiebedarfs zu. Die aus diesen und anderen Gründen entstehenden Konflikte lösen immer neue Kriege aus, die wiederum die Zahl von Flüchtlingen in aller Welt steigen lassen.

Globale Bemühungen

Nur durch eine internationale und kulturübergreifende Zusammenarbeit sind Lösungen möglich. Daher nahmen sich die UN dieser Themen an. Sie beschlossen Friedenseinsätze (seit 1948 sind es 48; Stand: 2007) und übernahmen u. a. soziale, wirtschaftliche und ökologische Aufgaben. Spiegelbild ihrer Aktivitäten sind die „Gipfelkonferenzen"; zu den wichtigsten zählen:

1972	Weltkonferenz über die Umwelt des Menschen
1990	Weltkindergipfel
1992	Weltkonferenz über Umwelt und Entwicklung – Erdgipfel*

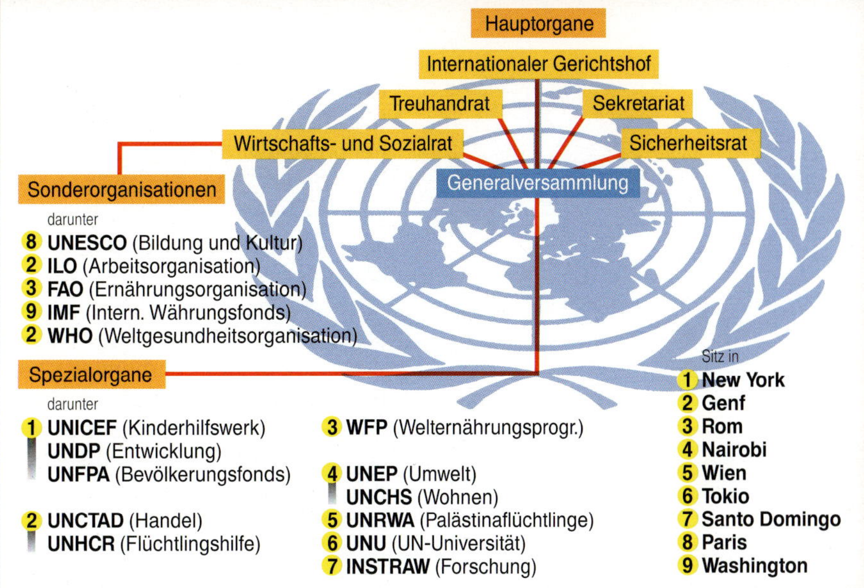

1 Das System der Vereinten Nationen.

Kurzinformationen zu den Hauptorganen:

Generalversammlung: *zentrales Beratungsgremium aller 192 Mitglieder (Stand: 2007).*

Sicherheitsrat: *einziges Organ, das Entscheidungen treffen kann, die für alle Mitglieder bindend sind. Er besteht aus 15 Mitgliedern, davon fünf ständige (Volksrepublik China, Frankreich, Großbritannien, Russland, USA) und zehn nicht-ständige Mitglieder, die für jeweils zwei Jahre von der Generalversammlung nach einem Regionalschlüssel gewählt werden. Die Bedeutung der fünf ständigen Mitglieder wird verstärkt durch ihr Einspruchsrecht (Veto-Recht): Alle Beschlüsse des Sicherheitsrates bedürfen der Zustimmung von neun Mitgliedern einschließlich aller ständiger Mitglieder.*

Sekretariat: *die vom Generalsekretär geführte Verwaltung der Vereinten Nationen.*

Internationaler Gerichtshof: *entscheidet Streitigkeiten auf Basis des Völkerrechts.*

Treuhandrat: *hat die Aufgabe, Hoheitsgebiete, „deren Völker noch nicht die volle Selbstregierung erreicht haben", in die Unabhängigkeit zu führen; ist derzeit nicht mehr tätig.*

Wirtschafts- und Sozialrat: *untersteht der Generalversammlung und ist für die internationale Zusammenarbeit auf wirtschaftlichem und sozialem Gebiet zuständig.*

Das UN-System beschäftigt weltweit rund 63 500 Mitarbeiter, hinzu kommen über 100 000 Soldaten und Polizisten, die für die Friedenseinsätze tätig sind (Stand: 2007).

1993	Weltkonferenz über Menschenrechte
1994	Weltbevölkerungskonferenz
1995	Weltsozialgipfel und Weltfrauenkonferenz
1996	Weltsiedlungsgipfel
2000	Millennium-Gipfel
2002	Weltgipfel für nachhaltige Entwicklung
2003 und 2005	Weltgipfel zur Informationsgesellschaft
2008	Weltgipfel zur Welternährungskrise

Alle Konferenzen schärften das Bewusstsein für die globalen Probleme. Lösungen der Aufgaben sind aber kaum in Sicht, und Übereinkünfte, an die sich alle UNO-Mitgliedstaaten halten, sind immer noch die Ausnahme.

**Seitdem finden jährlich UN-Klimakonferenzen statt.*

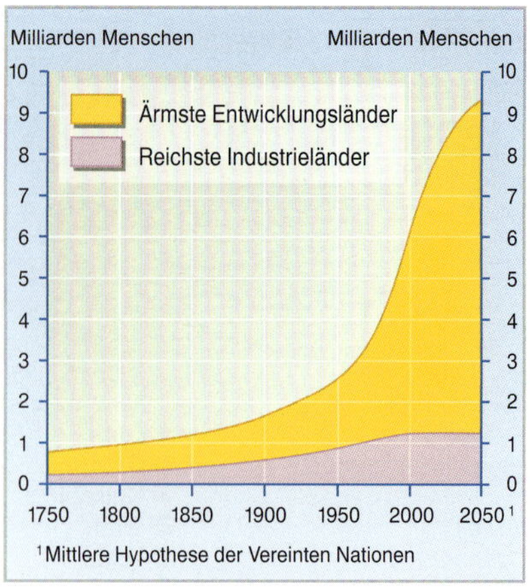

2 Bevölkerungsentwicklung.
Quelle: Atlas der Globalisierung, Berlin 2007, S. 38

Kritik am Weltwirtschaftssystem

Die armen Länder sehen das bestehende Weltwirtschaftssystem als Ursache ihrer Not an. Es habe dazu beigetragen, dass die reichen Staaten immer reicher und die armen immer ärmer wurden.

Auch die Rolle der multinationalen Konzerne wurde kritisiert, von denen es Anfang des 21. Jahrhunderts rund 60 000 gab. Diese Unternehmen, die über Produktionsstätten und Niederlassungen in reichen und armen Ländern verfügen, beschleunigen durch immer billigere Transportmöglichkeiten von Gütern, die neuen Kommunikationsmöglichkeiten (*Internet*) und die internationalen Finanzmärkte den Prozess der *Globalisierung**. Sie verbreiten einerseits technisches und wirtschaftliches Wissen und helfen damit armen Staaten. Andererseits wird den Konzernen vorgeworfen, die Umwelt zu zerstören, Preise von Rohstoffen zu drücken und billige Arbeitskräfte auszunutzen.

Die Unzufriedenheit mit dem bestehenden Weltwirtschaftssystem ließ die Forderung nach einer „Neuen Weltwirtschaftsordnung" entstehen. Die Diskussion darüber wird auch in den UN-Sonderorganisationen geführt. Zu ihnen zählen der *Internationale Währungsfonds* und die *Weltbank*. Beide Einrichtungen haben in den letzten Jahren Kredite an Entwicklungsländer vergeben oder Schuldenerlasse eingeleitet, um Zahlungsschwierigkeiten zu beheben, Armut zu bekämpfen und Privatwirtschaft, Industrie und Umweltschutz zu fördern.

Jahr	*Menschen weltweit 1 US-$ pro Tag*	*Menschen weltweit 2 US-$ pro Tag*
1990	1 218	2 654
2003	1 068	2 671
2015	721	2 150
2030	547	1 863

Angaben in Mio.

2 Die Zukunft der Armut.
Quelle: Weltbank; 2015 und 2030 Prognosen; zit. nach: Harenberg Aktuell 2008, Mannheim 2007, S. 216

Armut

Eine durchschnittliche 4-köpfige Familie in den USA isst so viel wie eine 18-köpfige indische Großfamilie, und in den Restaurants der reichen Industriestaaten wird über die Hälfte der servierten Speisen weggeworfen.

Nach Angaben der Weltbank lebten um 2003 rund 3,7 von 6 Milliarden Menschen in Armut (d. h. von weniger als zwei US-Dollar pro Tag), darunter über 1 Milliarde Menschen, die nur über einen US-Dollar pro Tag verfügen und damit in extremer Armut leben. Gleichzeitig verdient das reichste eine Prozent der Weltbevölkerung ebenso viel wie die ärmsten 57 Prozent zusammen. Fortschritte bei der Bekämpfung der Armut konnten in den letzten Jahren lediglich in Ostasien gemacht werden, dagegen stieg die Not in Afrika südlich der Sahara weiter an.

Migration und Flucht

Armut und die Suche nach neuen Erwerbsmöglichkeiten gehörten seit jeher zu den Gründen für Wanderungsbewegungen. Dabei muss zwischen freiwilliger und erzwungener Migration unterschieden werden. Beispiele: Die 55 Mio. Europäer, die zwischen 1821 und 1924 in andere Kontinente auswanderten, gingen meist freiwillig. Die 12 Mio. Deutschen, die am Ende des Zweiten Weltkrieges ihre Heimat im Osten verließen, flohen entweder vor dem Krieg oder wurden infolge des verlorenen Krieges vertrieben.

Heute gelten Bevölkerungswachstum, Kriege, politische, religiöse und rassistische Verfolgung, wachsende wirtschaftliche Not und zunehmende Umweltprobleme wie ausgelaugte Böden, Wassermangel, überschwemmte Gebiete und Waldbrände zu den Hauptursachen von Migration.

Bisher blieb etwa die Hälfte der Menschen, die ihren angestammten Lebensraum verließen, in den Grenzen ihres Staates. Weltweit wird die Zahl auf 30 Millionen „Binnenvertriebene" geschätzt. Sie trugen zum schnellen Wachstum der Städte bei.

Zwischen 1990 und 2005 verließen über 30 Millionen Menschen ihre Heimatländer – vor allem in Afrika und Asien. Nach Europa kamen bis 1990 nie mehr als eine Million Flüchtlinge jährlich. Erst der 1991 einsetzende Krieg in Ex-Jugoslawien und der Zerfall der Sowjetunion ließen die Flüchtlingsströme zeitweise auf über drei Millionen anschwellen.

Das Recht auf Asyl

Alle Industriestaaten beschränken heute den Zuzug von Migranten und versuchen, Wanderungsbewegungen durch Hilfen in den von Armut, Not und Krieg betroffenen Ländern vorzubeugen. Sie gewähren den Menschen Asyl, die aus politischen, rassischen oder religiösen Gründen in ihrer Heimat verfolgt werden. Da aber in vielen Fällen eine klare Trennung zwischen Migranten und Flüchtlingen unmöglich ist und die Verhältnisse in den Herkunftsländern der Betroffenen oft nicht eindeutig feststehen, sind Asylverfahren und -gesetze immer wieder Gegenstand heftiger Auseinandersetzungen.

* **Globalisierung**: *das weltweite (globale) Zusammenwirken von Volkswirtschaften, internationalen Unternehmen und internationalen Organisationen*

M 1 Energiebedingte CO_2-Emissionen ausgewählter Länder und Regionen.

Auf der UN-Klimakonferenz in Kyoto (Japan) einigten sich 1997 die Vertreter von 160 Staaten darauf, den Ausstoß an Treibhausgasen (dazu gehört vor allem Kohlenstoffdioxid, das beim Verbrennen von Öl, Gas, Kohle und Holz entsteht) bis 2012 gegenüber 1990 um durchschnittlich 5,2 % zu reduzieren. Die einzelnen Länder erhielten dabei unterschiedliche Vorgaben. Deutschland verpflichtete sich, den Ausstoß von 2008 bis 2012 um 21 % gegenüber dem Stand von 1990 zu senken. Das Abkommen trat 2005 in Kraft. Einige Staaten wie die USA unterzeichneten zwar das Protokoll, ratifizierten es aber nicht.

Angaben in Mio. t	1990	2001	2002	2003	2004	2005	2006
Deutschland	1 029	917	901	911	901	884	890
Frankreich	416	432	426	433	438	439	437
Großbritannien	625	602	588	600	608	615	619
Italien	440	478	484	497	502	503	498
Spanien	238	342	360	366	382	397	386
Niederlande	219	253	256	258	267	272	265
USA	5 461	6 279	6 377	6 400	6 528	6 558	6 469
Südamerika	712	966	967	945	990	1 041	1 074
frühere UdSSR	3 907	2 366	2 391	2 448	2 488	2 514	2 613
China	2 452	2 800	3 532	4 146	4 881	5 380	5 841
Japan	1 179	1 341	1 328	1 376	1 391	1 401	1 376
Mittlerer Osten	728	1 100	1 150	1 258	1 362	1 466	1 521
Afrika	675	849	855	895	932	942	967
Weltweit	22 682	24 918	25 874	27 020	28 424	29 430	30 182

Quelle: Bundesministerium für Wirtschaft und Technologie; Energiedaten, Tabelle 12 (12. 06. 2007)

M 2 Beispiele schwerwiegender Umweltprobleme

Boden

Das Ackerland leidet weltweit unter Chemikalien, Erosion* und Übernutzung.

- Die Böden werden mit Chemikalien überdüngt.
- Wasser- und Winderosion schaffen in den überweideten und entwaldeten Gebieten neue Wüsten.

Ozon

Die Ozonschicht nimmt über wärmeren Gebieten ständig ab. Die Folgen: Dürren und ein Anstieg von Hautkrebs.

- Das Ozonloch über der Antarktis wird durch den hohen Anteil von ozonzerstörenden Chemikalien immer größer.

Luft

Über eine Milliarde Menschen atmen täglich Schwefeldioxid, Kohlenmonoxid und andere Giftstoffe ein.

- Babys haben gesundheitsschädigende Bleimengen im Blut.
- Gesundheitsrisiken bestehen durch Schwefeldioxid in der Luft.

***Erosion**: *Zerstörung; Erdabtragung durch Wasser, Wind und Eis*

Wasser

Abwässer, Bodenerosion, Pestizide und Giftabfälle haben weltweit Trinkwasser verseucht und Küstenlebensräume zerstört.

- 10 Prozent aller Flüsse sind vergiftet.
- Mehr als 360 Giftstoffe belasten die großen Seen.
- Großtankerunfälle verpesten Meere und Küsten.

Waldsterben

Baumsterben führt zu Erosion, Überschwemmungen, Verwüstung und weltweiter Erwärmung.

- Saurer Regen hat die Fichten in den Appalachen und den Zuckerahorn im Nordosten der USA und Kanadas vernichtet.
- In Indien schreitet die Entwaldung am rasantesten voran.

Tiere und Pflanzen

In 20 bis 30 Jahren kann ein Viertel der jetzt noch vorhandenen Tier- und Pflanzenarten ausgestorben sein.

- 28 Prozent der früher in Australien heimischen 102 Säugetierarten sind bereits ausgestorben.

Temperaturen

Bestimmte Abgase heizen die Atmosphäre auf (bekannt als „Treibhauseffekt“). Ein weltweiter Temperaturanstieg zwischen 2 bis 8 Grad wird erwartet.

- Das arktische Eis und die Gletscher schmelzen, der Golfstrom wird umgelenkt, der Meeresspiegel steigt, Überschwemmungen nehmen zu und die Meeresfauna wird beeinträchtigt.

1. *Informiere dich über die Bedeutung der CO_2-Emissionen für die Umwelt.*
2. *Stelle die Entwicklung der CO_2-Emissionen für einige Länder und Regionen fest. Vergleiche die Trends mit den Zielen des Kyoto-Protokolls (M 1).*
3. *Erörtert, wie globale Umweltprobleme (M 2) politisch gelöst werden können.*

NO EXCUSE 2015 Millenniumkampagne

M 3 Millenniumkampagne

Auf der 55. UN-Generalversammlung vom September 2000 verabschieden 189 Mitgliedstaaten in New York einen Katalog grundsätzlicher Ziele. Eine Arbeitsgruppe aus UN, Weltbank, OECD und anderen Nichtregierungsorganisationen entwickelt daraus 2001 die Millenniumkampagne; sie enthält folgende Hauptziele, die bis 2015 erreicht sein sollen:

1. Beseitigung der extremen Armut und des Hungers
   (Den Anteil der Menschen halbieren, deren Einkommen weniger als ein US-$ pro Tag beträgt, und ebenso den Anteil der Menschen, die Hunger leiden)
2. Verwirklichung der allgemeinen Primärschulbildung
3. Förderung der Gleichstellung der Geschlechter und Stärkung der Rolle der Frau
4. Senkung der Kindersterblichkeit
   (Sterblichkeitsrate von Kindern unter fünf Jahren um zwei Drittel senken)
5. Verbesserung der Gesundheit von Müttern
   (Sterblichkeitsrate von Müttern um drei Viertel senken)
6. Bekämpfung von HIV/Aids, Malaria und anderen Krankheiten
   (Ausbreitung zum Stillstand bringen und allmählich umkehren)
7. Sicherung der ökologischen Nachhaltigkeit
   (Verbesserung des Umweltschutzes)
8. Aufbau einer weltweiten Entwicklungspartnerschaft

www.dgvn.de

M 4 Eine Bilanz nach zehn Jahren

Der aus Ghana kommende Kofi Annan wird 1997 siebter UN-Generalsekretär. In seiner letzten Rede vor der Vollversammlung der UNO am 19. September 2006 zieht er folgende Bilanz:

Kurz gesagt, die Ereignisse der vergangenen zehn Jahre haben die drei großen Herausforderungen [...] einer Lösung nicht näher gebracht, sondern sie vielmehr verschärft – eine ungerechte Weltwirtschaft, Weltunordnung und die weitverbreitete Missachtung von Menschenrechten sowie der Herrschaft des Rechts. Als Folge davon sehen wir uns mit einer Welt konfrontiert, deren Uneinigkeit und Spaltung die Idee einer internationalen Gemeinschaft gefährden, für die diese Institution steht. Und dies geschieht just zu dem Zeitpunkt, da die Menschen auf der ganzen Welt mehr denn je eine einzige Gesellschaft bilden. So viele der Probleme, denen wir uns gegenübersehen, sind global. Sie verlangen eine globale Antwort, zu der alle Völker ihren Beitrag leisten müssen.
Ich sage bewusst „alle Völker“, in Anlehnung an die Präambel unserer Charta, und nicht „alle Staaten“.
[...] In einer wahrhaft multilateralen Weltordnung, deren Mittelpunkt erneuerte, dynamische Vereinte Nationen bilden, müssen alle ihren Beitrag leisten. Ja, ich bin weiterhin davon überzeugt, dass es nur eine einzige Antwort auf diese gespaltene Welt gibt, nämlich wahrhaft Vereinte Nationen. Klimawandel, HIV/Aids, fairer Handel, Migration, Menschenrechte – all diese und viele weitere Fragen bringen uns immer wieder zu dieser Einschätzung. Jeder Einzelne von uns muss sich jedem dieser Probleme in seinem Dorf, in seiner Nachbarschaft und in seinem Land widmen. Doch sie alle haben eine globale Dimension erreicht, der nur mit globalem Handeln, abgestimmt und koordiniert durch diese universellste aller Institutionen, beizukommen ist.
Worauf es ankommt, ist, dass die Starken und die Schwachen übereinkommen, dieselben Regeln als verbindlich zu betrachten, einander mit demselben Respekt zu begegnen. Worauf es ankommt, ist, dass alle Völker die Notwendigkeit anerkennen, zuzuhören, Kompromisse zu schließen, die Ansichten des anderen zu berücksichtigen. Worauf es ankommt, ist, dass sie zusammenkommen, nicht um aneinander vorbeizureden, sondern mit einem gemeinsamen Ziel: ihr gemeinsames Schicksal zu bestimmen.
Und das kann nur der Fall sein, wenn Völker durch mehr miteinander verbunden sind als lediglich durch einen globalen Markt oder auch durch ein globales Regelwerk. Jeder von uns muss das Leid all derer teilen, die leiden, und die Freude all derer, die hoffen, wo immer auf der Welt sie auch leben mögen. Jeder von uns muss sich das Vertrauen seiner Mitmenschen verdienen, ohne Ansehen ihrer Rasse, ihrer Hautfarbe oder ihres Glaubens, und lernen, ihnen seinerseits zu vertrauen.
Das ist es, woran die Gründer dieser Organisation geglaubt haben. Das ist es, woran ich glaube. Das ist es, woran die große Mehrheit der Menschen auf dieser Welt glauben möchte.

Blätter für deutsche und internationale Politik, 51. Jg. (2006), S. 1402-1404

1. *Die Zielvorgaben (M 3) wurden u. a. als unrealistisch und zu ehrgeizig bezeichnet. Nimm dazu Stellung. Berücksichtige dabei auch die Rede von Kofi Annan (M 4).*
2. *Informiert euch genauer über die Millenniumsziele und deren Umsetzung.*

Daten

1992 *EG-Außen- und Finanzminister unterschreiben den Vertrag von Maastricht.*
2004 *Die Europäische Union wächst von 15 auf 25 Mitglieder (Osterweiterung).*

Begriffe

Osterweiterung der EU: 2004 wurden in die EU zehn, 2007 zwei weitere Mitglieder neu aufgenommen, davon zehn ehemalige „Ostblockstaaten“. Sie hatten sich nach dem Ende des Kalten Krieges und der Auflösung des sowjetischen Machtbereiches um Aufnahme bemüht und die von der EU festgelegten Beitrittskriterien (demokratische Staatsordnung, Marktwirtschaft etc.) erfüllt.

Vertrag von Maastricht: Das Abkommen von 1992 war ein Meilenstein auf dem Weg der Europäischen Einigung. Der Vertrag erweiterte die Zuständigkeiten der Europäischen Gemeinschaft, machte den Weg frei für die Wirtschafts- und Währungsunion und kündigte eine gemeinsame Außen- und Sicherheitspolitik an.

Zusammenfassung

Trotz Schwierigkeiten ging der *Europäische Einigungsprozess* weiter. Aus dem „Europa der 6“ (1957) war bis 1973 das „Europa der 9“ geworden. 1979 wählten die Bürger der neun Mitgliedstaaten erstmals ein Europäisches Parlament. Ab 1986 bemühten sich zwölf Staaten um eine gemeinsame Wirtschafts-, Außen- und Sicherheitspolitik. Der 1992 ausgearbeitete *Vertrag von Maastricht* über die „Europäische Union“ trat ein Jahr später in Kraft. Er vertiefte die Zusammenarbeit, führte die europäische Unionsbürgerschaft ein und stellte die Weichen für die Einführung der Währungsunion. Nach dem Ende des *Kalten Krieges* zerfiel der sowjetische Einflussbereich und die USA wurden zur einzigen Weltmacht. Nachdem sich einige ehemalige Sowjetrepubliken 1991 in der „Gemeinschaft Unabhängiger Staaten“ (GUS) zusammen geschlossen hatten und der *Warschauer Pakt* aufgelöst worden war, bemühten sich viele ehemalige „Ostblockstaaten“ um Aufnahme in die *NATO* und in die EU. 1997 begannen die ersten Beitrittsverhandlungen in die EU. Die Aufnahmebedingungen waren 1993 in Kopenhagen festgelegt worden. Die Anerkennung des bestehenden EU-Rechts, eine demokratische Staatsordnung und die Einführung der Marktwirtschaft zählen dazu. 2004 konnten zehn, 2007 zwei weitere Staaten der EU neu beitreten, darunter zehn aus Ost- und Mitteleuropa (*EU-Osterweiterung*). Gleichzeitig wurde die NATO zum Missfallen Russlands erweitert: 1999 wurden Polen, Ungarn und die Tschechische Republik aufgenommen, 2004 folgten Litauen, Lettland und Estland.
Nach 1990 zerfiel auch der Vielvölkerstaat Jugoslawien. Nationalistische Konflikte und Bürgerkriege begleiteten diesen Prozess. Die NATO versuchte, die Konflikte diplomatisch und militärisch zu lösen. Erstmals nach dem Zweiten Weltkrieg kam es dabei auch zu Einsätzen deutscher Soldaten.
Der *Nahost-Konflikt* und die Palästinenserfrage sind bis heute ungelöst. Ägypten hat Israel inzwischen anerkannt (1979) und dafür die Sinai-Halbinsel zurückerhalten. Anhaltende Terroranschläge der Palästinenser, die 1988 ihren eigenen Staat ausriefen, behinderten den unter dem Motto „Land für Frieden“ eingeleiteten Friedensprozess. Die Grenzen der Staaten im Nahen Osten sind nach wie vor umstritten. Daran hat auch die Räumung der israelischen Siedlungen im Gaza-Streifen 2004 nichts geändert. Mitverantwortlich für die anhaltenden Probleme ist die Politik von Fundamentalisten, von strenggläubigen und gewaltbereiten Anhängern verschiedener Gruppen.
Die nach der Revolution von 1979 gegründete Republik Iran will die Politik mit den Grundsätzen des Islam verbinden. Im Westen wird die iranische Politik wegen Menschenrechtsverletzungen, unfreien Wahlen, Aufrüstung und der ablehnenden Haltung gegenüber Israel kritisiert.
Die Anschläge radikal-islamistischer Terroristen auf das World Trade Center in New York am 11. September 2001 schockierten die Welt und führten zu „Antiterrorkriegen“ in Afghanistan und im Irak. Während der UN-Sicherheitsrat den Krieg gegen die Taliban-Führung in Afghanistan billigte, war das im Irak-Krieg nicht der Fall. Trotzdem griffen die USA mit ihren Verbündeten den Irak an und stürzten das bestehende Regime. Die neue Regierung des Irak erwies sich trotz amerikanischer Unterstützung als äußerst schwach. Sie konnte den Bürgerkrieg zwischen politisch und religiös verfeindeten irakischen Kräften, der begleitet wurde von einem Kampf gegen die Besatzungsmächte, nicht stoppen.
Die *UNO* setzt sich für den Weltfrieden ein und leistet einen Beitrag zur Lösung der globalen sozialen, ökologischen und kulturellen Herausforderungen.

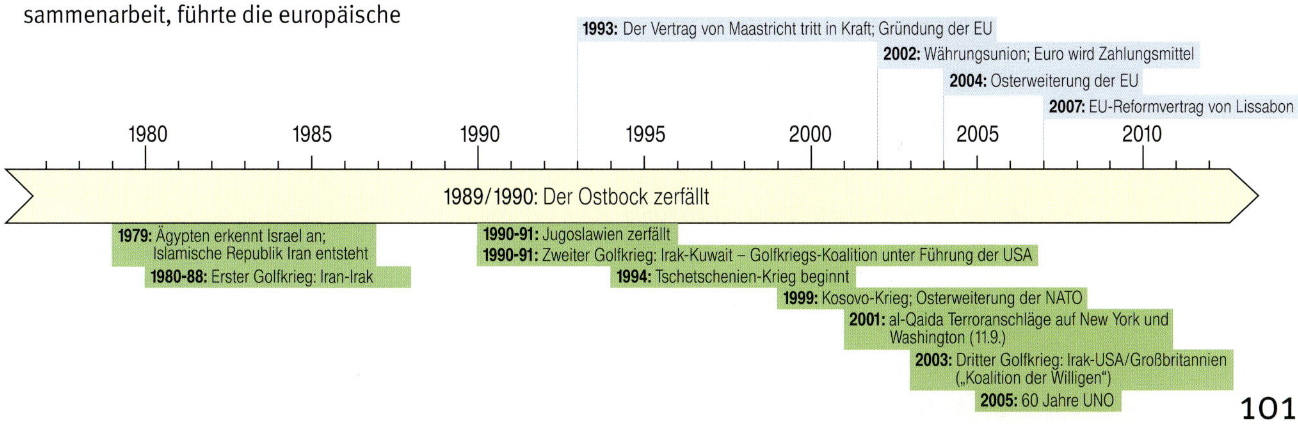

Projekt

Bayerns historisch gewachsene Identität

1 Erstes Königswappen von Max I. Joseph, seit 1. Januar 1806.

2 Königswappen von Ludwig I., seit 1835.

Bayerische Staatswappen

Mit dem „Gesetz über das Wappen des Freistaats Bayern" wurde am 5. Juni 1950 das Staatswappen (Abb. 4) eingeführt. Die im Wappen dargestellten Symbole sind eng mit der Geschichte Bayerns verbunden. Das macht ein Vergleich mit den Vorgänger-Wappen deutlich.

Der goldene Löwe *im schwarzen Feld des Wappens war einmal das Symbol der Pfalzgrafen bei Rhein. Nach der Belehnung des bayerischen Herzogs Ludwig mit der Pfalzgrafschaft im Jahre 1214, zu der die linksrheinische Kurpfalz und die Obere Pfalz nördlich der Donau gehörten, diente es jahrhundertelang als Kennzeichen der altbayerischen, d. h. der in Ober- und Niederbayern ansässigen, und pfälzischen Wittelsbacher. Sie übernahmen 1777 die Herrschaft ihrer Münchener Verwandten. Der aufgerichtete goldene und rotbewehrte Pfälzer Löwe steht heute für den Regierungsbezirk Oberpfalz. Die Rheinpfalz gehört seit 1949 zu Rheinland-Pfalz.*

3 Wappen des Freistaates Bayern, seit 1923.

4 Wappen des Freistaates Bayern, seit 1950.

Der „Fränkische Rechen" *(drei aus dem Weiß aufsteigende Spitzen) erschien um 1350 als Wappen einiger Orte des Hochstifts Würzburg und seit 1410 auch in den Siegeln der Fürstbischöfe. Die Gebiete fielen 1806 an Altbayern. Der Fränkische Rechen steht heute für die Regierungsbezirke Oberfranken, Mittelfranken und Unterfranken.*

Der blaue Panther *auf weißem (silbernem) Grund wurde im 12. Jh. im Wappen der in Niederbayern ansässigen Pfalzgrafen von Ortenburg geführt. 1295 erwarb Herzog Heinrich von Niederbayern deren Besitzungen und auch ihr Wappentier. Heute symbolisiert der blaue Panther die altbayerischen Regierungsbezirke Niederbayern und Oberbayern.*

Die drei schwarzen Löwen *sind dem alten Wappen der Hohenstaufen, der einstigen Herzöge von Schwaben, entnommen.*
Im Staatswappen repräsentieren diese drei Löwen den Regierungsbezirk Schwaben.

Der weiß-blaue Herzschild *diente seit 1204 den Grafen von Bogen, die an der Donau östlich von Regensburg beheimatet waren, als Wappen. Nach deren Aussterben übernahmen ihn die Wittelsbacher 1247 als Stammwappen. Sie waren zunächst Herzöge (ab 1180), dann Kurfürsten (ab 1623), schließlich Könige von Bayern (1806 bis 1918).*
Die weiß-blauen Rauten sind das bayerische Wahrzeichen schlechthin. Der Rautenschild symbolisiert heute Bayern als Ganzes.

Die Volkskrone*, die auf dem Schild ruht, besteht aus einem mit Steinen geschmückten goldenen Reifen. Sie findet sich erstmals im Wappen von 1923 und bezeichnet nach dem Wegfall der Königskrone die Volkssouveränität.*

Die beiden Löwen *schließlich sind seit dem 14. Jahrhundert als Schildhalter verwendet worden.*

Suche die Unterschiede zwischen den Wappen von 1806, 1835, 1923 und 1950 heraus und erläutere sie.

Das Königreich entsteht und wächst

1806 endete das Heilige Römische Reich Deutscher Nation. Mit Zustimmung Napoleons wurde Bayern Königreich. Durch wechselnde Bündnisse konnte Bayern in den folgenden Jahren sein Stammland um ein Drittel vergrößern. Nun lebten auch Schwaben und Franken, die eine eigene Tradition besaßen, in dem neuen Staat. Die Regierung sah es als ihre Aufgabe an, eine bayerische Identität zu schaffen: Alle Bürger sollten sich zu ihrem Monarchen und dem Königreich bekennen.

Was bedeutet „Identität"?

Politikwissenschaftler sprechen von einer „kollektiven Identität". Damit meinen sie zunächst die „Gleichheit oder Übereinstimmung von Beherrschten und Herrschern" (*Günter Rieger*). Alle Interessengruppen oder Religionsgemeinschaften, alle Völker und Nationen bilden durch ihre Geschichte, Kultur, Sprache und ihre Überzeugungen „kollektive Identitäten". Gemeinsame Einrichtungen und Symbole stärken sie. Darum ging es damals auch in Bayern.

„Hebung des Nationalgefühls"

Die von *Joseph Maximilian Graf von Montgelas* am Anfang des 19. Jahrhunderts durchgeführten Reformen bildeten einen wichtigen Beitrag, Bayern zu modernisieren. Abgeschlossen wurden die Reformen aber erst durch die von *Ludwig I.* 1818 erlassene Verfassung. Sie hob das bayerische „Nationalgefühl", indem sie allen Bürgern Grundrechte garantierte und eine Volksvertretung einführte. „Erst mit der Verfassung hat sich unser König Ansbach, Bayreuth, Würzburg und Bamberg und alle anderen fränkischen Lande erobert", schrieb der Jurist *Anselm von Feuerbach*, der für die königliche Regierung arbeitete.

Bayerisches Bewusstsein

Mit der Julirevolution in Frankreich endete 1830 die liberale Politik Ludwigs I. Um bestehende Unzufriedenheit der Regionen auszuschalten und eine Revolution zu verhindern, sollten alle Volksgruppen stärker als bisher mit der königlichen Herrschaft verbunden werden. Erwünscht war ein geschichtliches Bewusstsein sowohl für die eigenen Regionen als auch für den Gesamtstaat Bayern. Um dies zu fördern, wurden historische Vereine gegründet, „Vaterlandskunde" in der Schule unterrichtet, nationale Denkmäler und Bauwerke errichtet, historische Volksfeste angeregt, ein neues Staatswappen eingeführt und die Landkreise umbenannt. Diese vielfältigen Maßnahmen erreichten ihr Ziel: Sie entwickelten eine besondere bayerische Identität.

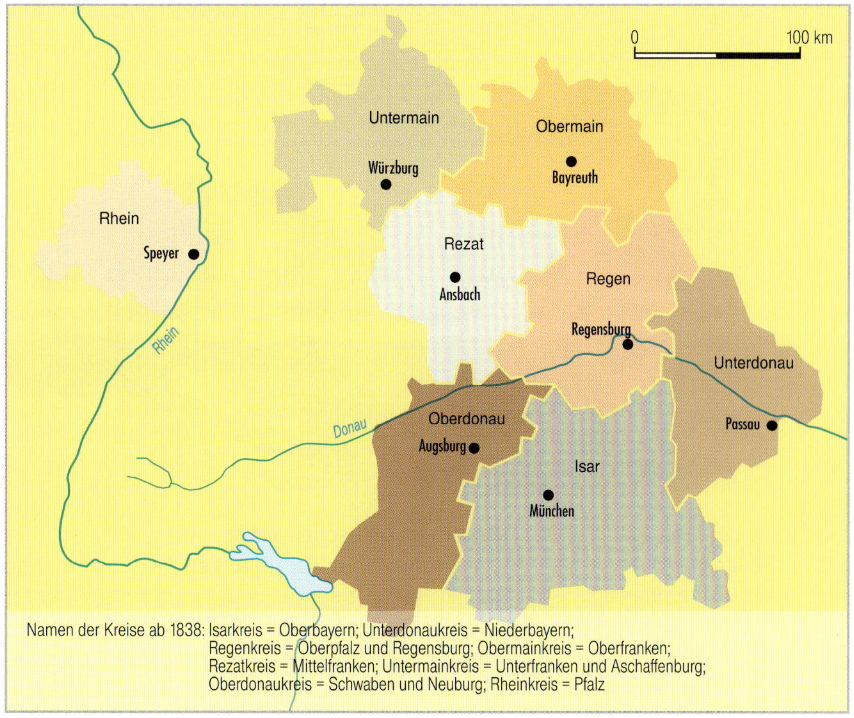

5 Kreiseinteilung Bayerns von 1817.

Das neue Königreich war 1808 ohne Rücksicht auf die bisherigen, historisch gewachsenen Provinzen nach dem Vorbild der französischen Departements in 15 etwa gleich große Kreise eingeteilt worden, die nach Flüssen benannt wurden. Die territorialen Veränderungen nach 1810 und die fehlende Akzeptanz der Einteilung erforderten 1817 eine Änderung. Die Zahl der Kreise wurde auf acht reduziert. Die wichtigsten Neubildungen waren der Untermainkreis und der Rheinkreis für die 1816 zu Bayern gekommene linksrheinische Pfalz. 1838 wurden die Kreise umbenannt. Sie erhielten die noch heute gültigen Namen.
Nach dem Zweiten Weltkrieg schied die Pfalz aus dem bayerischen Staatsgebiet aus. 1946 wurden die 1932/33 aufgehobenen Kreise (Regierungsbezirke) Niederbayern und Oberfranken wiederhergestellt. Landshut kam erst 1959 wieder zu Niederbayern. Durch die Gebietsreform von 1972 änderten sich die Grenzen der Regierungsbezirke. Die Einteilung der acht Regierungsbezirke aber ist tief im Bewusstsein der bayerischen Bevölkerung verankert, sodass alle Bemühungen um eine Verringerung nicht durchsetzbar waren.

Sorge um Franken

König *Max II.* setzte nach 1848 die Politik seines Vaters fort, das „bayerische Nationalgefühl auf alle Weise zu heben". Auch er förderte Brauchtums-, Trachten- und Denkmalpflege. Dennoch fürchtete man in München vor allem in politischen Krisen, die Sympathien einiger Franken für den preußischen Nachbarn könnten zur Absplitterung führen.

6 „Der Seppl als Protestler!“
Postkarte, um 1900. Das Bild stellt die Reservatrechte sowie die Haltung eines Teils der bayerischen Bevölkerung dar. Nenne die Hohheitsrechte und beschreibe die dargestellte Stimmung.

Bayern im Deutschen Reich

Die erfolgreichen Bemühungen Bayerns um eine gemeinsame Identität drangen bis nach Berlin: Noch bevor das Deutsche Reich gegründet wurde, stellte der preußische Ministerpräsident *Otto von Bismarck* 1865 fest: „Bayern ist vielleicht das einzige deutsche Land, dem es durch materielle Bedeutung, durch die bestimmt ausgeprägten Stammeseigentümlichkeiten und durch die Begabung seiner Herrscher gelungen ist, ein wirkliches und in sich selbst befriedigtes Nationalgefühl auszubilden.“

Mit der Reichsgründung 1871 und nach dem nationalen Begeisterungstaumel wurde allerdings deutlich, dass Bayern im neu entstandenen Kaiserreich nur noch ein Bundesstaat mit eingeschränkter Souveränität war. Es hatte sich aber einige Hoheitsrechte (*Reservatrechte*) sichern können. Vor allem in der Kulturpolitik wollte man auch künftig die eigene Identität wahren. Aus dem Grunde grenzte man sich bewusst von „den Preußen“ ab.

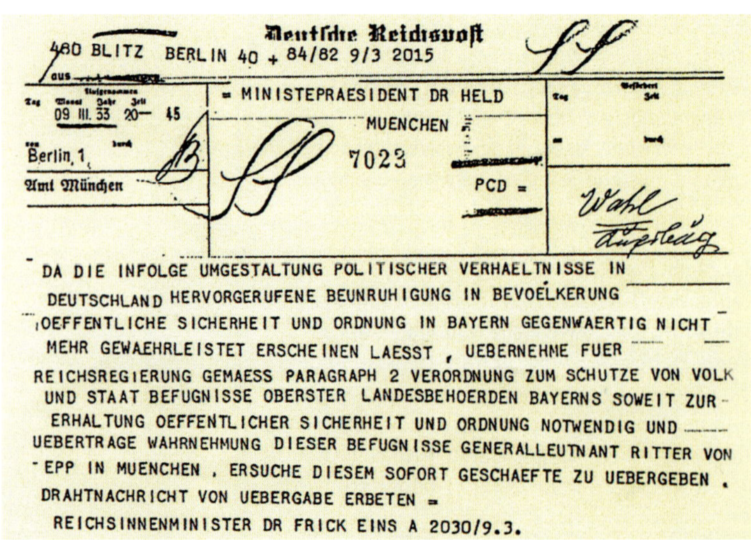
Deutsche Reichspost
480 BLITZ BERLIN 40 + 84/82 9/3 2015
= MINISTEPRAESIDENT DR HELD MUENCHEN 7023
09 III. 33 20– 45
Berlin, 1
Amt München
PCD =

DA DIE INFOLGE UMGESTALTUNG POLITISCHER VERHAELTNISSE IN DEUTSCHLAND HERVORGERUFENE BEUNRUHIGUNG IN BEVOELKERUNG OEFFENTLICHE SICHERHEIT UND ORDNUNG IN BAYERN GEGENWAERTIG NICHT MEHR GEWAEHRLEISTET ERSCHEINEN LAESST , UEBERNEHME FUER REICHSREGIERUNG GEMAESS PARAGRAPH 2 VERORDNUNG ZUM SCHUTZE VON VOLK UND STAAT BEFUGNISSE OBERSTER LANDESBEHOERDEN BAYERNS SOWEIT ZUR ERHALTUNG OEFFENTLICHER SICHERHEIT UND ORDNUNG NOTWENDIG UND UEBERTRAGE WAHRNEHMUNG DIESER BEFUGNISSE GENERALLEUTNANT RITTER VON EPP IN MUENCHEN . ERSUCHE DIESEM SOFORT GESCHAEFTE ZU UEBERGEBEN . DRAHTNACHRICHT VON UEBERGABE ERBETEN =
REICHSINNENMINISTER DR FRICK EINS A 2030/9.3.

Antizentralistische Bestrebungen

Nach 1918, dem Ende der Monarchie und der Ausrufung des „Freistaats Bayern“ durch *Kurt Eisner* nahm die antipreußische und antizentralistische Stimmung zu. Bayern entwickelte sich zum politischen Gegenspieler der Reichsregierung in Berlin und zog reaktionäre, restaurative und antidemokratische Kräfte aus dem ganzen Reich an.

Nach dem gescheiterten Hitler-Putsch 1923 entspannte sich das Verhältnis zum Reich. Die bayerische Eigenständigkeit konzentrierte sich wieder auf die Kulturpolitik.

Die „Gleichschaltung“ von 1933 war dann „der Anfang vom Ende bayerischer Eigenstaatlichkeit im Deutschen Reich“ (*Wolf Volker Weigand*).

Föderalistisches Denken seit 1945

„Beim Zusammenbruch der nationalsozialistischen Herrschaft war Bayern kein staatsrechtlicher Begriff mehr, sondern nur noch ein Traditionsname für ein Gebiet“, schrieb nach dem Zweiten Weltkrieg *Anton Pfeiffer*, ehemaliger BVP-Politiker und CSU-Gründungsmitglied. Er und seine neue Partei knüpften an die bayerische Tradition an und setzten sich für eine föderalistische Politik ein.

1946 gab sich „das Bayerische Volk, eingedenk seiner mehr als tausendjährigen Geschichte“ eine neue demokratische Verfassung. Als 1949 das Grundgesetz der Bundesrepublik Deutschland vom Bundestag verabschiedet wurde, lehnte es der Bayerische Landtag ab, weil er es als allzu zentralistisch empfand. Die Abgeordneten in München waren aber bereit, das Grundgesetz anzunehmen, wenn zwei Drittel der westdeutschen Länder ihm zustimmten. Die Parlamentarier setzten damit ein Zeichen, das seitdem die bayerische Politik bestimmt: Sie fordert – nicht immer zur Freude der anderen Bundesländer – größtmögliche Eigenständigkeit und Beachtung der föderalen Strukturen der Bundesrepublik Deutschland.

7 Die Gleichschaltung Bayerns.
Telegramm des Reichsinnenministers Wilhelm Frick an den bayerischen Ministerpräsidenten Heinrich Held vom 9. März 1933.

Die Integration in historischer Perspektive

M1 „Das Königreich Bayern in seinen acht Kreisen“
Titelkupfer von Johann Philipp Walther (?) aus der gleichnamigen Veröffentlichung von Georg Lommel und Gottlieb J. Bauer, Nürnberg 1836.

Aus der Erklärung des Titelkupfers:

Mitten im Raum [...] markirt mit dem Meisterzeichen des dermaligen Schirmherrn, nämlich mit dem durch Bleiwage und Cubus versinnlichten Wahlspruch „Gerecht und Beharrlich“, steigt ein grauer Granitblock aus dem grünen Erdreich auf. Die sichere Grundlage des Verfassungssteines trägt den goldenen Löwenthron, dieser aber des Bildes Hauptfigur, die göttliche Bavaria, gekrönt mit Lorbeer schwerer Krone, gewaffnet mit dem Wahrheit blitzenden Brustharnisch, umflossen von dem Hermelin- und Purpurmantel, mit allem diesen den Titel aussprechend, unter welchem ihr Land im Staatenbuche Europa's steht, nämlich: „Bayern, das constitutionelle Königreich.“ Scepter und Schwert ruhen im Schoose; kampfgefaßt erhebt die Linke die Aegide mit dem Namenszuge des jetzigen Staatsoberhaupts, indessen die Rechte das reiche Füllhorn des Friedens auf die dankbaren Untergebenen schüttet.

Rings um die Göttin breitet sich die Nation in ihren verschiedenen Ständen aus. [...]

Im Hintergrunde erblicken wir links von der Bavaria die ragende Walhalla, vom Könige Ludwig I. zum Gedächtniß aller berühmten Teutschen auferbaut, rechts von da die ihrer Bedeutung nach gleichfalls dem größern Vaterlande angehörige, das heißt teutsche Stadt Nürnberg [...].

Dieser bildlichen Darstellung des Königreichs Bayern im Allgemeinen folgt die besondere seiner politischen acht Haupttheile oder Kreise. [...]

Das neue Reichswappen, zusammengesetzt aus den Heerschilden der Bayern, Franken und Schwaben, der obern und der rheinischen Pfalz, dann antike Waffenstücke mancherlei Art – in ihrer ruhenden Lage ein Zeichen tiefen Friedens, in ihrer Anordnung und Tüchtigkeit eine Bürgschaft für dessen Erhaltung – formiren den Sockel oder die unterste Linie eines Rahmens, dessen drei andere Seiten aus den allegorischen Darstellungen der acht Kreise und aus den ebensovielen Wappen der Kreishauptstädte gezimmert sind. [...] Den Schlußstein des Rahmens bilden die Attribute der Kunst, in der Mitte das leuchtende Monogramm ihres königlichen Beschützers.

Georg Lommel und Gottlieb J. Bauer, Das Königreich Bayern in seinen acht Kreisen bildlich und statistisch-topographisch [...], Nürnberg 1836, unpaginiert

1. *Suche deinen Regierungsbezirk heraus und erläutere die regionalen Bezüge.*
2. *Überlege, welche politischen Absichten mit dem Titelblatt verfolgt wurden.*

M 2 Der Isar-Kreis mit der Hauptkreisstadt München.
Kupferstich, um 1836.
Vorlage: siehe M 1, Seite 105.
Am Tor im griechischen Stil das Wappen von München. Die Personen sind in den typischen Trachten der Region dargestellt.

M 3 Das Nationalgefühl festigen

Das Vorwort zu der Verordnung, mit der am 1. Januar 1838 die Neubenennung der Kreise erfolgte (siehe Abb. 5, Seite 103), nennt folgende Motive:

In der Absicht, die Erinnerung an diese erhebende Vergangenheit mit der Gegenwart durch fortlebende Bande enger zu verknüpfen, die alten, geschichtlich geheiligten Marken der uns ergebenen Lande möglichst wiederherzustellen, die Einteilung unseres Reiches und die Benennung der einzelnen Haupt-Landesteile auf die ehrwürdige Grundlage der Geschichte zurückzuführen, und so die durch alle Zeiten bewährte treue Anhängigkeit Unserer Untertanen an Thron und Vaterland, die Volkstümlichkeit und das Nationalgefühl zu erhalten und immer mehr zu festigen.

Zitiert nach: Manfred Treml, Geschichte des modernen Bayern. Königreich und Freistaat, München [3]2006, S. 53

M 4 „Hebung des bayerischen Nationalgefühls“

König Maximilian II. von Bayern schreibt am 9. Januar 1857 seinem Innenminister Theodor von Zwehl:

Sie wissen, dass Mir Mein Hauptaugenmerk darauf gerichtet ist, das bayerische Nationalgefühl auf alle Weise zu heben.

Der Regierungspräsident von Niederbayern, Karl Freiherr von Schrenck von Notzing, schreibt in einem Gutachten:

Nachhaltige Einwirkungen auf das Nationalgefühl können nur von solchen Maßregeln erwartet werden, welche dem Volk zum Frommen gereichen u. seine Lage verbessern. Bloß äußere Anregungen versprechen umso weniger Erfolg, als jedes sichtlich auf den Zweck u. die Hebung des bayerischen Nationalgefühls berechnete Vorschreiten voraussichtlich als ein Versuch, dem deutschen Stammesgefühl Abbruch zu tun, angesehen, angefeindet u. mit allen zu Gebote stehenden Mitteln bekämpft werden wird, daher die Aufregung vermehren u. gerade den entgegengesetzten Erfolg haben könnte.

Franz von Löher, der Sekretär König Maximilians II., in einem Gespräch mit dem König am 17. April 1856:

Die außerordentliche Beschleunigung der Verkehrsmittel; durch Posten, Eisenbahnen, Dampfschiffe, Zeitungen und Telegrafen werden jetzt die Völker oder ihr Geist untereinandergeworfen, sie berühren sich lebhaft nach allen Seiten und es ergibt sich jetzt der geistige und materielle Druck einer großen Nationalität auf eine kleine, wie er früher bei der Langsamkeit, mit der man aus einem Land in das andere kam, nicht stattfand.

Zitiert nach: Manfred Hanisch, Für Fürst und Vaterland. Legitimitätsstiftung in Bayern zwischen Revolution 1848 und deutscher Einheit, München 1991, S. 1 f.

M 5 Die Schaffung des neuen Staatsbewusstseins

Die Maßnahmen des bayerischen Staates zu Beginn des 19. Jh. fasst der Historiker Hubert Glaser zusammen:

Von Anfang an war es Montgelas klar gewesen, dass der moderne Staat anders verwaltet werden musste als der bisherige. Er baute ein dreistufiges Verwaltungssystem auf, wie es heute noch besteht. Er gliederte die Regierung in Fachministerien, trennte wenigstens für die Oberbehörden Justiz und Verwaltung, organisierte das Netz der Landgerichte neu, trieb als Grundlage für die Besteuerung die Anlage des Katasters voran, fixierte in der Staatsdienerpragmatik* die Grundsätze des Berufsbeamtentums: Anstellung und Beförderung aufgrund von Prüfungen und Leistungen, feste Besoldung, Versorgung der Hinterbliebenen.

In der Konstitution von 1808 und in den organischen Edikten wurden die Reformmaßnahmen zu einem geschlossenen System zusammengefasst, in der Verfassung von 1818 – nach Montgelas' Entlassung – durch zwei parlamentarische Körperschaften mit dem Recht der Steuerbewilligung und dem Petitions- und Beschwerderecht und durch die erneuerte gemeindliche Selbstverwaltung ergänzt.

So ist [...] in zwei Jahrzehnten, nach dem Willen der Reformer und mit Billigung des Königs, der neue bayerische Staat ins Leben getreten [...].

In diesem Rahmen erst ist die Integration der neubayerischen Landesteile, der fränkischen und schwäbischen Reichsstädte, Fürstbistümer und Markgrafentümer möglich geworden. Von hier aus erhalten der Königstitel und die Königskrone ihren Sinn. Die Franken und Schwaben als Untertanen in die bayerischen Herzogtümer zu zwingen, wäre ganz undenkbar gewesen. Aber es konnte gelingen, sie als Staatsbürger in die neue konstitutionelle Monarchie einzugliedern.

Dem Monarchen wuchs dabei eine ganz neue Aufgabe zu, und die ersten Könige haben sie mit großem Einfühlungsver-

* **Staatsdienerpragmatik**: *Beamtengesetz*

mögen wahrgenommen: Integrationsfigur über den heterogenen Landesteilen und rivalisierenden gesellschaftlichen Kräften zu sein. So gewaltsam der neue Staat nach der Säkularisation** und Mediatisierung*** und nach den Annexionen in die lokalen und regionalen Überlieferungen eingriff und die Rückbindungen an die jeweiligen Traditionen durchschnitt, so behutsam gingen die Herrscher daran, ein neues Staatsbewusstsein zu schaffen, in dem auch die älteren Stränge der Geschichte [...] aufgehoben und eingebunden waren. Indem die Könige die ihnen verbliebenen Möglichkeiten einsetzten, um ihren Staat (auf diese Weise) mit einem neuen kulturellen Profil zu überformen, haben sie dafür gesorgt, dass allmählich so etwas wie eine innere Identität des neuen, größeren Bayern entstand, eine Identität, die (immerhin) stark genug war, um die Krisen des 20. Jahrhunderts zu überdauern.

Hubert Glaser (Hrsg.), Krone und Verfassung. König Max I. Joseph und der neue Staat. Beiträge zur Bayerischen Geschichte und Kunst 1799-1825, München 1992, S. 11

** **Säkularisation** *(lat. saecularis: weltlich): Umwandlung von geistlichen Herrschaftsbereichen in weltliche sowie Einziehung von Kirchengut zu weltlichen Zwecken. Auf diesem Wege wurden nach 1803 die geistlichen Territorien wie Fürstbistümer und reichsunmittelbare Klöster aufgehoben, um die weltlichen Fürsten für den Verlust linksrheinischer Gebiete an Frankreich zu entschädigen.*

*** **Mediatisierung** *(lat. im-mediatus: unmittelbar): Unterstellung reichsunmittelbarer Stände wie Ritter und Reichsstädte unter die Landeshoheit eines anderen weltlichen Reichsstandes; Grundlage dafür war der Reichsdeputationshauptschluss von 1803.*

M 6 Kühler Empfang in Schwaben

Über die Reaktionen und Folgen auf die Eingliederung Schwabens in Bayern schreibt der Historiker Wolfgang Petz:

Der Reisende war wenig angetan von den Bewohnern des Landes. Über den Residenzort des Augsburger Bischofs hielt er fest: „Der Dillinger denkt gar nicht. Der Hof ernährt ihn, damit genug.“ Schärfer fiel das Urteil über die Markgrafschaft Burgau aus: „Die Geisteskultur steht gerade so hoch als bedürftig ist, um einen Acker zu pflügen.“ Selbst die freie Reichsstadt Augsburg kam nicht besser davon: „Die meisten Köpfe scheinen verwirrt.“

Wer so kritische Worte über Schwaben und seine Menschen fand, reiste nicht als gewöhnlicher Tourist. Der Verfasser, Major *Karl Roger von Ribaupierre*, war in offizieller und heikler Mission unterwegs: Für den bayerischen Kurfürsten und seinen Minister, *Graf Montgelas*, erkundete er im Frühjahr 1802 jene Teile Frankens und Schwabens, deren Inbesitznahme durch Bayern unmittelbar bevorstanden. Sein Auftrag: Informationen über jene Gebiete zu sammeln, die das Haus Wittelsbach als Entschädigung für die an Frankreich verlorenen linksrheinischen Gebiete zugesprochen bekam – und die Stimmung unter der Bevölkerung zu sondieren. [...]

Nach einer regionalen Identität im Gebiet zwischen Donau, Lech und Alpen hat Ribaupierre nicht gesucht – und er hätte sie auch kaum gefunden. Oberschwaben, das jetzt zwischen Württemberg, Bayern und Baden aufgeteilt wurde, war nie eine staatliche Einheit gewesen, eher schon ein Kommunikations- und Wirtschaftsraum. [...]

Vier Jahre später schien die Zugehörigkeit zu Bayern für die von Ribaupierre bereisten Gebiete bereits ein unumstößliches Faktum zu sein. Nirgends hatte sich ernsthafter Widerstand erhoben gegen die Besetzung der geistlichen Gebiete und der Reichsstädte im Sommer 1802, ebenso wenig wie gegen die Einverleibung der Markgrafschaft Burgau und die Mediatisierung der letzten Adelsherrschaften im folgenden Jahr. [...]

Letztlich behielt Ribaupierre also Recht, wenn er 1802 auf den Pragmatismus der künftigen Untertanen baute. Doch die eigenständigen politischen Traditionen Oberschwabens hatte er zweifellos unterschätzt. In der Revolution von 1848 meldeten sie sich wieder mächtig zu Wort, und noch 1946 gab es Planspiele für ein Bundesland Oberschwaben unter Einschluss der Anteile Bayerns. Dass Ostschwaben bayerisch wurde und blieb, hat viele Gründe, aber wenig zu tun mit dem Willen der betroffenen Menschen.

Wolfgang Petz, Kühler Empfang in Schwaben, in: Karin Dütsch u.a. (Hrsg.), Eine Krone für Bayern. 200 Jahre Königreich, München 2005, S. 30 ff.

M 7 Der Oberdonaukreis mit der Kreisstadt Augsburg.
Kupferstich, um 1836.
Vorlage: siehe M 1, Seite 105.
Am Torbogen das Wappen von Augsburg.
Die Personen sind in typischen Trachten der Gegend dargestellt.

Erörtert die in M 3 bis M 5 genannten identitätsstiftenden Maßnahmen.

M 8 Der Obermainkreis mit der Kreisstadt Bayreuth.
Kupferstich, um 1836.
Vorlage: siehe M 1, Seite 105.
Am Torbogen (Vorlage ist der Bamberger Dom) das Stadtwappen von Bayreuth. Die Personen sind in typischen oberfränkischen Trachten dargestellt.

M 9 Franken wird bayerisch

Der Erlanger Historiker Werner K. Blessing fasst die Reaktionen der Franken auf die Eingliederung so zusammen:

Der Anfang war schwierig. Als innerhalb eines guten Jahrzehnts die meisten Territorien des Fränkischen Reichskreises, dazu das Mainzer Oberstift, an Bayern fielen, beklagten viele nicht nur die Mediatisierung und damit den Untergang ihrer vertrauten Herrschaft; sie sahen die Art des neuen Regiments und sein Auftreten mit Groll oder Bangen, freilich aus unterschiedlichen Gründen. Während 1806 das aufgeklärte Bürgertum im Ansbachischen einen Rückschritt befürchtete, nachdem ihm Hardenbergs Reformen in eineinhalb Jahrzehnten preußischer Herrschaft einige wichtige Verlangen erfüllt hatten, unter anderem die Trennung von Justiz und Verwaltung bis auf die untere Ebene, schockierte in Nürnberg umgekehrt der rigorose Modernisierungswille der bayerischen Bürokraten Patrizier wie Handwerker. Im Würzburgischen hatte 1803 der Rationalismus der Montgelas-Beamten die Frömmigkeit einfacher Leute so verletzt, dass Wallfahrten unternommen wurden, „um Gott zur Fortschaffung der bayerischen Regierung zu bitten“. Entgegen solchen Reaktionen auf das neue Regiment, die von resigniertem Befremden bis zu Widersetzlichkeiten reichten, begrüßten es andere Fortschrittsbewusste im Wirtschafts- und Bildungsbürgertum letztlich, wie etwa Nürnberger Kaufleute. Sie erhofften von Montgelas-Bayern Vorteile für das Gemeinwesen wie auch für sich: Das Land war sichtlich im Reformumbruch, es führte sich mit seiner Verwaltung, Justiz und Polizei besser ein als man das aus dem 18. Jahrhundert gewohnt war – relativ unparteiisch, weniger bestechlich und effizienter – und es bot einen nach damaligen Maßstäben großen Markt. Solche Hoffnungen erfüllten sich längerfristig denn auch in erheblichem Umfang, nachdem zunächst mancherlei Leistungsmängel und ein schroffer Dirigismus ernüchtert hatten. [...]
Dass bald nach dem Untergang des Alten Reichs ein fränkisches Gemeinbewusstsein wieder und stärker auflebte und daraus ein politischer Horizont Franken wurde, ergab sich zu einem Gutteil aus der Zentralität Münchens. Diese vor allem ermöglichte es, sich gegen München zu solidarisieren. Zugespitzt gesagt: Franken als politischer Raum entstand als Reaktion auf die bayerische Herrschaft.
Nicht wenig trugen dazu wirtschaftliche Schwierigkeiten und soziale Bedrängnisse bei, die in den 1830/40er-Jahren vor allem Teile Frankens und Schwabens sowie die Pfalz erfassten; sie nährten den Groll der Peripherie auf das Zentrum [...].
[...]
Noch immer erinnert die Topografie in den Köpfen häufig an die alten Territorien. Zwischen Mainfranken und dem Nürnbergischen, aber auch zwischen Nürnberg und Ansbach oder Bamberg und Bayreuth liegen nach wie vor merkliche innere Distanzen. Im Bewusstsein fränkischer Zusammengehörigkeit spielt vielfach die gleiche Lage in Staatsbayern, die Gleichrichtung auf München wesentlich mit. Ja, nicht wenig Gemeinsamkeit fließt aus den Klagen über dessen Zentralismus und die Benachteiligung der ‚Provinz‘; sie erscheint inzwischen durch den wirtschaftlichen Aufstieg Südbayerns, zumal des Großraums München, und durch die teilweise Stagnation der eigenen, früher in Bayern führenden Industrie evident. [...]
Freilich lebt man in den drei fränkischen Bezirken grosso modo so gleichwertig mit dem übrigen Bayern, ist die Selbstverwaltung der Kommunen so weitgehend und die politische Teilhabe an allen Staatsorganen so wirksam, dass nichts Beunruhigendes zu befürchten steht. Für eine Steigerung des Selbstbehauptungsstrebens zu einem offensiven fränkischen Gemeinbewusstsein und zu offenem Protest wie im frühen 19. Jahrhundert fehlen alle Voraussetzungen. Der Separatismus spielt denn auch, mag er dann und wann aufflackern, seit eineinhalb Jahrhunderten nur mehr eine marginale Rolle.

Werner K. Blessing, Wo liegt Franken? Vielfalt und Einheit im Norden Bayerns, in: Josef Kirmeier u. a. (Hrsg.), 200 Jahre Franken in Bayern. 1806 bis 2006, Augsburg 2006, S. 15-16, 18 und 24

Vergleiche die Eingliederung Frankens (M 9) mit der Integration Schwabens (M 6, Seite 107).

Die Integration in sozialkundlicher Perspektive

M 1 Regionale und bayerische Identität

Auf seiner Homepage stellt sich die 1920 gegründete „Vereinigung für fränkische Landeskunde und Kulturpflege", der „Frankenbund e.V.", heute so dar:

Der Frankenbund will als kulturelle Vereinigung die fränkische Landeskunde und die Kultur fördern, das kulturelle Erbe Frankens pflegen. Gerade in einer sich ständig verändernden Welt hält er es für wichtig, auf die Wurzeln hinzuweisen und so ein Heimatbewusstsein zu entwickeln und es lebendig zu erhalten.

Der „Deutsche Skiverband" vermerkt auf seiner Website:

Nicht bayerisch und erst recht nicht schwäbisch! Im südlichsten Zipfel Deutschlands versteckt sich eine Region, die trotz vielfältigster Einflüsse ihre ganz eigene Identität bewahrt – das Oberallgäu.

Der Regierungspräsident Wilhelm Weidinger schreibt am 30. Juli 2004 an den Bürgermeister von Neumarkt zum 500. Jahrestag der Zugehörigkeit der Stadt zur Oberpfalz:

Wir Oberpfälzer freuen uns, dass wir „unsere" Stadt Neumarkt immer noch haben, werden sie auch nicht mehr hergeben und gratulieren ihr herzlich zum 500. Jahr der Verteidigung ihrer Oberpfälzer Identität.

Ministerpräsident Edmund Stoiber sagt beim Patronatstag der Bayerischen Gebirgsschützen am 6. Mai 2007:

Wer Bayern verstehen will, muss zu unseren Festen wie dem Patronatstag der Gebirgsschützen kommen. Hier werden die bayerische Identität, Überzeugungen und Werte lebendig.

Erstes Zitat: www.frankenbund.de/darstellung.htm
Zweites Zitat: www.ski-online.de/1994e_15091, r_23.htm
Drittes Zitat: www.neumarktonline.de/ar/0880.htm
Viertes Zitat: www.bayern.de/Presse Info/PM/2007/070506-Patronatstag.html?pr=y

Was ist „typisch bayerisch"?

Basis: Alle Befragten – offene Frage: Mehrfachnennungen*

		darunter:	
Lebensart	70 %	• Brauchtum, Tradition	27 %
		• Trachten, Dirndl, Lederhose	27 %
		• Oktoberfest	18 %
		• Volksfeste/Volksmusik	14 %
		• Biergärten/Gasthöfe	10 %
		• Mentalität	7 %
Leute	53 %	• Mundart/Dialekt	20 %
		• Gemütlichkeit	9 %
		• Bodenständigkeit	6 %
		• Glaube	6 %
Küche/Kulinarisches	41 %	• Bier/Weißbier	23 %
		• Essen und Trinken allg.	12 %
		• Weißwurst	11 %
		• Schweinshaxen, Schweinebraten	6 %
Landschaft/Sehenswürdigkeiten	31 %	• Berge, Seen, Wälder, Alpen	14 %
		• Landschaft und Natur	11 %
		• Schlösser, Kirchen, Klöster	7 %
Aushängeschilder	13 %	• z. B.: CSU, München	jeweils 3 %

*aufgeführt sind alle Nennungen ≥ 3%

M 2 Was ist typisch bayerisch?

Ergebnis einer Umfrage der CSU-nahen Hanns-Seidel-Stiftung aus dem Jahr 2003.

Quelle: www.hss.de/downloads/Politische_Studien_Sonderausgabe_Generationenstudie_2003.pdf (vereinfacht)

M 3 Angst um die Identität?

*Der aus Niederbayern stammende Schauspieler und Kabarettist Otfried Fischer (*1953) setzt sich im März 2002 in einem Zeitungsinterview in selbstironischer Weise mit dem Klischee vom Wesen „des Bayern" auseinander:*

Woher kommt diese große Angst um die Identität?

Der Bayer hat ein ganz schlechtes Selbstwertgefühl. Jahrelang waren wir die Deppen der Nation. Bevor die Ostfriesen kamen, wurden über die Bayern Witze gemacht. Wir wurden als hinterwäldlerisch angeschaut. Und anstatt dass der Bayer sich das Schöne des Hinterwäldlerischen auf die Brust schreiben würde, eben wie schön es bei uns ist, hat er eher ein schlechtes Gewissen, dass er für einen Deppen gehalten wird. Mein Onkel, ein Westfale, hat Folgendes in einer Fernfahrerkneipe erlebt: Da saß ein Bayer, der ständig Ostfriesenwitze erzählt hat zum Gaudium des ganzen Tisches. Da war ein Ostfriese dabei, der hat einen einzigen Bayernwitz erzählt. Da hat ihm der Bayer eine runtergehaut. Sich ans Zeug flicken lassen ist nicht die große Stärke des Bayern. Und sogar heute, wo wir vom Nehmerland zum Geberland mutiert sind, wo wir einen guten Ruf haben in der restlichen deutschsprachigen Welt – der Bayer traut dem Frieden nicht. Und hat Angst, dass er zum Deppen gehalten wird. Benimmt sich dementsprechend unsicher, was letztlich auch dazu führt, dass man ihn nicht ganz für voll nimmt.

taz vom 30. März 2002

1. *Analysiere die unterschiedlichen Aussagen zur Identität (M 1).*
2. *Welche identitätsstiftenden Symbole oder Begrifflichkeiten verbindest du mit dem Begriff „typisch bayerisch"? Vergleiche sie mit den Ergebnissen der Umfrage und dem Interview (M 2 und M 3).*

in Mio. Euro	1988 - 1990	1998 - 2000	2005 - 2007
Oberbayern	10,17	15,17	5,29
Niederbayern	53,68	17,03	20,34
Oberpfalz	70,68	19,98	5,91
Oberfranken	39,52	7,81	4,09
Mittelfranken	16,21	8,26	5,45
Unterfranken	16,40	23,77	2,89
Schwaben	14,33	7,51	4,91
Bayern	*220,99*	*99,53*	*48,88*

M 4 Regionale Wirtschaftsförderung: Zuwendungen für die Infrastuktur.
Die Statistik berücksichtigt nicht die zinsgünstigen Darlehen, die den Regierungsbezirken über die Zuwendungen hinaus zur Verfügung gestellt wurden.
Die Zahlen wurden dem Verlag auf Anfrage am 3. März 2008 vom Bayerischen Staatsministerium für Wirtschaft, Infrastruktur, Verkehr und Technologie mitgeteilt.

M 5 „Die Schwaben fordern mehr"

Um die Höhe der Wirtschaftsförderung der bayerischen Staatsregierung wird zwischen den verschiedenen Regionen alljährlich kräftig gestritten. Über die Vorgänge des Jahres 2007 berichtet die „Süddeutsche Zeitung":

Nachdem die strukturell benachteiligten Grenzlandbezirke in Teilen glänzende Wirtschaftsdaten vorlegen, fordern Politiker aus Süd- und Westbayern eine Umverteilung zu ihren Gunsten. Wirtschaftsminister Erwin Huber weist die Kritik zurück: „Von einer Benachteiligung einzelner Regionen kann nicht die Rede sein." Auslöser des Streits ist ein Vorstoß aus Schwaben, der auch in anderen Landesteilen Zustimmung findet. Der frühere Staatssekretär im Finanzministerium und CSU-Landtagsabgeordnete Alfons Zeller aus dem Allgäu hat Minister Huber aufgefordert, die Mittelvergabe zu überdenken. „Immer wieder Ostbayern. Das kann es nicht sein", schrieb Zeller und monierte, dass 2007 mehr als 80 Prozent der zur Verfügung stehenden Mittel nach Ostbayern fließen werden. Nach Ministeriumsangaben sind für die Bezirke Niederbayern, Oberpfalz und Oberfranken heuer 114 Millionen Euro vorgesehen. [...]

Für den Förderzeitraum 2007 bis 2013 stehen Huber zufolge 491 Millionen Euro aus Brüssel zur Verfügung. Etwa die Hälfte will er gemäß Ministerratsbeschluss in Ostbayern investieren. Hinzu kämen weitere 84 Millionen Euro, die nur in Grenzgebieten eingesetzt werden dürften. „Wir hätten in Ostbayern keine Chance für Investitionen, wenn dort nicht erhöht gefördert würde", erklärt Huber. Zeller ärgert sich aber darüber, dass der Freistaat zusätzlich noch großzügig Landesmittel nach Ostbayern fließen lässt, über die das Ministerium frei verfügen könne – allein für 2007 sind mehr als 20 Millionen Euro eingeplant. [...]

Die Wirtschaftsdaten zeigen, dass die Grenzregion das Image des Armenhauses abgestreift hat. [...] Von der Osterweiterung habe die Region sogar profitiert. Zu diesem Ergebnis kommt das Wirtschaftsministerium in einer Bilanz. Darin heißt es: „Die Osterweiterung hat Ostbayern von seiner Grenzlage befreit. Trotz des Wettbewerbsdrucks ist es nicht zu einem Rückgang an Arbeitsplätzen gekommen."

In Ostbayern warnen Politiker und Vertreter der Wirtschaft, jetzt die Zuschüsse zurückzufahren. [...] Die guten Wirtschaftsdaten dürften nicht darüber hinwegtäuschen, dass einige Landkreise in Ostbayern noch immer eine unterdurchschnittliche Wirtschaftskraft hätten.

Süddeutsche Zeitung vom 16. August 2007

M 6 Schäuferla mit Kultur

Bayern ist das beliebteste Reiseziel innerhalb Deutschlands. Der Tourismus ist insofern ein wichtiger Wirtschaftsfaktor. Allein im Jahr 2006 gaben über 10 Millionen Touristen über 24 Milliarden Euro aus. Otto Lapp stellt in einem Zeitungsartikel ein neues Tourismuskonzept für die Region Bamberg vor:

Man nehme: Bier, Schäuferla und ein bisschen Kultur und mixe daraus einen idealen touristischen Cocktail, der jedem Gast gefällt. So einfach? So einfach! Sagt Peter Lengle vom Haus der Bayerischen Geschichte in München. Der Historiker arbeitet eng mit den fränkischen Tourismus-Verantwortlichen zusammen. Landesausstellungen, Jubiläen und sein Münchener Exportschlager „KulTour-Pfad" – immer ist er gefragter Projektpartner. Aktuelle Aufgabe: Franken plant einen Industrie-Pfad. Zwar wolle man sich nicht mit dem Rheinland, dem industriegeschichtlichen Koloss, vergleichen. Aber: Geschichte ist ein neuer Aspekt des Tourismus und auch aus Franken nicht mehr wegzudenken. Und dies jenseits der Magnetpunkte wie Dinkelsbühl oder Bamberg. Dass die Leute nicht in Scharen zum Textilmuseum Helmbrechts strömen, ist Lengle klar. Er will deswegen die weniger bekannten Angebote vernetzen. Sein Merksatz: „Der Gast will viele Eindrücke." So sollen Historiker und Touristiker gleichermaßen gewinnen: Technische Denkmale werden erhalten, die Gäste kommen in die Gegend. „Kultur-Tourismus ist ein wichtiges Standbein." [...] Lengle redet „Kulturlandschaften" das Wort, also dem „Verkaufen" ganzer Gegenden unter bestimmten Themen, wie Essen und Trinken. So macht's Franken und – kriegt dickes Lob vom Münchener Historiker: „Ihr seid auf dem richtigen Weg."

Fränkischer Tag vom 4. August 2007

1. *Vergleiche die Veränderungen der Zuwendungen für die einzelnen Regierungsbezirke in den angegebenen Zeiträumen (M 4).*
2. *Erläutere die politischen Schwierigkeiten der regionalen Wirtschaftsförderung (M 4 und M 5).*
3. *Erörtert das Tourismuskonzept (M 6).*

Lerntipp

Multimediapräsentation

„Um sich begreiflich zu machen, muss man zum Auge reden.“
Johann Gottfried Herder (1744-1803)

In Unternehmen und Schulen werden Präsentationen mit PowerPoint oder Mediator genutzt, um Informationen auch visuell zu vermitteln. Sie gelingen nur, wenn sie strukturiert und abwechslungsreich, anschaulich und verständlich sowie adressatenbezogen aufbereitet werden. Lasst euch vom Medium nicht täuschen oder verführen: Es ersetzt weder eine gründliche Planung noch euch als sachkundige Referenten.

Hier ein paar Tipps:

1. Ausgangspunkt eurer Präsentation sind sorgfältig formulierte Texte und umsichtig ausgewählte Illustrationen bester Qualität.

2. Aus den Informationen wählt ihr wenige zentrale Begriffe in bewusst kurzer Form (nicht mehr als drei Stichworte) gut lesbar für eine Folie aus, die ihr während der Präsentation erläutert. Merke: Was auf der Folie steht, wird nicht gesagt!

3. Jeder Aspekt bekommt eine neue Folie und bei Bedarf eine interessante Überschrift. Textfolien wechseln mit Bildfolien ab. Eure Abbildungen (eigene, gescannte oder aus dem Internet bezogene Fotos, Zeichnungen oder Diagramme) veranschaulichen den Text und erhalten nur wenige verbale Hinweise. Tonaufnahmen und kurze Videoclips sind möglich.

4. Knappe Pausen erhöhen die Wirkung ebenso wie sparsame Animationen, wenige Farben sowie klare Schriftarten in einheitlichen Größen. Verzichtet auf Schnickschnack, damit eure Präsentation glaubwürdig wirkt und überzeugt.

5. Unbedingt notwendig sind ein pfiffiger Einstieg, der Aufmerksamkeit weckt, und ein knapper Schluss, der nichts wiederholt, sondern das Wichtigste einprägsam zuspitzt.

M 1 Präsentation in der Klasse.
Foto von Markus Knebel vom 8. Januar 2008.

Themenvorschläge für Präsentationen

1. *Blasmusik, Brezel und Bier prägen Bayerns Bild jenseits der weiß-blauen Grenzen. Und natürlich Schlösser, Berge, Seen, Dirndl, Lederhose, Komödienstadel und Oktoberfest. Setzt euch mit diesen Klischees auseinander und klärt, welches Image ihr euch von Bayern in Deutschland und Europa wünscht.*
2. *Fühlt ihr euch als Bayern, seid ihr vielleicht sogar stolz darauf? Erarbeitet für potenzielle Investoren und Touristen eine Multimediapräsentation über Bayerns Identität am Beispiel eurer Heimatregion. Arbeitstitel „Typisch bayerisch? Zwischen Klischee und Wir-Gefühl“.*

Migration in Bayern

1 „Einzug der Hugenotten in Erlangen 1686." *Glasgemälde (110 x 118 cm) aus dem ehemaligen Erlanger Rathaussaal (Ausschnitt). Entwurf: Friedrich Wanderer, 1892/93.*

Ein Ergebnis der Migration: die Bajuwaren

Das Territorium des heutigen Bayern ist, wie fast alle in Europa besiedelten Regionen, schon immer ein Gebiet gewesen, in dem sich Migrationen, also Wanderungsbewegungen, vollzogen. Zu Beginn der christlichen Zeitrechnung, in der Herrschaftszeit von Kaiser *Augustus*, wurde das bislang keltisch besiedelte Gebiet Altbayerns südlich der Donau Teil des Römischen Reiches und von römischen Truppen besetzt. Vom 4. Jahrhundert bis etwa 550, im Zeitalter der Völkerwanderung, vollzog sich die Bildung eines Stammes, der sich aus der keltischen Urbevölkerung, von Norden eingedrungenen Germanen und verbliebenen Romanen zusammensetzte und den man als „Stamm der Bayern" oder als „Bajuwaren" bezeichnet. Auch im heutigen Bayerisch-Schwaben kann man von einem „keltisch-römisch-germanischen Mischvolk mit germanischer Dominante", so der Historiker *Peter Claus Hartmann*, ausgehen, zu dem sich später noch das bajuwarische dazugesellte. Franken dagegen, zu diesem Zeitpunkt noch kaum bewohnt und im Spannungsfeld zwischen Thüringen und Schwaben liegend, war kein Siedlungsgebiet eines großen Stammes und wurde in den nächsten Jahrhunderten vor allem durch Siedlungswellen bevölkert, wobei ortsansässige Slawen miteingegliedert und christianisiert wurden.

Zuflucht in Franken

Bis in die Neuzeit änderte sich an der Zusammensetzung der Bevölkerung kaum etwas. Nach dem 30-jährigen Krieg erlebte der protestantisch geprägte Teil Frankens die Zuwanderung von ca. 100 000 sogenannten „Exulanten" (von lat. *exulare*: außerhalb des Vaterlands, in Verbannung leben) aus Ober- und Niederösterreich. Hintergrund war die im Zuge der Rekatholisierung erfolgte Vertreibung von am evangelischen Bekenntnis festhaltenden Landesbewohnern aus den habsburgischen oder anderen katholischen Gebieten. Einige Jahrzehnte später flüchteten aus dem gleichen Grund 44 000 bis 50 000 Hugenotten aus Frankreich in deutsche Gebiete, wovon sich einige tausend mit Erlaubnis der Markgrafen von Ansbach und Bayreuth in Erlangen, Schwabach und anderen fränkischen Orten niederließen.

Bevölkerungszuwachs und -verluste

In Altbayern hatte sich seit dem 6. Jahrhundert im Gegensatz zum schwäbischen und fränkischen Raum ein sehr eigenständiges Stammesherzogtum mit relativ geschlossenem Territorium entwickelt – ein Umstand, der sich in den Wirren der Revolutions- und Napoleonischen Kriege im beginnenden 19. Jahrhundert ändern sollte. Das 1806 zum Königreich erhobene Bayern konnte seine Bevölkerung mit dem Gewinn von Schwaben und Franken um rund 1,8 Millionen Einwohner fast verdoppeln, die nun in den Staat integriert werden mussten.*

Es gab aber auch Bevölkerungsverluste: Um Armut, Hunger oder politischer Unfreiheit zu entfliehen, verließen viele Deutsche ihre Heimat. Darunter waren rund eine halbe Million Menschen aus Bayern und der bayerischen Pfalz, die im Verlauf des 19. Jahrhunderts in die „Neue Welt" aufbrachen.

Der vierte bayerische Stamm

Im Zuge der Vertreibung der deutschen Bevölkerungsteile aus den Ostgebieten gelangten nach Ende des Zweiten Weltkriegs 1,9 Millionen Flüchtlinge und Vertriebene nach Bayern. „Nie in der bayerischen Geschichte hatte es bis dahin eine solche Bevölkerungszunahme bei gleichbleibendem Territorium gegeben" (*Peter Claus Hartmann*). Da fast eine Million Sudentendeutsche aus Böhmen und Mähren die Mehrheit bildeten und 10,1 % der Gesamtbevölkerung stellten, bezeichnete man sie seit den 1950er-Jahren des letzten Jahrhunderts als „vierten bayerischen Stamm".

Neue Zuwanderer

Seither sind in Bayern wie in der übrigen Bundesrepublik Deutschland neben den Flüchtlingen und Vertriebenen noch folgende Migrationsbewegungen erfolgt: „Gastarbeiter", die seit den 1960er-Jahren ins Land geholt wurden, sogenannte „Volksdeutsche" aus ehemaligen Ostblockstaaten, vor allem „Russlanddeutsche" aus dem europäischen Teil Russlands, die im Verlauf des Zweiten Weltkriegs von Stalin nach Sibirien und Mittelasien verschleppt worden waren, sowie Asylsuchende – alles Menschen also, die, wie seit Jahrhunderten, aus sozialen, politischen, religiösen und wirtschaftlichen Gründen ihre Heimat verließen, um anderswo ihr Glück zu suchen oder um schlicht zu überleben. Ihre Integration verlief kaum ohne Probleme, doch zeigt das Beispiel der Flüchtlinge und Vertriebenen nach dem Zweiten Weltkrieg, dass Integration möglich ist.

Siehe dazu Seite 103.

Migrantenschicksale

M 1 „Es war ein Elendszug ..."

Pfarrer Krottenthaler schreibt am 4. Oktober 1945 an die bayerische Regierung:

Im April und Mai dieses Jahres strömten hier Tausende und Tausende von Flüchtlingen [...] über die ehemalige tschechische Grenze nach Bayern herein, meist Schlesier, die in der Tschechei evakuiert waren, Ostpreußen, die von der Front flohen, aber auch Deutsche aus der Slowakei, Böhmen und Mähren, manche noch mit einem Handwägelchen oder einigen Gepäckstücken, die Bauern fuhren, viele jedoch von den Tschechen völlig ausgeplündert, ohne Geld, Kleidung und Wäsche, sodass sie nur noch das besaßen, was sie auf dem Leibe trugen. Frauen schoben ihre Säuglinge im Kinderwagen, alte Leute wurden in Fahrstühlen transportiert – alle waren abgehetzt, manche tagelang ohne Nahrung und nicht mehr fähig, sich weiterzuschleppen, sodass sie am Straßenrande liegen blieben. Es war ein Elendszug, der sich nicht beschreiben lässt. [...]
In dem engen Kessel zwischen Hohenbogen und tschechischer Grenze, in dem Neukirchen b. Hl. Blut liegt, stauen sich nun gegen 10 000 Flüchtlinge. Das armselige Bergdorf Rittsteig mit 480 Einwohnern, das fast nur Holzhütten besitzt, hatte 2 300 Flüchtlinge. Die Scheunen waren überfüllt und die Häuser vollgestopft bis unter das Dach und Hunderte lagen in den kalten, frostigen Aprilnächten im Freien und in den Wäldern und baten unter Tränen: „Herr Pfarrer, helfen Sie mir doch, dass ich wenigstens in einer Scheune unterkomme."

Zit. nach: Franz J. Bauer, Flüchtlinge und Flüchtlingspolitik in Bayern 1945-1950, Stuttgart 1982, S. 391

M 2 „Die Armut überwinden"

Bericht auf der Homepage des evangelischen Presseverbands:

Eines Tages im Jahr 1968 ergriff Frau Gianacacos die Initiative. Sie ging mit sechs anderen Frauen aus einem armen Dorf im griechischen Thessalien zum örtlichen Arbeitsamt. Sie bekam ein Angebot: eine Arbeit am Fließband bei der Firma Telefunken im fernen Nürnberg. „Die Hauptbedingung war, dass wir kerngesund sind", erinnert sie sich. Die Frauen mussten sich einer intensiven medizinischen Untersuchung unterziehen. Dann bekamen sie den Job. [...]. „Jeder wollte die Armut in der Heimat überwinden", sagt Gianacacos in Bezug auf alle, die als Gastarbeiter nach Deutschland gekommen sind. „Sie haben niedrige Stellen für niedrige Löhne akzeptiert, hart gearbeitet, auch nach der tariflichen Arbeitszeit und am Wochenende. [...] Als sie hierher gekommen sind, hatten sie den Traum, in ihre Heimat zurückzukehren, bei den meisten ist er nicht in Erfüllung gegangen." Die Gastarbeiter wurden zunächst nur für zwei, drei Jahre nach Deutschland gebracht. Ihre Verträge wurden dann jährlich verlängert. Und so ist ein ganzes Leben daraus geworden.

Zitiert nach: www.epv.de/node/116/print

M 3 Kampierende Flüchtlinge auf dem Deggendorfer Stadtplatz.
Foto von 1945.

M 4 Ankunft türkischer Arbeiter auf dem Münchener Hauptbahnhof.
Im Vordergrund mit Megaphon ein Dolmetscher. Foto von 1965.

M 5 Umsiedler aus der Sowjetunion nach ihrer Ankunft in einem Aufnahmelager.
Foto vom 15. Februar 1991.

M 6 Ankunft in München.
Foto vom 14. August 2002.
Die afghanische Flüchtlingsfamilie Ahmadi erreicht die Erstanlaufstelle für Asylbewerber in München, nachdem sie aus Großbritannien abgeschoben wurde.

M 7 „Irgenwann haben wir die Situation nicht mehr ausgehalten ..."

Ein Flüchtling aus Serbien berichtet:

1994 ist mein Vater wegen des Krieges nach Deutschland geflohen. Einen seiner Brüder hatten die Serben ermordet, ein anderer war nach Dänemark geflüchtet. Als mein Vater auch noch zum Wehrdienst sollte, hat er sein Land verlassen. Ein paar Jahre lang haben es meine Mutter, meine Großeltern, meine älteren Geschwister, mein jüngerer Bruder und ich noch dort ausgehalten, aber es wurde immer schwerer. Einige unserer serbischen Nachbarn schikanierten uns ständig, schmissen Steine in unsere Fenster und drohten, uns umzubringen. Außerdem war das Leben für meine Mutter ohne Mann, mit vier Kindern und wenig Geld sehr mühsam. Irgendwann haben wir die Situation nicht mehr ausgehalten, haben das Haus und fast alles, was wir besaßen, aufgegeben und sind über die Berge und Flüsse erst nach Bosnien und dann nach Deutschland geflohen. [...]
Die Flucht hat viele Wochen gedauert und war sehr hart. Wir mussten ständig laufen, laufen, laufen. Einmal haben uns die Schlepper einfach im Wald stehen lassen. 24 Stunden lang hatten wir nichts zu essen, nichts zu trinken und wussten überhaupt nicht, wie es weitergehen sollte, bis uns die Männer irgendwann abgeholt haben und die Reise weiterging. Als wir schließlich in Deutschland ankamen, war vor allem meine Mutter völlig fertig. Sie leidet bis heute unter diesen Erinnerungen.

Cornelia Spohn (Hrsg.), Zweiheimisch. Bikulturell leben in Deutschland, Bonn 2006, S. 59 f.

M 8 „Weder noch"

Im Internet-Forum der Zeitschrift „neon" findet sich folgender Bericht vom 6. Oktober 2005:

Ich bin in Russland geboren und mit sechs Jahren nach Deutschland gekommen, als sogenannte Russland-Deutsche. Als ich dann in die Schule gekommen bin, wurde ich von den anderen Kindern mindestens einmal am Tag gefragt, woher ich denn komme. Auf meine Antwort bekam ich dann sogleich die nächste Frage: Warum wir denn hergekommen sind, etwa wegen des Krieges? Kurze Zeit später wurde mir, nachdem ich aufgrund eines Umzugs die Schule wechseln musste, von den anderen Kindern „Scheiß-Russin" hinterhergeschrien. Tag für Tag. Bis meine Lehrerin sich eingeschaltet hat. Seit dem Tag wurde ich von den Anderen gemieden. [...]
Meine Sprache ist einwandfrei, vielleicht bis auf das „gerollte R". [...] Ich habe fast ausschließlich Deutsche als Freunde, meine Familie ist nahezu vollständig integriert. Und dennoch: Wenn ich gefragt werde, ob ich mich eher als Deutsche oder eher als Russin fühle, muss ich grübeln. „Weder noch" ist dann meine Antwort.
Ein Gedanke kommt mir zwangsweise, wenn ich die Frage höre: „Woher kommst du eigentlich?" Zum einen fühle ich mich dann sofort in meine Kindheit zurückversetzt („Scheiß-Russin"). [...] Zum anderen ist es die Tatsache, dass etwa 90 % aller Jugendlichen nicht wissen, was es mit der Geschichte der Russland-Deutschen auf sich hat. [...] Und eben dieses Unwissen lässt die meisten [...] von mir denken, ich sei Russin. Und dies wiederum verbinden dann diese neun von zehn mit Schlägereien in den sogenannten Russendiscos, Kriminalität, Aggression, Wodka-Saufen. Es ist doch so, da kann mir keiner was sagen, dass er, wenn er das Wort Russe hört, an Kreml, Lenin oder Babuschka denkt.

Zitiert nach: www.neon.de/kat/sehen/gesellschaft/integration/99520.html

Erarbeitet aus den Texten und Bildern die Migrationsgründe und die Ankunftsbedingungen in Deutschland (M 1 bis M 8). Nennt Ähnlichkeiten und Unterschiede.

Phasen, Erfolge und Probleme der Integration

M 1 Anteil der Flüchtlinge und Vertriebenen an der Bevölkerung der Stadt- und Landkreise Bayerns nach der Volkszählung von 1950.

Von den knapp 1,7 Mio. Flüchtlingen zum Jahresende 1946 lebten 59,2 % in Gemeinden mit weniger als 2 000 Einwohnern und 15,5 % in Gemeinden mit 2 000 bis 5 000 Einwohnern. Der Zuzug veränderte auch die konfessionelle Zusammensetzung der ländlichen Gebiete. Von 1 424 rein katholischen Gemeinden blieben nach Kriegsende ganze neun übrig, in allen 140 früher rein evangelischen Gemeinden lebten nun auch Katholiken.

Karte: Haus der Bayerischen Geschichte, Augsburg

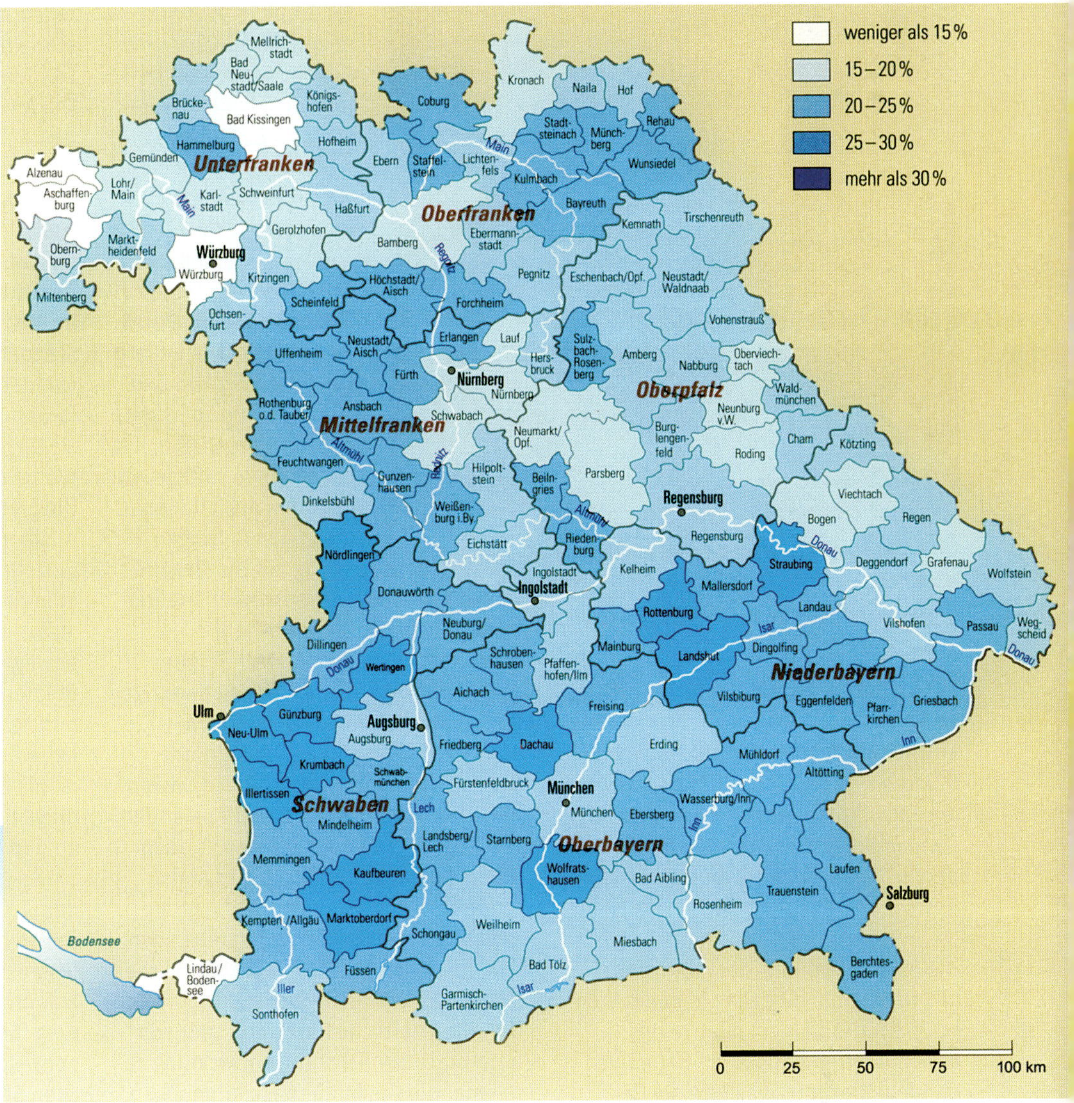

M 2 Die Eingliederung der Flüchtlinge und Vertriebenen

Die Historiker Peter Jakob Kock und Manfred Treml fassen die erfolgreiche Integration der Flüchtlinge und Vertriebenen in Bayern folgendermaßen zusammen:

Zum Jahresende 1945 lebten 1 563 000 geflohene oder verschleppte Personen in Bayern. Im Jahr 1946 erreichte die Zuwanderung nach Bayern ihren Rekord. Der Flüchtlingsanteil an der Gesamtbevölkerung von etwa neun Millionen Menschen betrug 23 Prozent [...]. „Der Zustrom so vieler Hunderttausender von Flüchtlingen unmittelbar nach dem Zusammenbruch war eine Belastung, die – ungeachtet ferner positiver Perspektiven [...] – den bayerischen Politikern als an den Existenznerv des Landes gehend erscheinen musste", schreibt *Franz J. Bauer*. Die Aufgabe, „diese ungerufenen Gäste" einzugliedern, sei den bayerischen Nachkriegsregierungen kein Bedürfnis, kein selbstgewähltes Ziel gewesen, sondern eine von den Siegern auferlegte „harte Pflicht". Solange die wirtschaftliche Integration an den gesamtökonomischen Bedingungen scheitern musste, blieb nur die – notgedrungen bescheidene – staatliche Fürsorge übrig, deren Effizienz von Betroffenen wie Einheimischen in Zweifel gezogen wurde.

Das wesentliche Signal zur Eingliederung gaben weniger Wohnungsbau- und Ansiedlungsprogramme und auch nicht der Lastenausgleich, sondern „eine bald danach einsetzende ‚Mentalitätswende' bei den Verantwortlichen [...], die dazu führte, die Neubürger als positives Zukunftspotenzial zu betrachten. Bayern hat diese Wende wohl am schnellsten und am konsequentesten vollzogen und damit einen ersten qualitativen Industrialisierungsschub in der Nachkriegszeit eingeleitet". Der Anfang der 50er-Jahre einsetzende rasante ökonomische Wiederaufstieg der Bundesrepublik Deutschland schließlich lieferte den entscheidenden Schub zur ökonomischen Lösung der Flüchtlingsfrage.

Peter Jakob Kock und Manfred Treml, Bayern nach dem Zweiten Weltkrieg, in: Manfred Treml, Geschichte des modernen Bayern. Königreich und Freistaat, München ^{3}2006, S. 414 f.

1. *Überlege, warum die Flüchtlinge vor allem auf ländliche Gebiete verteilt wurden (M 1).*
2. *Sucht Quellen, die die Integrationsprobleme der Heimatvertriebenen anschaulich machen.*
3. *Erörtert die in M 2 genannten Integrationsfaktoren. Diskutiert, ob die genannten Faktoren auf aktuelle Migrationsentwicklungen übertragbar sind.*

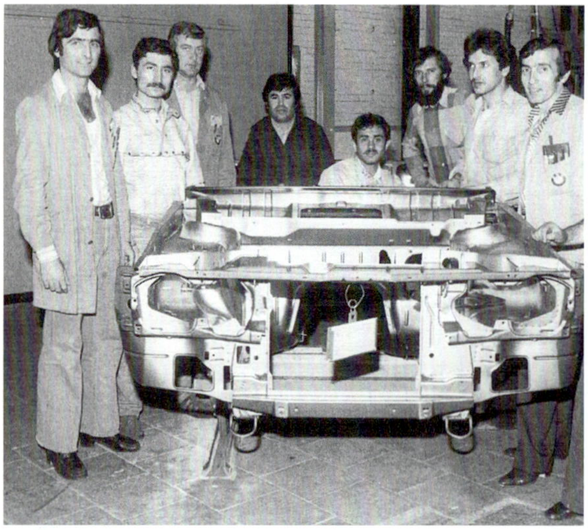

M 3 Türkische Arbeitnehmer bei BMW in München.
Foto von Selahattin Kaya, 1960.

M 4 Phasen der Ausländerbeschäftigung

In einer wirtschaftswissenschaftlichen Doktorarbeit aus dem Jahre 2000 wird die Entwicklung der Ausländerbeschäftigung in Bayern im Zusammenhang mit der Ausländerpolitik vorgestellt; hier ein Auszug:

Die Ausländerpolitik der Bundesrepublik Deutschland begann in den Jahren 1953/1954 mit einer Initiative des baden-württembergischen Bauernverbandes. Dieser propagierte die Beschäftigung ausländischer Erntehelfer, um so den Mangel an Arbeitskräften in der Landwirtschaft Südwestdeutschlands zu kompensieren.

In den sechziger und frühen siebziger Jahren trat der Arbeitskräftemangel keineswegs in allen Wirtschaftsbereichen auf, sondern konzentrierte sich auf wenige Branchen mit besonders beschwerlichen, oft schlecht bezahlten und gesellschaftlich gering geschätzten Tätigkeiten. Neben der Landwirtschaft waren schwerpunktmäßig das Baugewerbe, die eisen- und stahlerzeugende Industrie, der Bergbau sowie bestimmte Dienstleistungen wie die Krankenpflege betroffen.

In der ersten Phase der Ausländerpolitik wurden ausländische Arbeitskräfte von den Kommissionen der Bundesanstalt für Arbeit im Ausland angeworben. Das erste Abkommen wurde im Jahr 1955 mit Italien geschlossen, weitere Vereinbarungen über die Vermittlung von Arbeitskräften folgten 1960 mit Spanien und Griechenland, mit der Türkei (1961), mit Portugal (1964) sowie im Jahr 1965 mit Marokko und Tunesien und 1968 mit Jugoslawien. Dieser Chronologie zufolge waren dann auch Italiener die in den Anfängen der Gastarbeiterbewegung auf Bundesebene am stärksten vertretene Nationalität.

In Bayern waren bis in das Jahr 1959 allerdings die meisten beschäftigten Ausländer Österreicher, in den sechziger Jahren stellten diese noch die zweitstärkste Fraktion. In der ersten Hälfte der sechziger Jahre hatte sich in Bayern die Anzahl der beschäftigten Ausländer von knapp 37 000 auf rund 194 000 im Jahr 1966 gut verfünffacht. Der anhaltende Wirtschaftsboom und die große Anzahl offener Stellen verfehlten in den von Arbeitslosigkeit geplagten Anwerbeländern ihre Wirkung nicht. [...]

Die wirtschaftliche Rezession 1966/67 unterbrach zunächst die Entwicklung zunehmender Ausländerbeschäftigung: Die Anzahl ausländischer Erwerbspersonen betrug im Jahr 1967 rund 20 v. H. weniger als im Vorjahr. Entgegen dem Trend nahm auch in dieser Rezessionsphase die Beschäftigtenzahl von Erwerbspersonen aus dem ehemaligen Jugoslawien zu. [...]

In den folgenden Jahren nahmen die Beschäftigtenzahlen kontinuierlich zu und erreichten in Bayern im Jahr 1972 mit 380 000 Ausländern einen historischen Höchststand. Diese zweite Expansionsphase wurde insbesondere gespeist durch Zuzüge von Jugoslawen und Türken. [...]

Im November 1973 wurde die Expansion der Ausländerbeschäftigung infolge der nicht absehbaren konjunkturellen Konsequenzen der Ölkrise jäh gestoppt. Die Bundesregierung verhängte einen generellen, bis heute geltenden Anwerbestopp für Arbeitskräfte aus Nicht-EG-Ländern. [...]

Der Anwerbestopp markierte einen deutlichen Wendepunkt in der bisherigen Ausländerpolitik. Bestimmend für die Phase bis 1980 war das Bestreben nach Konsolidierung der Ausländerbeschäftigung, wobei es hierzu bereits Absichten vor dem Anwerbestopp gab. Im Mittelpunkt der Ausländerpolitik standen nun die Grundgedanken der Zuwanderungsbegrenzung, der Rückkehrförderung sowie Überlegungen zur sozialen Integration der ausländischen Wohn- und Erwerbsbevölkerung.

Die Erteilung einer Arbeitsaufnahme für Ausländer wurde ab 1974 einer strengen Einzelfallprüfung unterzogen und vom Inländerprimat* abhängig gemacht. [...] Insbesondere der Anwerbestopp selbst bewegte viele Ausländer aus Nicht-EG-Staaten zum Verbleib in der Bundesrepublik, wäre doch eine Rückkehr mit neuerlicher Arbeitsaufnahme nicht mehr möglich gewesen. Insgesamt ging allerdings durch die wirtschaftliche Rezession und den Erlass des Anwerbestopps die Anzahl beschäftigter Ausländer deutlich zurück. [...]

Der seit dem Erlass des Anwerbestopps festzustellende zunehmende Daueraufenthalt der ausländischen Bevölkerung führte in der Bundesrepublik zu einer Festigung ihres aufenthaltsrechtlichen Status, sodass ausländische Arbeitnehmer seit 1. November 1978 nach fünf Jahren eine unbefristete Aufenthaltserlaubnis und nach acht Jahren eine Aufenthaltsberechtigung erhalten können. [...]

Das Jahr 1981 bildet einen neuen Einschnitt in der Ausländerpolitik der Bundesrepublik. Es leitete die bis heute geltende restriktive, auf eine Begrenzung der in der Bundesrepublik lebenden Ausländer zielende Ausländerpolitik ein. Bade** beschreibt die

* **Inländerprimat**: *Vorrang, bevorzugte Stellung der einheimischen Arbeitslosen*

*** Prof. Klaus J. Bade ist emeritierter Professor für Neueste Geschichte und Direktor des Instituts für Migrationsforschung und Interkulturelle Studien der Universität Osnabrück. Er hat zahlreiche Arbeiten zum Thema veröffentlicht.*

Bedingungen, denen sich die Politik zu Beginn der 1980er-Jahre gegenüber sah, als Entdeckung der Einwanderungssituation bei zunehmender Arbeitslosigkeit, verbunden mit einer wirtschaftlichen Krise. [...]

Das Gesetz zur Neuregelung des Ausländerrechts vom 9.7.1990, in Kraft getreten zum 1. 1. 1991, markiert einen wichtigen Einschnitt in der jüngsten ausländerrechtlichen Entwicklung in der Bundesrepublik. Das neue Ausländergesetz löste das Ausländergesetz vom 28.4.1965 ab. Es steht am Anfang einer neuen Phase der Ausländerpolitik. Die starken Zuwanderungen seit Ende der 1980er-Jahre, die komplexe Einwanderungssituation in den alten Bundesländern seit der deutschen Wiedervereinigung sowie eine intensive öffentliche Diskussion und Wahrnehmung der Problemfelder Zuwanderung, Integration und Minderheiten prägten diese Phase nachhaltig. Wie dem Ausländergesetz von 1965 liegt auch dem neuen Ausländergesetz die politische Entscheidung zugrunde, dass die Bundesrepublik Deutschland kein Einwanderungsland sein solle.

Neben der weiteren Zuwanderungsbegrenzung hat sich das Ausländergesetz zum ausdrücklichen Ziel gesetzt, den aufenthaltsrechtlichen Status der dauerhaft in der Bundesrepublik lebenden Ausländer weitgehend zu sichern.

Andreas Schutkin, Die berufliche Positionierung ausländischer Erwerbspersonen in Bayern, Regensburg Diss. 2000, S. 36-39 u. 43-51 (stark gekürzt); zitiert nach der Internetausgabe

Wirtschaftsgruppe	**1980**			**1995**		
Angaben in %	*Männer*	*Frauen*	*relativer Frauenanteil in der Branche*	*Männer*	*Frauen*	*relativer Frauenanteil in der Branche*
Land-, Forstwirtschaft, Fischerei	1,0	0,5	18,3	2,0	0,7	17,5
Energie, Bergbau	0,2	0,1	16,4	0,4	0,2	18,8
Verarbeitendes Gewerbe	57,8	60,3	33,9	48,3	33,3	27,3
Baugewerbe	19,1	0,7	1,7	16,8	0,9	2,7
Handel	6,0	8,3	40,4	8,6	14,1	47,2
Verkehr, Nachrichtenübermittlung	3,7	1,2	13,9	5,0	3,0	24,2
Kreditinstitute, Versicherungen	0,5	1,5	60,6	0,7	2,3	64,1
Dienstleistungen	10,9	26,3	54,1	17,3	43,7	57,9
Allgemeine Öffentliche Verwaltung	0,8	1,1	42,5	0,9	1,8	53,1
Insgesamt	*100,0*	*100,0*		*100,0*	*100,0*	

M 5 Verteilung abhängig beschäftigter Ausländer nach Geschlecht und Wirtschaftsgruppe.
Nach: Andreas Schutkin, Die berufliche Positionierung ausländischer Erwerbspersonen in Bayern, a. a. O., S. 64

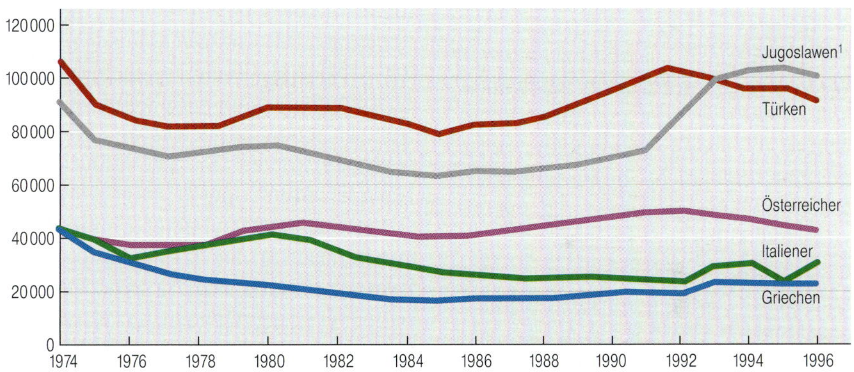

[1] Ab 1992 einschließlich Angehörige der Nachfolgestaaten sowie Bürgerkriegsflüchtlinge, die als vorübergehend Geduldete eine befristete Arbeitserlaubnis erhalten können.

M 6 Entwicklung der abhängig beschäftigten Ausländer in Bayern von 1974 bis 1996.
Nach: Andreas Schutkin, Die berufliche Positionierung ausländischer Erwerbspersonen in Bayern, a. a. O., S. 46

1. *Nenne die Phasen der Ausländerpolitik und stelle die Gründe für sie dar (M 4).*
2. *Im öffentlichen – nicht im amtlichen – Sprachgebrauch der 1960er-Jahre bürgerte sich für die ausländischen Arbeitskräfte die Bezeichnung „Gastarbeiter" ein. Der Begriff galt als Botschaft. Erkläre ihn!*
3. *Erläutere die Verteilung der abhängig beschäftigten Ausländer auf Wirtschaftsgruppen und nach Geschlecht (M 5). Beschreibe und erkläre die Veränderungen zwischen 1980 und 1995.*
4. *Interpretiere die Entwicklung der Zahlen der abhängig beschäftigten Ausländer (M 6).*
5. *Informiere dich über in deinem Wohn- oder Schulort lebende Ausländer (Zahl, Herkunft, Erwerbstätigkeit, Arbeitslosigkeit etc.).*

M 7 „Sprachverwirrung."
Karikatur von Burkhard Mohr.
Aus: Das Parlament vom 13. Dezember 2000. Seit 2000 müssen in Bayern Ausländer vor ihrer Einbürgerung einen schriftlichen Sprachtest machen. Bis dahin reichte ein mündlicher Test.

M 8 Wenn Integration gelingen soll

2003 fasst Günther Beckstein, bayerischer Innenminister von 1993 bis 2007 und seit 2007 Ministerpräsident, die Voraussetzungen für die Integration zusammen:

Wenn Integration auf Dauer gelingen soll, müssen wir aber auch strikt darauf achten, dass wir die Integrationskraft unserer Bürger nicht überfordern. Die Integrationsfähigkeit von Staat und Gesellschaft muss entscheidender Maßstab für die Zuwanderung in unser Land sein. Wenn Zustimmung und Integrationsfähigkeit schwinden, wachsen sozialer Zündstoff und Fremdenfeindlichkeit. Deshalb führt an einer Politik der Steuerung und Begrenzung von Zuwanderung kein Weg vorbei. Entscheidend ist für mich ein umsichtiges, einfühlsames und verantwortungsbewusstes Vorgehen, das die Belange unserer integrationswilligen ausländischen Mitbürger ebenso ernst nimmt wie die Interessen der einheimischen Bevölkerung. Nur so können wir ein friedliches Miteinander von Menschen unterschiedlicher Kulturkreise in unserem Land auf Dauer garantieren. Für eine solche Politik, die von gegenseitiger Toleranz und Achtung getragen ist, werde ich mich weiterhin mit allem Nachdruck einsetzen.

Salto rationale: Grenzwerte. Fluchtpunkt Migration, Ausgabe Nr. 10, Oktober 2003, S. 15

M 9 Sprachbarrieren überwinden

„Chance M" ist eine Initiative der Handwerkskammer für Schwaben. Ein Zeitungsartikel vom November 2006 berichtet:

Alexander Ostachshenko guckt verwirrt. Hilfesuchend blickt er seinen Chef an. Die Frage nach dem Grund für seine Auswanderung nach Deutschland hat er nicht verstanden. Sein Deutsch ist einfach noch nicht gut genug. Kfz-Mechanikermeister Johann Fuchs schaut seinen Lehrling väterlich nachsichtig an und hilft beim Verstehen. Russisch spricht er aber ausdrücklich nicht. Schließlich soll Ostachshenko was lernen. Fuchs ist selbst Aussiedler aus Kasachstan, ist aber schon seit 1989 hier und spricht fehler- und fast akzentfrei deutsch. Seinen neuen Lehrling lobt er ausdrücklich. In den neun Monaten Praktikum vor Ausbildungsbeginn habe sich sein Deutsch schon deutlich verbessert. „Mit Alexander konnten Sie am Anfang kaum ein Wort reden", sagt er. Immerhin hatte Ostachshenko schon einen viermonatigen Intensivkurs am Berufsbildungszentrum (BBZ) hinter sich. Da seine Familie, mit der er übergesiedelt ist, in Kasachstan jedoch kein Deutsch sprach, hatte er sehr viel Mühe, sich in die Sprache einzufühlen. Nichtsdestotrotz wollte der 25-Jährige Kfz-Mechatroniker werden. Schließlich war er in seinem Herkunftsland Lkw-Fahrer und damit auch Fachmann für den Antrieb, denn in Kasachstan muss jeder Fahrer für die Fahrtüchtigkeit seines Fahrzeugs selbst sorgen. Das BBZ fragte bei „Fuchs Automobile" nach einem Praktikum und Johann Fuchs nahm den Neuling.
Im Rahmen der Initiative *Chance M* finanziert nun die Handwerkskammer Schwaben seit Mitte Mai einen technischen Sprachkurs für Ostachshenko, der sich in seinem Praktikum bewährt hat und jetzt als Lehrling weitermachen darf. *Chance M* ist ein spezielles Beratungs- und Qualifizierungsangebot, mit dem die Handwerkskammer Menschen mit Migrationshintergrund für den Arbeitsmarkt im Handwerk fit machen will. Arbeitgeber, ob Deutsche, Türken oder Aussiedler, sollen für diese potenziellen Mitarbeiter sensibilisiert werden.
Johann Fuchs ist dankbar für dieses Angebot. Als Einwanderer weiß er, wie wichtig es ist, die Sprache der neuen Heimat zu sprechen, um Fuß zu fassen. Er selbst kommt aus einer Familie, die auch in Kasachstan noch deutsch gesprochen hat. Seine Voraussetzungen waren damit besser als bei vielen seiner späteren Lehrlinge. Aber er weiß auch, wie wichtig es ist, sich Ziele zu setzen und den Willen mitzubringen, sich zu integrieren. Nicht umsonst hat er es innerhalb von acht Jahren vom einfachen Mechaniker bis zum Meister und letztlich zum selbstständigen Unternehmer geschafft. Auf Praktikanten und Lehrlinge mit großen sprachlichen Defiziten geht er deshalb zu, spricht sie auf ihre Fähigkeiten an, versucht Anstöße zu geben. Etwas, das er auch innerhalb seiner Landsmannschaft macht. Er geht in Versammlungen, spricht über Sprache, Anpassung und Integration und welche beruflichen Möglichkeiten sich daraus ergeben. „Ich möchte den Jugendlichen deutlich machen, wie ihre Perspektiven sind", sagt er. Denn noch immer ist die Sprache das größte Problem, wenn es darum geht, Nachwuchs in den Arbeitsmarkt zu integrieren.

Deutsche Handwerkszeitung vom 11. Oktober 2006

M 10 „Mit Purzelbäumen Brücken schlagen“

Michael Stadik berichtet Anfang Mai in einem Zeitungsartikel über die Integrationsarbeit im sportlichen Bereich:

Lukas Podolski, Mehmet Scholl oder Gerald Asamoah sind Vorzeigestars mit Migrationshintergrund, die ihre kulturellen Eigenheiten behalten haben und aus den deutschen Fußballstadien nicht mehr wegzudenken sind. Aber auch im Breitensport gibt es zahllose Beispiele für gelungene Integration, wie beim 1. Oberbayerischen Integrationsforum in Ingolstadt deutlich wurde.
Aus acht verschiedenen Nationen stammen die Mädchen, die am Donnerstagabend das Kinderturnen des MTV 1881 Ingolstadt vorführten. Auch die Karatekas des TSV Ingolstadt-Nord, die Kickboxer des SC Bushido oder die Breakdancer des TV 1861 Ingolstadt sind eine bunt zusammengewürfelte Truppe mit Kindern und Jugendlichen aus vielen Ländern. Diese Schanzer Stützpunktvereine sind hervorragende Beispiele für gelebte Integration und stellten daher beim 1. Oberbayerischen Integrationsforum in der Ingolstädter Volkshochschule ihre Arbeit vor. „Integration ist keine einseitige Leistung, sondern verlangt auch von den Deutschen eine offene Haltung“, betonte Oberbayerns Regierungsvizepräsident Ulrich Böger.
Unter dem Motto „Sport bewegt, Sport verbindet!“ unterstützt die Regierung im Rahmen des Oberbayerischen Integrationsforums die vielfältigen Integrationsmaßnahmen von öffentlicher und privater Seite, vermittelt Kontakte und ist Ansprechpartner für Fragen der Integration.

Allgäuer Allgemeine vom 4. Mai 2007

M 11 Braucht man zum Beten eine Genehmigung?

Im Juni 2007 schreibt ein Journalist aus München:

Vor der Halle stapeln sich Schuhe, im ersten Stock die Umzugskartons. Vor dem kleinen Waschraum stehen die Gläubigen Schlange. Ein junger Mann geht barfuß an den Wartenden vorbei, der Nächste darf sich die Füße waschen. Gleich beginnt das Freitagsgebet. Beten werden die Muslime in einem ehemaligen Möbellager – auch wenn sie das laut Stadtverwaltung eigentlich gar nicht dürften.
Erst vor kurzem ist der Verein *Darul Quran* von der Dachauer Straße in das ehemalige Möbelhaus in der Ruppertstraße gezogen – der alte Mietvertrag war ausgelaufen. In der Halle will der islamische Kulturverein, der sich in seiner Satzung gezielt der Integration und Terrorbekämpfung verschrieben hat, auch Seminare veranstalten und Bücher, CDs sowie Kleidung vertreiben. Mit dem Grundstückseigner wurde darüber ein Mietvertrag abgeschlossen, dann begannen die Umbauten.
Die daraus resultierenden Gerüchte erreichten in den vergangenen Tagen den Siedepunkt: Nachbarn waren in Aufruhr, auch eine Stadtratsanfrage wurde gestellt. In vielen Äußerungen schwingt hinter den Klagen über mangelnde Information Skepsis gegenüber dem Islam mit. Am Donnerstag der vergangenen Woche wies der Bezirksausschuss die Lokalbaukommission [LBK] auf die Bauarbeiten in der Ruppertstraße hin. Daraufhin habe die LBK noch am selben Tag eine schriftliche Nutzungsuntersagung abgeschickt und den Verein darüber auch telefonisch informiert.
„Ohne Genehmigung dürfen sie die Nutzung nicht aufnehmen“, betont Planungsreferatssprecher Thorsten Vogel, da hier eine genehmigungspflichtige Änderung vorliege. Imam Hesham Shashaa sagt jedoch, bei ihm sei nichts eingetroffen. Das Gebet hält er trotz möglicher Zwangsgelder.
Von der Notwendigkeit eines Bauantrags habe der Verein nichts gewusst, den will man aber nun nachreichen. „Wir wollen, dass die Leute hier in Ruhe und Frieden miteinander leben können“, versichert Shashaa. Er verstehe die Vorbehalte gegenüber Muslimen seit dem 11. September 2001, aber er und seine Gemeinde, zu der auch Deutsche gehörten, wollten aufklären, sich gegen Fanatismus und für Integration einsetzen.
Zwei Polizeibeamte, die am Freitag vorbeischauen – nicht zur Kontrolle, nur um sich vorzustellen, wie sie betonen – hat er auf seiner Seite. Ein Verein, der sich so öffne, sei selten. „Was Sie da machen, ist eine gute Geschichte – wir drücken die Daumen“, so Polizeihauptkommissar Steve Liedig.
Unterstützung erhält die Gemeinde auch von Hallenbetreiber Wolfgang Nöth, der mit Shashaa seit Jahren befreundet ist und am Freitag aus Solidarität in die Ruppertstraße gekommen ist. „Es geht gegen mein Verständnis, dass man eine Baugenehmigung zum Beten braucht“, ärgert sich Nöth. Die Umbauten seien auch nicht sehr umfangreich gewesen. Nöth gesteht zu, dass vielleicht Fehler passiert seien. Hinter der Aufregung aber steckt seiner Meinung nach auch die Nähe zum Gotzinger Platz. Mit der dort geplanten Moschee sei der Gebetsraum jedoch nicht zu vergleichen. Und: „Man kann nicht jedem Moslem unterstellen, dass er ein Terrorist ist.“

Süddeutsche Zeitung vom 4. Juni 2007

1. *Nehmt Stellung zu den Überlegungen von Günther Beckstein (M 8).*
2. *Fasse die in den Zeitungsartikeln (M 9 bis M 11) genannten Migrationsprobleme und Lösungsansätze in einer Übersicht zusammen.*
3. *Informiert euch über weitere Integrationsbemühungen wie das Programm „Integration durch Sport“ des Deutschen Sportbundes.*

M 12 Zahl der Asylbewerber

	Bayern	*Bund*
1996	16532	116367
1997	15299	104353
1998	14294	98644
1999	13547	95113
2000	11287	78564
2001	12853	88287
2002	10165	71127
2003	6854	50563
2004	4885	35607
2005	3594	28914
2006	2948	21029

www.stmas.bayern.de/migration/asyl/index.htm

M 13 Woher sie kommen

Im Jahre 2006 waren in Bayern bei den Asylbewerbern folgende Hauptherkunftsländer festzustellen:

	Personen	*Anteil*
Irak	498	16,9 %
Slowakische Rep.	184	6,2 %
Serbien Montenegro	150	5,1 %
Eritrea	121	4,1 %
Türkei	118	4,0 %
Serbien*	112	3,8 %
Aserbaidschan	96	3,3 %
Nigeria	94	3,2 %
Kolumbien	84	2,8 %
Vietnam	81	2,7 %
Summe	*1538*	*52,2 %*
Alle Länder	*2948*	*100,0 %*

** bis Juli 2006: Serbien und Montenegro*
www.stmas.bayern.de/migration/asyl/index.htm

M 14 Asylbewerber in Bayern

Am 12. Februar 2008 zieht das „Bayerische Staatsministerium für Arbeit und Sozialordnung, Familie und Frauen" folgende „Bilanz" für 2007:

„Im Jahr 2007 sind insgesamt 2 966 Asylbewerber nach Bayern gekommen - das sind 18 Personen bzw. 0,6 Prozent mehr als im Jahr 2006. Die Zahl der in bayerischen Gemeinschaftsunterkünften lebenden Flüchtlinge ist im gleichen Zeitraum aber weiter gesunken. Aufgrund dieser Entwicklung konnte die Anzahl der bayerischen Gemeinschaftsunterkünfte von 168 auf 144 reduziert werden. In diesen leben derzeit 8 799 Personen, das sind 2 156 Personen und damit knapp 20 Prozent weniger als noch Anfang Januar 2007." Mit diesen Worten zog Bayerns Sozialministerin *Christa Stewens* heute in München Bilanz.

Stewens: „Dieser deutliche Rückgang der Bewohnerzahl ist unter anderem auf die neue Bleiberechtsregelung zurückzuführen. Langjährig geduldete Ausländer haben nun die Möglichkeit, ihren Lebensunterhalt selbst zu verdienen und die Gemeinschaftsunterkunft zu verlassen. Wir bieten damit ausländischen Mitbürgern eine faire Chance und die Perspektive auf einen dauerhaften Aufenthalt."

Die Integration in die Gesellschaft dürfe aber keine Einbahnstraße sein, sondern erfordere auch eine entsprechende Bereitschaft und das Engagement der früheren Asylbewerber.

Stewens: „Aufgrund der sich im vergangenen Jahr verschlechternden Sicherheitslage im Irak kamen 2007 im Vergleich zum Vorjahr mehr als doppelt so viele – nämlich 1 092 – irakische Asylbewerber nach Bayern. Somit waren gut ein Drittel aller nach Bayern kommenden Asylbewerber Iraker." Weitere Hauptherkunftsländer sind Serbien (252 Personen), Nigeria (142 Personen) und die Türkei (95 Personen).

Bundesweit haben 2007 insgesamt 19 164 Personen Asyl (Erstanträge) beantragt. Im Vergleich zum Vorjahr ging die Anzahl der Anträge um 1 865 bzw. 8,9 Prozent zurück. Lediglich 304 Personen wurden als Asylberechtigte anerkannt. Weitere 7 566 haben ein dauerhaftes Bleiberecht in Form von Abschiebeschutz oder Abschiebeverbot erhalten. „Damit sind im Jahr 2007 über 27 Prozent der Entscheidungen über Asylanträge für die Antragstellerin bzw. den Antragsteller positiv ausgefallen. Dies ist jedoch hauptsächlich auf den erhöhten Zugang irakischer Asylbewerber zurückzuführen. Die meisten anderen Flüchtlinge haben keine Aussicht auf einen rechtmäßigen Daueraufenthalt", erläuterte Stewens [...].

Pressemitteilung des Bayerischen Staatsministeriums für Arbeit und Sozialordnung, Familie und Frauen, Nr. 075.08 vom 12. Februar 2008

M 15 „Nichts zu machen! Das Boot ist voll!!!"

Karikatur von Gerhard Mester vom 18. September 1991.

1. *Verfasse einen Bericht über die Entwicklung der Zahl der Asylbewerber in Bayern (M 12 und M 14).*
2. *Untersuche die Hauptherkunftsländer der Asylsuchenden (M 13) und setze sie in Beziehung mit der Aussage: „Veränderungen in der Zusammensetzung der Herkunftsländer sind Ausdruck wirtschaftlicher, politischer und gesellschaftlicher Verhältnisse in den einzelnen Ländern."*
3. *Erkundigt euch, wo sich in eurer Nähe die nächste Gemeinschaftsunterkunft für Asylbewerber befindet und wie viele Menschen dort untergebracht sind. Tragt zusammen, welche staatlichen Maßnahmen vorgesehen sind, um nach Deutschland bzw. Bayern gelangten Flüchtlingen zu helfen, und diskutiert sie auch hinsichtlich damit verbundener Probleme (M 14).*
4. *Bildet zwei Arbeitsgruppen, die mit der Darstellung und den Materialien sowie den angegebenen Internetadressen je eine Mindmap erstellen, die*
   – die historisch-chronologischen Aspekte (Gruppe 1) sowie
   – die inhaltlichen Aspekte (Gruppe 2)
   des Themas Migration darstellt. Beide Gruppen stellen sich gegenseitig die Mindmaps vor.

Grundwissen der Jahrgangsstufen 6 bis 10

Daten

Jahrgangsstufe 6

seit etwa 10 000 v. Chr.	*Menschen werden sesshaft und gründen Siedlungen.*
ab 3000 v. Chr.	*In Ägypten werden Schriftzeichen (Hieroglyphen) erfunden und Pyramiden gebaut.*
753 v. Chr.	*Rom wird der Sage nach gegründet.*
5. Jh. v. Chr.	*In Athen setzt sich die Herrschaft des Volkes (Demokratie) durch; Blütezeit der Dichtung und Kunst.*
1. Jh. v. Chr.	*In Rom ändert sich die Herrschaftsordnung; die Republik wird allmählich eine Monarchie.*
um Christi Geburt	*Das Zeitalter des Augustus.*
um 500	*Das Weströmische Reich zerfällt, die Teilung der Mittelmeerwelt beginnt.*

Jahrgangsstufe 7

800	*Der Papst krönt Karl den Großen in Rom zum Kaiser.*
1077	*Heinrich IV. leistet dem Papst Buße vor der Burg Canossa; Höhepunkt des Investiturstreits.*
1453	*Die Osmanen erobern die Hauptstadt des Byzantinischen Reiches; aus Konstantinopel wird Istanbul.*
1492	*Kolumbus landet in Amerika; das Zeitalter der Entdeckungen folgt.*
1517	*Luther stellt seine Thesen gegen den Ablass zur Diskussion; die Reformation beginnt.*
1618–1648	*Aus einem konfessionellen Konflikt wird der Dreißigjährige Krieg.*

Jahrgangsstufe 8

14. Juli 1789	*Die Französische Revolution beginnt mit dem Sturm auf die Bastille, das ehemalige Staatsgefängnis.*
1806	*Das Heilige Römische Reich Deutscher Nation wird aufgelöst.*
1815	*Auf dem Wiener Kongress wird Europa neu geordnet.*
1832	*Nationale, liberale und soziale Forderungen werden auf dem Hambacher Fest gestellt.*
1848/49	*Nach der Märzrevolution von 1848 wird eine deutsche Nationalversammlung gewählt. Sie tagt in der Frankfurter Paulskirche und soll eine Verfassung für einen Nationalstaat ausarbeiten.*
1871	*Während des Deutsch-Französischen Krieges wird das Deutsche Kaiserreich im Januar gegründet.*
1914–1918	*Der Erste Weltkrieg.*
1919	*Der Vertrag von Versailles legt die Grundlagen für die europäische Nachkriegsordnung.*

Jahrgangsstufe 9

1918	*Die Novemberrevolution beendet die Monarchien im Deutschen Reich.*
1923	*Der Hitler-Putsch in München scheitert.*
1929	*Der New Yorker Börsenkrach leitet eine Weltwirtschaftskrise ein.*
30. Januar 1933	*Reichspräsident Paul von Hindenburg ernennt Adolf Hitler, den Führer der rechtsradikalen NSDAP, zum Reichskanzler.*
1933	*Das „Ermächtigungsgesetz" gibt der Regierung des Reichskanzlers Adolf Hitler diktatorische Macht; Länder, Gemeinden und Verbände werden „gleichgeschaltet"; die NSDAP wird einzige Partei.*
9. November 1938	*Die Nationalsozialisten gehen gewaltsam gegen Juden vor, um sie aus Deutschland zu vertreiben („Novemberpogrom").*
1. September 1939	*Mit dem deutschen Angriff auf Polen beginnt der Zweite Weltkrieg; die systematische Vernichtung der europäischen Juden nimmt ihren Anfang.*
20. Juli 1944	*Das gescheiterte Attentat auf Hitler ist der Höhepunkt des militärischen Widerstandes.*
8. Mai 1945	*Mit der bedingungslosen Kapitulation Deutschlands endet der Zweite Weltkrieg in Europa.*
1946	*Der Freistaat Bayern erhält unter der amerikanischen Besatzung eine neue Verfassung.*
23. Mai 1949	*Die Ministerpräsidenten der Länder und die Landtagspräsidenten mit den Mitgliedern des Parlamentarischen Rates unterzeichnen in Bonn das Grundgesetz für die Bundesrepublik Deutschland.*
1949	*Die Bundesrepublik Deutschland und die DDR werden gegründet; die Bundesrepublik mit dem Einverständnis der drei Westmächte, die DDR unter sowjetischem Einfluss.*
17. Juni 1953	*Volksaufstand gegen das DDR-Regime.*
1961	*Bau der Mauer durch Berlin.*
1963	*Bundeskanzler Konrad Adenauer und Staatspräsident Charles de Gaulle unterzeichnen in Bonn den deutsch-französischen Freundschaftsvertrag.*

Jahrgangsstufe 10

1961/62	*Während der Kuba-Krise steht die Welt am Rande eines Atomkriegs.*
1973	*Die USA scheitern im Vietnam-Krieg.*
ab 1985	*In der Sowjetunion beginnt unter Michail Gorbaschow eine Reformpolitik.*
1989	*Massendemonstrationen stürzen die kommunistischen Regierungen in den osteuropäischen Staaten.*
9. November 1989	*In der DDR fällt nach der friedlichen Revolution die Mauer; die innerdeutsche Grenze wird durchlässig.*
3. Oktober 1990	*„Tag der deutschen Einheit": Durch den Beitritt der fünf neuen Bundesländer wird die Wiedervereinigung Deutschlands vollzogen.*
1992	*Die EG-Außen- und Finanzminister unterschreiben den Vertrag von Maastricht.*
2004	*Die Europäische Union wächst von 15 auf 25 Mitglieder (Osterweiterung).*

Begriffe und Personen

* = Jahrgangsstufe 6
** = Jahrgangsstufe 7
*** = Jahrgangsstufe 8
**** = Jahrgangsstufe 9
***** = Jahrgangsstufe 10

****Absolutismus** (lat. *absolutus*: uneingeschränkt): monarchische Herrschaftsform (→ *Monarchie*), in der Fürsten seit dem 17. Jh. ihre Stellung nicht nur von Gott ableiteten („Gottesgnadentum"), sondern den Anspruch erhoben, „losgelöst" von den Gesetzen und den Ständen (→ *Ständewesen*) regieren zu können. Sie fühlten sich nur Gott und ihrem Gewissen verantwortlich.

*******„68er-Bewegung"**: Mitte der 1960er-Jahre protestierten Schüler und Studenten gegen das politische und wirtschaftliche System der Bundesrepublik und überlieferte Vorstellungen in Elternhaus, Schule und Universität. Die „kapitalistischen" Verhältnisse sollten durch „sozialistische" ersetzt werden. Die „68er-Bewegung" stärkte das politische Interesse der Bevölkerung, förderte Bürgerbewegungen, änderte Erziehungsstile und schuf neue Formen des Zusammenlebens.

****Adel**: In → *Antike* und → *Mittelalter* war der Adel (althochdeutsch *adal*: Geschlecht) eine Gruppe von Familien, die aufgrund von Geburt, Besitz oder Leistung eine besondere Stellung einnahm (→ *Aristokratie*). Von der Bevölkerungsmehrheit grenzte der Adel sich durch Vorrechte, Umgangsformen und Kleidung ab. Zum niederen Adel gehörten die → *Ritter* und die (ursprünglich unfreien) Dienstmannen (Ministerialen) der → *Könige*. Zum Hochadel zählten → *Herzöge* und Grafen. Die Herrscher nahmen sich das Recht, verdiente Personen in den Adelsstand zu erheben.

***Altsteinzeit**: Abschnitt der Geschichte, der vor etwa 2 Mio. Jahren beginnt. In dieser Zeit lernten die Menschen, das Feuer zu gebrauchen. Sie lebten vom Jagen und Sammeln. Werkzeuge und Waffen fertigten sie aus Stein, Knochen und Holz. Die Altsteinzeit wurde von der → *Jungsteinzeit* abgelöst.

***Antike** (lat. *antiquus*: alt): in der europäischen Geschichte die Zeit von etwa 1000 v. Chr. bis ins 5. Jh. n. Chr., in der Griechen und Römer den Mittelmeerraum beherrschten.

******Antisemitismus**: wörtlich „Semitenfeindschaft" (*Semiten*: Völker in Vorderasien und Nordafrika). Der um 1880 in Deutschland entstandene Begriff bezeichnet die seit dem 1. Jh. bestehende Ablehnung oder Bekämpfung von Juden aus religiösen oder sozialen Gründen sowie die in der 2. Hälfte des 19. Jh. beginnende rassisch (biologisch) begründete Judenfeindschaft. Der → *Nationalsozialismus* stellte den Antisemitismus ins Zentrum seiner „Weltanschauung" und Politik, deren Maßnahmen vom Boykott bis zur systematischen Vernichtung der Juden (→ *Holocaust*) reichten.

*****Arbeiterbewegung**: Zusammenschluss von Arbeitern, um ihre Benachteiligung auf sozialem, wirtschaftlichem und politischem Gebiet zu beseitigen. Den Anfang der deutschen Arbeiterbewegung bildeten kleine Gesellen- und Handwerkervereine. Die *Allgemeine Deutsche Arbeiterverbrüderung* von 1848 forderte ein allgemeines, gleiches Wahlrecht und einen größeren Beitrag der Regierungen zur Lösung der → *Sozialen Frage*. Wichtige Aufgaben in der Arbeiterbewegung übernahmen die Gewerkschaften und der 1863 gegründete *Allgemeine Deutsche Arbeiterverein*, die Keimzelle der *Sozialdemokratischen Partei Deutschlands*.

***Aristokratie** (griech. *aristokratia*: „Regierung der Besten"): Ordnung des Zusammenlebens, in der die Abstammung von einer vornehmen Familie (→ *Adel*) Voraussetzung dafür war, politische Macht ausüben zu können.

*****Aufklärung**: Epoche der Wissenschafts- und Geistesgeschichte, die sich im 17. und 18. Jh. entfaltete. Die Aufklärer stellten die von der Religion geprägten Ansichten über Natur, Staat und Gesellschaft infrage. Stattdessen verließen sie sich bei ihrer Suche nach der Wahrheit vor allem auf Vernunft, Experimente und Erfahrungen.

***Augustus** (63 v. - 14 n. Chr.): Er wurde nach 31 v. Chr. in Rom „der erste Mann im Staat" (lat. *princeps*) und herrschte weitestgehend unumschränkt. Der → *Senat* verlieh ihm 27 v. Chr. wegen seiner Verdienste den Ehrentitel Augustus (der „Erhabene"). Augustus vererbte seine Macht in seiner Familie. Damit begann die → *Kaiserzeit*.
Der Monat August wurde nach ihm benannt. Spätere → *Kaiser* übernahmen die Bezeichnung „Augustus" in ihren Kaisertitel.

******Bedingungslose Kapitulation**: Forderung der Vereinigten Staaten und Großbritanniens von 1943 gegenüber Deutschland, Italien und Japan. Diese für den Zweiten Weltkrieg verantwortlichen Staaten sollten sich ergeben und anschließend von den Siegermächten politisch neu geordnet werden, ohne dafür Bedingungen stellen zu dürfen.

******Besatzungszonen**: Deutschland und Österreich wurden nach dem Zweiten Weltkrieg 1945 von den Siegermächten in vier Besatzungszonen – eine amerikanische, eine britische, eine französische und eine sowjetische – aufgeteilt.

*****Bismarck, Otto** Graf (seit 1871 Fürst) von (1815 - 98): 1862 - 90 preußischer Ministerpräsident und Außenminister, von 1871 - 90 auch Reichskanzler; er gilt als eigentlicher Gründer des → *Deutschen Kaiserreiches*.

****Bürger**: alle freien Einwohner einer Stadt, die das Bürgerrecht besaßen und damit am politischen und sozialen Leben der Stadt teilnehmen durften. Das Bürgerrecht war im → *Mittelalter* erblich. Es beruhte auf städtischem Grundbesitz. Kein Bürgerrecht hatten Gesellen, Gesinde, Arme und Juden (seit dem 12./13. Jh.).

*****Bürgertum**: Vom → *Mittelalter* bis Ende des 18. Jh. bildete dieser Bevölkerungsteil den „dritten Stand" der Gesellschaft; zu ihm gehörten freie Bauern und → *Bürger*. In den „bürgerlichen" Revolutionen des 18. und 19. Jh. erstritt das Bürgertum seine rechtliche und politische Gleichberechtigung mit dem Klerus (erster Stand) und dem → *Adel* (zweiter Stand).

***Christentum**: die Anhänger der auf Jesus Christus zurückgehenden monotheistischen Religion (→*Monotheismus*). Im römischen Weltreich wurde das Christentum nach 391 n. Chr. zur alleinigen → *Staatsreligion*. Das Christentum teilte sich im → *Mittelalter* in einen katholischen und griechisch-orthodoxen Bereich auf. Die von → *Luther* eingeleitete → *Reformation* führte in der → *Neuzeit* zur Glaubensspaltung.

***Demokratie** (griech. *demos*: Volk): Herrschaft des Volkes über sich selbst. In Athen konnten sich seit Mitte des 5. Jh. v. Chr. alle einheimischen und wehrfähigen Bürger an der Regierung und Rechtsprechung beteiligen; bei Wahlen und Abstimmungen entschied die Mehrheit der Stimmen.
Die amerikanische *Unabhängigkeitserklärung* (1776) und die Fränzösische Revolution gaben dem Wunsch nach → *Volkssouveränität* und demokratisch gewählten Regierungen eine neue Wende. Im → *Deutschen Kaiserreich* wurde zwar der → *Reichstag* demokratisch gewählt, doch die Regierung wurde vom König bestimmt. Erst die → *Weimarer Verfassung* von 1919 bildete die Grundlage für eine parlamentarische Demokratie in Deutschland.

******Deutsche Frage**: Nach dem Scheitern der Viermächte-Verwaltung Deutschlands 1948 und der Gründung der Bundesrepublik Deutschland und der DDR 1949 war das Ziel der westdeutschen Politik, die Einheit Deutschlands nach dem Selbstbestimmungsrecht des Volkes wiederherzustellen.
Erst das Ende des → *Kalten Krieges* ermöglichte am *3. Oktober 1990* die friedliche Wiedervereinigung.

*****Deutscher Bund**: auf dem Wiener Kongress 1815 gegründeter Zusammenschluss von anfangs 34 unabhängigen (souveränen) Fürsten und vier freien Städten (Lübeck, Hamburg, Bremen und Frankfurt am Main). Ziel des Deutschen Bundes war, die innere und äußere Sicherheit der Mitgliedstaaten zu gewährleisten. Sitz der Bundesversammlung (auch Bundestag genannt) war Frankfurt am Main.

*****Deutsches Kaiserreich**: deutscher Staat, der im Verlauf des Deutsch-Französischen Krieges 1870/71 gegründet wurde. Er war nach der Verfassung von 1871 ein konstitutionell-monarchischer Bundesstaat, an dessen Spitze der König von Preußen als Deutscher → *Kaiser* stand und in dem gewählte Abgeordnete im → *Reichstag* Gesetzesanträge stellen konnten; das Deutsche Kaiserreich bestand bis 1918.

***Diktator** (lat. *dictator*: der, der zu sagen hat): Um Notlagen zu überwinden, konnte in der Römischen Republik (→ *Republik*) einer der beiden höchsten Beamten (→ *Konsul*) für sechs Monate allein regieren; ihm mussten sich alle fügen.

***Dreiteilung der Mittelmeerwelt**: Die ehemals von den Römern allein beherrschte Mittelmeerwelt zerfiel in drei Teile: Im Osten entstand im 4. Jh. das Byzantinische Reich, im Westen um 500 das Frankenreich und in Nordafrika und Spanien übernahmen die Muslime (→ *Islam*) im 7./8. Jh. die Macht.

******„Drittes Reich"**: Nach dem Zusammenbruch von 1918 tauchte unter national denkenden Politikern die Forderung auf, nach den beiden ersten deutschen Kaiserreichen (962 bis 1806 und 1871 bis 1918) ein „drittes" Reich entstehen zu lassen. Mit der sogenannten → *„Machtergreifung"* der Nationalsozialisten (→ *Nationalsozialismus*) von 1933 wurde es üblich, vom „Dritten Reich" zu sprechen.

******Entnazifizierung**: politische Säuberung der Siegermächte in den → *Besatzungszonen*, die nach 1946 von deutschen Spruchkammern weitergeführt wurde. Ziel war es, alle NS-Organisationen aufzulösen, das Rechtssystem von nationalsozialistischen Einflüssen zu reinigen und alle Frauen und Männer, die dem NS-Staat und seinen Organisationen in leitenden Funktionen dienten, zu bestrafen. In der Sowjetischen Besatzungszone wurde die Entnazifizierung dazu genutzt, um einen kommunistischen Staat aufzubauen, in den westlichen Besatzungszonen erhielten belastete Fachleute eine neue Chance, wenn sie für den Wiederaufbau gebraucht wurden.

*******Entspannungspolitik**: Bemühen der westlichen Regierungen gegenüber der Sowjetunion und anderen kommunistischen Staaten, durch intensive politische, wirtschaftliche und kulturelle Beziehungen sowie Vereinbarungen über Rüstungskontrolle und Gewaltverzicht den → *Kalten Krieg* zu überwinden. Die von Bundeskanzler Willy Brandt (SPD) betriebene Ostpolitik (→ *Ostverträge*) war ein Teil dieser Entspannungspolitik.

******Europäische Einigung**: Am Anfang des Einigungsprozesses nach dem Zweiten Weltkrieg stand die Zusammenarbeit der westeuropäischen Staaten im 1949 gegründeten *Europarat* und in der 1951 entstandenen *Europäischen Gemeinschaft für Kohle und Stahl* (EGKS). Der Erfolg führte 1957 zur Gründung der *Europäischen Wirtschaftsgemeinschaft* (EWG) und *Europäischen Atomgemeinschaft* (EURATOM). EGKS, EURATOM und EWG wurden 1967 zur *Europäischen Gemeinschaft* (EG) zusammengefasst.
Mit dem → *Vertrag von Maastricht* wurde das Staatenbündnis der EG zur *Europäischen Union* (EU). Zu den wichtigsten Veränderungen gehören die engere Zusammenarbeit in der Außen- und Wirtschaftspolitik und die Einführung des *Euro*, der gemeinsamen Währung (1999/2001). Nach der → *Osterweiterung* zählt die EU seit 2007 27 Mitgliedsstaaten.

******Flucht und Vertreibung**: Gemeint ist sowohl die am Ende des Zweiten Weltkrieges 1944/45 einsetzende Flucht von Deutschen aus den deutschen Ostgebieten vor der sowjetischen

Armee und ihren osteuropäischen Verbündeten als auch die auf den Kriegskonferenzen (→ *Konferenz von Potsdam*) beschlossene Ausweisung und Zwangsumsiedlung der in den deutschen Ostgebieten und den deutschen Siedlungsgebieten im Ausland lebenden Deutschen nach 1945; ihre Zahl wird auf etwa 12 Mio. (1950) geschätzt.

***__Gewaltenteilung__: eine im 18. Jh. von aufgeklärten Denkern (→ *Aufklärung*) gegen die absolutistische Herrschaft (→ *Absolutismus*) entwickelte Lehre, nach der drei getrennte Einrichtungen die Herrschaft in einem Staat ausüben und sich gegenseitig kontrollieren sollen: Das Parlament (*Legislative*) soll Gesetze beschließen, die Regierung (*Exekutive*) sie durch Verwaltung und Polizei ausführen und die Gerichte (*Judikative*) sollen Recht sprechen. Die *Virginia Bill of Rights* von 1776, die amerikanische Bundesverfassung von 1787/88 und die französische Verfassung von 1791 berücksichtigten erstmals die Gewaltenteilung.

**__Ghetto__: Bezeichnung für ein von anderen Stadtteilen abgetrenntes Wohngebiet. Judenviertel gab es bereits in der Spätantike. 1170 wurde von der Kirche die räumliche Trennung von Juden und Christen beschlossen. Sie wurde zunächst kaum befolgt. Das erste Ghetto im Deutschen Reich entstand 1462 in Frankfurt am Main. Die Bezeichnung „Ghetto" stammt aus Venedig, wo die Juden seit 1516 in einem Stadtteil „Ghetto Nuovo" wohnen mussten.

*****__Glasnost__ und **Perestroika**: Die beiden Begriffe *Glasnost* (dt. Offenheit, Durchsichtigkeit) und *Perestroika* (dt. Umbau, Umgestaltung) stehen stellvertretend für die Reformpolitik in der Sowjetunion von 1985 bis 1991, für die Michail S. Gorbatschow verantwortlich zeichnete.

**__Gleichgewichtspolitik__ (engl. *balance of power*: Gleichgewicht der Kräfte): außenpolitisches Ziel der europäischen Großmächte seit dem → *Westfälischen Frieden*, um das → *Hegemoniestreben* eines Staates auf dem Kontinent zu verhindern.

****__„Gleichschaltung"__: So nannten die Nationalsozialisten (→ *Nationalsozialismus*) ihre Maßnahmen, Staat, Gesellschaft und Kultur mit ihrer Partei personell und ideologisch zu durchdringen und damit zu beherrschen. Die „Gleichschaltung" beendete die → *Gewaltenteilung*. Nach der → *„Machtergreifung"* nahmen die Nationalsozialisten den Ländern ihre Eigenständigkeit, führten eine Einparteienherrschaft ein, kontrollierten die Medien, lösten nichtnationalsozialistische Verbände und Einrichtungen auf und integrierten sie in ihre Organisationen.

**__„Goldene Bulle"__: Reichsgesetz von 1356, das das Verfahren für die Wahl des → *Königs* und → *Kaisers* des *Heiligen Römischen Reiches* festlegte. Es bestimmte z. B., dass die Königswahl „binnen Jahr und Tag" nach dem Tod eines Königs stattfinden musste, und legte fest, dass derjenige König sein sollte, der bei der Wahl die meisten Stimmen der → *Kurfürsten* erhielt.

**__Grundherrschaft__: Herrschaft über Land und Leute. Die Grundherren übergaben Teile ihres Landbesitzes an Bauern zur Bewirtschaftung. Diese mussten ihnen dafür einen Teil der Erträge abliefern und Dienste leisten. Die Grundherren gewährten den Bauern Schutz und Hilfe und durften über sie bei einfachen Straftaten richten. Die größten Grundherren waren bis ins 18./19. Jh. die → *Könige*, der → *Adel* und die Kirche.

*****__Grundlagenvertrag__: In dem 1972 unterschriebenen Dokument erkannten die Bundesrepublik Deutschland und die DDR sich als gleichberechtigte Staaten an und verpflichteten sich zu „gutnachbarschaftlichen Beziehungen". Zusätzlich wurde das Recht des deutschen Volkes festgehalten, seine Einheit in „freier Selbstbestimmung" anzustreben. Der Bundestag billigte den Vertrag im Mai 1973.

**__Hegemoniestreben__ (griech. *hegemonia*: Oberbefehl): Bemühungen eines Herrschers oder eines Staates um die Vorherrschaft in einem Bündnis oder einem Gebiet. Im → *Mittelalter* entstanden dadurch die → *Territorial- und Ständestaaten*. In der → *Neuzeit* bemühten sich beispielsweise Frankreich und England um eine Vorherrschaft in Europa. Im Zeitalter des → *Imperialismus* strebten die wirtschaftlich-industriellen Mächte Europas, die USA und Japan eine Hegemonie über unterlegene Regionen an.

*__Hellenismus__: Zeit zwischen dem 3. und 1. Jh. v. Chr., in der die Griechen ihre Politik, Kunst und Sprache über den Mittelmeerraum und Vorderasien verbreiteten.

**__Herzog__: bei den germanischen Völkerschaften (Stämmen) der Anführer der Krieger: der, der in der Schlacht vor dem Heer zog. Seit dem 7. Jh. schafften es einige dieser Heerführer, ihre besondere Stellung auch im Frieden beizubehalten und an ihre Nachfahren zu vererben. Sie konnten später zum Teil königgleiche Macht erreichen, blieben aber dem → *König* zu Heeresfolge verpflichtet.

*__Hieroglyphen__ (griech. *hieros*: heilig; *glyphe*: Eingeritztes): Schriftzeichen der alten Ägypter, die Laute, Buchstaben und Zeichen wiedergeben.

****__Hitler-Putsch__: misslungener Versuch Adolf Hitlers, des Führers der rechtsradikalen NSDAP, am 8./9. November 1923 in Bayern die Macht gewaltsam an sich zu reißen und mit einem „Marsch auf Berlin" die Reichsregierung in Berlin zu stürzen. Während der Herrschaft der Nationalsozialisten (→ *Nationalsozialismus*) zwischen 1933 und 1945 wurde der 9. November als „Tag der nationalen Erhebung" gefeiert.

*__Hochkultur__: eine gegenüber dem einfachen bäuerlichen Leben weiterentwickelte Lebensform. Ihre Kennzeichen sind Städte, große Bauwerke (→ *Pyramiden*), Schrift (→ *Hieroglyphen*), Verwaltung, Religion, Rechtspflege, Handwerk und Handel. Die ersten Hochkulturen entstanden an den Flüssen Euphrat und Tigris, am Nil sowie am Indus und Hwangho.

****__Holocaust__: Der Begriff bedeutet im Englischen „Inferno, Zerstörung", eigentlich „Brandopfer". Er kommt von

griech. *holócaustos*, was „völlig verbrannt" bedeutet. Der Begriff kam 1978 nach der gleichnamigen US-Fernsehserie als Bezeichnung für die systematische Ermordung von sechs Millionen europäischer Juden während des → *„Dritten Reiches"* in den allgemeinen Sprachgebrauch. Im Hebräischen wird für das Leiden der Juden während dieser Zeit der Begriff *Shoah* (Katastrophe) gebraucht.
1996 wurde der 27. Januar zum nationalen „Holocaust-Gedenktag" erklärt. Das Datum erinnert an die Befreiung des → *Konzentrations- und Vernichtungslagers* Auschwitz. Seit 2006 wird der „Tag des Gedenkens an die Opfer des Holocaust" auf Beschluss der → *UNO* weltweit begangen.

****Humanismus** (lat. *humanum*: das Menschliche): Geisteshaltung, die ab dem 14. Jh. dazu beitrug, dass sich das Wissen über Grammatik, Rhetorik, Geschichte, Dichtkunst und Morallehre grundlegend änderte. Die Wissenschaft und Kunst der Antike war für Humanisten Ausgangspunkt ihrer Vorstellungen und Lehren.

*__„Ilias"__ und **„Odyssee"**: In der *Ilias* erzählt der Dichter und Sänger Homer aus Kleinasien, der im 8. Jh. v. Chr. gelebt haben soll, vom Krieg der Griechen gegen Troja, in den auch die Götter eingriffen. In der *Odyssee* berichtet er von den Irrfahrten des Odysseus nach der Eroberung Trojas.

***__Imperialismus__ (lat. *imperium*: Herrschaft): „Großreichspolitik" in allen Epochen. Im engeren Sinne die direkte oder indirekte Herrschaft wirtschaftlich-industriell entwickelter Mächte Europas, der USA und Japans über unterlegene Regionen, die zu Kolonien (→ *Kolonisation*) wurden.

***__Industrielle Revolution__: die durch Handel, technische Erfindungen und den Einsatz von Maschinen seit dem Ende des 18. Jh. bewirkte tief greifende Veränderung der Arbeits- und Lebenswelt. Sie führte zu einer enormen Steigerung der Produktion von Waren und trug langfristig zu einem umfassenden Wandel der Lebens- und Arbeitsbedingungen und der Gesellschaft bei. Aus einer Agrargesellschaft, in der die Mehrheit der Menschen von der Landwirtschaft lebte, wurde allmählich eine Industriegesellschaft. Eine Herausforderung der Industriegesellschaft stellte die → *Soziale Frage* dar.

****__Inflation__ (lat. *inflatio*: Anschwellen): anhaltende Geldentwertung. Ihr Kennzeichen ist das rasche Ansteigen aller Preise. Opfer der Inflation sind vor allem die Menschen, die von Ersparnissen leben. Zu Inflationen kam es nach dem Ersten Weltkrieg in fast allen Krieg führenden Staaten.

**__Investiturstreit__ (lat. *investire*: bekleiden): → *Kaiser* und Päpste stritten sich im 11./12. Jh. darüber, wer die Bischöfe, Äbte und Äbtissinnen in ihre Besitzrechte und geistlichen Aufgaben einsetzen durfte. Der Investiturstreit war ein Machtkampf um die → *Reichskirche*.
Er endete im *Heiligen Römischen Reich* mit dem „Wormser Konkordat" (1122). Darin verzichtete der Kaiser auf die Investitur der Bischöfe, Äbte und Äbtissinnen in ihr geistliches Amt. Er behielt sich aber vor, ihnen die weltlichen Vasallenpflichten zu übertragen.

*__Islam__: von Mohammed Anfang des 7. Jh. gegründete monotheistische Religion (→ *Monotheismus*). Das arabische Wort Islam bedeutet die völlige Hingabe der Gläubigen an ihren Gott Allah. Nur wer sich Allah völlig hingibt, gilt als Muslim.

*__Judentum__: die Religion des „Volkes Israel" und aller Menschen, die der jüdischen Gemeinschaft durch Geburt oder Glauben angehören. Der jüdische Glaube ist die älteste monotheistische Religion (→ *Monotheismus*) und beeinflusste → *Christentum* und → *Islam*.

*__Jungsteinzeit__: Abschnitt der Geschichte, der nach der letzten Eiszeit etwa 10 000 v. Chr. beginnt und in dem sich Menschen von wandernden Sammlern und Jägern (*Nomaden*) zu sesshaften Ackerbauern und Viehzüchtern entwickelten.

**__Kaiser__: höchster weltlicher Herrschertitel. Der Begriff ist abgeleitet von dem Namen *Caesar*, der Bestandteil des Titels der Herrscher des Römischen Reiches seit → *Augustus* war. Das abendländische Kaisertum wurde von → *Karl dem Großen* in Konkurrenz zum byzantinischen Kaisertum geschaffen. Das Recht, einen Kaiser zu krönen, blieb bis ins Spätmittelalter den Päpsten vorbehalten. Mit der Kaiserkrönung *Ottos I.* 962 wurde das Kaisertum auf das *Heilige Römische Reich* übertragen. Dort wurde Kaiser, wer zum deutschen → *König* gewählt worden war (→ *„Goldene Bulle"*). Hauptaufgabe des Kaisers war der Schutz der Kirche bzw. die Aufrechterhaltung der Einheit des → *Christentums*. → *Reformation* und Glaubensspaltung ließen diese Aufgabe in den Hintergrund treten. Der letzte vom Papst gekrönte Kaiser war *Karl V.* (1500-1558). Trotzdem bemühten sich die Herrscher um den Titel des Römischen Kaisers. Noch vor Ende des *Heiligen Römischen Reiches* 1806 schuf → *Napoleon I. Bonaparte* (1769-1821) 1804 ein erbliches Kaisertum der Franzosen. Gleichzeitig verzichtete Kaiser *Franz II.* (1768-1835) auf die Römische Kaiserwürde und schuf das österreichische Kaisertum 1804. Der preußische König *Friedrich Wilhelm IV.* (1795-1861) lehnte 1849 die von der Frankfurter Nationalversammlung angebotene Kaiserkrone ab. Sein Bruder *Wilhelm I.* (1797-1888) wurde mit Billigung der deutschen Fürsten Kaiser des 1871 gegründeten → *Deutschen Kaiserreiches*.

***__Kaisertum Napoleons__: → *Napoleon I.* schuf 1804 ein erbliches Kaisertum der Franzosen und betrieb die Auflösung des *Heiligen Römischen Reiches Deutscher Nation*, um selbst an das von → *Karl dem Großen* erneuerte weströmische Kaisertum (→ *Kaiser*) anzuknüpfen.

*__Kaiserzeit__: die von → *Augustus* begründete Zeit, in der das Römische Reich von einem Herrscher regiert wurde. Im Westen endete die Kaiserzeit mit dem Zerfall des Weströmischen Reiches im Jahre 476, im Osten mit dem Untergang des Oströmischen/Byzantinischen Reiches im Jahre 1453.

****Kalter Krieg**: Der Begriff bezeichnet seit 1946/47 den politischen, wirtschaftlichen und militärischen Konkurrenzkampf zwischen den Großmächten USA und UdSSR und ihren Bündnissen (→ *NATO* und → *Warschauer Pakt*). Die ersten Höhepunkte des Ost-West-Gegensatzes waren die Blockade Westberlins von 1948, der Korea-Krieg zwischen 1950 und 1953 und der Bau der Berliner Mauer von 1961.
Nach der Kuba-Krise von 1962 wurde der Kalte Krieg durch die → *Entspannungspolitik* abgelöst. Die Stationierung neuer sowjetischer Mittelstreckenraketen in Europa führte ab 1984 zu einer „Politik der Stärke und des Dialogs" (Aufrüstung und gleichzeitige Verhandlungen). Mit dem Umbruch in Ost- und Mitteleuropa endete 1990/91 der Kalte Krieg. In Europa schlossen sich zahlreiche ost- und mitteleuropäische Staaten der → *NATO* und der EU (→ *Osterweiterung der EU*) an. Die USA wurden zur einzigen (unilateralen) Weltmacht.

Karl der Große (lat. *Carolus Magnus*, frz. *Charlemagne*; 747-814): → *König* der Franken (seit 768) und Langobarden (seit 774). Er erneuerte das weströmische Kaisertum (→ *Kaiser* seit 800), unterwarf die Sachsen, erweiterte das Reich gegen die Araber in Spanien und gliederte Bayern in seinen Herrschaftsbereich ein. Karl der Große förderte Bildung, Wissenschaft und Kunst.

König: Herrschertitel. Der König regiert und/oder repräsentiert eine → *Monarchie*. Im frühen → *Mittelalter* wurde er von einer adligen Führungsschicht (→ *Adel*) gewählt, auch wenn die Wahl oft nur die Weitergabe des Titels an einen Erben bestätigte. Seit dem 14. Jh. regelte die → *„Goldene Bulle"* das Wahlverfahren im Reich. Könige herrschten im frühen Mittelalter zunächst über eine bestimmte Gruppe von Menschen (Personenverband) und erst später über ein bestimmtes Gebiet (→ *Territorialstaat*).

***Kolonisation** (lat. *colere*: Land bebauen): Seit dem 8. Jh. v. Chr. wanderten Griechen aus ihrer Heimat aus. Sie gründeten rund ums Mittelmeer und an den Küsten des Schwarzen Meeres sogenannte Tochterstädte. Gründe für die Kolonisation waren: Bevölkerungswachstum, Landknappheit, Konflikte zwischen → *Aristokratie* und Volk, Kriege, Handel und Abenteurertum. Nach der Entdeckung Amerikas (1492) begann ein Kolonialzeitalter, in dem die wirtschaftlich und politisch führenden Mächte Europas Kolonien errichteten. Der anhaltende Ausbau von Kolonialreichen ließ im 19. und 20. Jahrhundert den → *Imperialismus* entstehen. Das → *Deutsche Kaiserreich* verlor nach dem Ersten Weltkrieg seine Kolonien.

****Konferenz von Potsdam**: die letzte große Kriegs- und erste Nachkriegskonferenz in Europa vom 17. Juli bis 2. August 1945. Teilnehmer waren die Regierungschefs der Vereinigten Staaten, Großbritanniens und der Sowjetunion. Verhandelt wurden die Zukunft Deutschlands und das Ende des Krieges in Fernost. Für Deutschland einigten sich die „Großen Drei" u. a. auf folgende Ziele:

- Deutschland soll als wirtschaftliche Einheit behandelt werden
- Die Gebiete östlich der Oder und Görlitzer Neiße sollen bis zur endgültigen Festlegung durch einen Friedensvertrag mit Deutschland als polnische Westgrenze anerkannt werden
- Demilitarisierung (Entwaffnung)
- Demontage (Abbau kriegswichtiger Industrien)
- Demokratisierung des politischen Lebens
- Dezentralisierung der Verwaltung und Entflechtung der Wirtschaft

Konstitutionelle Monarchie: Regierungsform, in der die absolute Macht der → *Könige* (→ *Absolutismus*) durch eine → *Verfassung* gesetzlich begrenzt wird. Ein Monarch steht zwar weiterhin an der Spitze des Staates, ihm ist aber ein → *Parlament* zur Seite gestellt, das an der Gesetzgebung mitwirkt.

***Konsul** (lat. *consul*): einer von zwei Inhabern des höchsten Staatsamtes in der Römischen Republik (→ *Republik*). Sie wurden für ein Jahr gewählt und besaßen im Krieg den Oberbefehl über die Armee. In der → *Kaiserzeit* ernannten die → *Kaiser* die Konsuln; sie hatten keine Befugnisse mehr.

****Konzentrations- und Vernichtungslager**: Konzentrationslager (KZ) wurden erstmals Anfang des 20. Jh. zur Gefangenhaltung politischer Gegner gebaut. Ab 1923 richtete der sowjetische Diktator Stalin Zwangsarbeitslager ein. Nach der → *„Machtergreifung"* der Nationalsozialisten (→ *Nationalsozialismus*) entstanden 1933 im Deutschen Reich die ersten KZ. Die von Deutschen ab 1941 im besetzten Polen eingerichteten Lager dienten der nationalsozialistischen Rassenpolitik (→ *Antisemitismus*). In den Vernichtungslagern in Auschwitz, Majdanekund Treblinkawurden Juden, Sinti und Roma sowie andere verfolgte Menschen millionenfach ermordet (→ *Holocaust*).

Kreuzzug: bewaffnete Pilgerfahrt, die die Kirche im → *Mittelalter* zur Ausbreitung des Glaubens und zur Befreiung der heiligen Stätten forderte. Der erste Kreuzzug begann im Jahre 1096, um die Muslime (→ *Islam*) aus Jerusalem zu vertreiben, der siebte endete 1291. Der Name wird von dem Kreuz abgeleitet, mit dem sich die Teilnehmer kennzeichneten.

***Kulturkampf**: Bezeichnung für die Konflikte zwischen Regierung, der Zentrumspartei und der katholischen Kirche im → *Deutschen Kaiserreich* von etwa 1871 bis 1884. Reichskanzler → *Bismarck* verbot den Geistlichen, im Gottesdienst über Politik und Staat zu sprechen (Kanzelparagraf), unterstellte die kirchlichen Schulen der staatlichen Schulaufsicht und trieb mit der Zivilehe die Trennung von Kirche und Staat voran. Das *Zentrum* ging aus dem Kulturkampf gestärkt hervor; die Zahl der Wähler nahm zu.

Kurfürsten: die Fürsten, die nach der → *„Goldenen Bulle"* den → *König* und → *Kaiser* des *Heiligen Römischen Reiches* „küren" (wählen) durften. Im 13. Jh. gab es sieben Kurfürsten: die Erzbischöfe von Köln, Mainz und Trier, der Pfalzgraf bei Rhein, der Markgraf von Brandenburg, der Herzog von Sachsen und der König von Böhmen.

**Lehnswesen: Als Gegenleistung für die Unterstützung von Kriegszügen (→ *Ritter*) oder für die Übernahme von Diensten verliehen → *Könige* und andere Adlige an Gefolgsleute Grundbesitz, einträgliche Ämter oder Vorrechte als Lehen. Wer sie vergab, hieß Lehnsherr, wer sie erhielt, Vasall. Die Lehnsherren mussten ihre Vasallen beschützen, die Vasallen schuldeten ihnen dafür Dienste, Rat und Treue. Als Lehen erhaltenen Grundbesitz verwalteten und nutzten Vasallen überwiegend in Form der → *Grundherrschaft*.

***Liberalismus (lat. *liberalis*: freiheitlich, eines freien Menschen würdig): Staats-, Gesellschafts- und Wirtschaftslehre, die stark vom Gedankengut der → *Aufklärung* geprägt ist und sich von der freien Entfaltung des Einzelnen einen Fortschritt in Kultur, Recht, Wirtschaft und Gesellschaft erhoffte. Liberale forderten die Gründung einer → *Nation* sowie → *Verfassungen*, → *Menschenrechte* und eine freie Wirtschaftsordnung.

*Limes (lat. *limes*: die Grenze): die durch Wälle, Palisaden oder Mauern und Wachtürme gesicherte Grenze des Römischen Reiches, hinter der militärische Befestigungsanlagen (*Kastelle*) lagen. Auf germanischem Gebiet wurde Ende des 1. Jh. mit dem Bau des insgesamt 550 km langen Limes begonnen. Der nördliche (obergermanische) Teil verlief etwa von Andernach (bei Koblenz) bis Seligenstadt, der südliche (*rätische*) von Miltenberg bis Eining (bei Kelheim).

**Luther, Martin (1483-1546): Er veröffentlichte 1517 seine 95 Thesen über den Ablass in Wittenberg, bestritt später die Führungsrolle des Papstes und die Unfehlbarkeit der Kirchenversammlungen. Der Konflikt zwischen Luther und katholischer Kirche führte zur → *Reformation*. Luther übersetzte die ganze Bibel ins Deutsche, verfasste zahlreiche Lehrbücher und Kirchenlieder.

****„Machtergreifung“: nationalsozialistische Bezeichnung für die Umwandlung der Weimarer Republik in den nationalsozialistischen Staat (→ *„Drittes Reich“*, → *Nationalsozialismus*). Ihre Grundlage war die Übergabe der Regierung an *Hitler* am 30. Januar 1933. An dem Tag wurde er vom Reichspräsidenten *Hindenburg* zum Reichskanzler einer Koalitionsregierung ernannt. Es folgte die schrittweise → *„Gleichschaltung“* von Staat, Gesellschaft und Kultur.

*****Mauerfall: Öffnung der Berliner Mauer am 9. November 1989. Während die SED-Spitze vorsichtige Reformen der DDR diskutierte und auch über ein neues Reisegesetz sprach, um die Fluchtbewegung aufzuhalten, gab Politbüromitglied Günter Schabowski am 9. November bekannt, dass ständige Ausreisen und Privatreisen in den Westen ab sofort beantragt werden könnten. Nachdem westliche Medien die Information „DDR öffnet Grenzen“ umgehend verbreiteten, erzwangen tausende Ost-Berliner die Öffnung der Grenze. In den folgenden Tagen begann der Abriss der Mauer, doch erst am 30. Juni 1990 wurden die Kontrollen an den Grenzübergängen eingestellt.

***Menschenrechte: im engeren Sinne die unantastbaren und unveränderlichen Freiheiten und Rechte aller Menschen, die ihnen von Natur aus, d. h. mit ihrer Geburt – unabhängig von Stellung in Staat, Gesellschaft, Beruf und Religion – zustehen (Naturrecht). Dazu zählen vor allem das Recht auf Leben, die Unverletzlichkeit der Person, Freiheit, Eigentum, aber auch die Gleichheit vor dem Gesetz, das Recht auf Meinungs- und Glaubensfreiheit sowie auf Widerstand gegen Unterdrückung. Die *Magna Charta libertatum* (1215), die *Bill of Rights* (1689), die *Virginia Bill of Rights* und die amerikanische *Unabhängigkeitserklärung* (1776) sowie die französische → *Verfassung* von 1791 und die Erklärung der Grundrechte der Frankfurter Nationalversammlung von 1848 sind Zeugnisse der Menschenrechtsentwicklung.

**Merkantilismus (lat. *mercari*: Handel treiben): von den Fürsten gelenkte Wirtschaftsform zur Zeit des → *Absolutismus*. Sie stärkte die einheimischen Gewerbe und erhöhte die Steuereinnahmen.

*Mittelalter: in der europäischen Geschichte die Zeitspanne zwischen → *Antike* und → *Neuzeit*: ca. 500 bis 1500.

*Mönchtum (griech. *monachos*: allein lebend): Menschen, die ein ausschließlich religiös bestimmtes Leben führen wollen, werden Mönche oder Nonnen. Sie verpflichten sich, arm, ehelos und gehorsam zu leben und ihr Leben Gott zu widmen. Grundlage des abendländischen Mönchtums sind die im 6. Jh. von *Benedikt von Nursia* zusammengestellten Ordensregeln geworden. Ihr Ziel ist es, Gebet und Arbeit zu verbinden (lat. *Ora et labora!*: Bete und arbeite!). Die Benediktiner-Regel prägte das gesamte Mönchtum, auch wenn später noch weitere Orden hinzukamen.

*Monarchie (griech. *mon-archia*: Allein-Herrschaft): Königsherrschaft. Monarch wurde man in der Regel durch Erbfolge oder Wahl.

*Monotheismus (griech. *monos*: allein; *theos*: Gott): Glaube an einen einzigen Gott; Beispiele: → *Judentum*, → *Christentum* und → *Islam*. Das Gegenteil zum Monotheismus ist der → *Polytheismus*.

***Montgelas, Maximilian Joseph Freiherr (seit 1809 Graf) von (1759-1838): 1799 wurde der in München geborene Montgelas zum Leitenden Minister berufen. Seine Außenpolitik sicherte Bayern während der Napoleonischen Kriege reichen Landgewinn. Er trug dazu bei, dass aus dem Kurfürstentum 1806 das Königreich Bayern wurde. Seine innenpolitischen Reformen setzte er während der Kriegszeiten durch. Sie prägten das moderne Bayern. 1817 verlor Montgelas seine Ämter. Aber auch nach seiner Verabschiedung blieb er einflussreich.

****Münchener Abkommen: ein am 31. September 1938 zwischen den Regierungschefs Deutschlands, Italiens, Großbritanniens und Frankreichs ohne die Tschechoslowakei abgeschlossener Vertrag. Er legte fest, dass die überwiegend von Deutschen bewohnten Grenzgebiete Böhmens (Sudetenland) an das Deutsche Reich abzutreten seien. Großbritannien und Frankreich stimmten dieser

Forderung *Hitlers* zu, um die angespannte Lage zu beruhigen. Doch ihre Appeasement-Politik (engl. *appeasement*: Beruhigung, Beschwichtigung) griff nicht; im März 1939 ließ Hitler ganz Böhmen und Mähren besetzen.

******Nahost-Konflikt**: Streit zwischen dem 1948 gegründeten Staat Israel, seinen arabischen Nachbarn und der palästinensischen Bevölkerung um die staatliche Organisation Palästinas und das Existenzrecht Israels. Mehrere Kriege und zahllose Terrorakte prägen bis heute den Konflikt.

*****Napoleon I. Bonaparte** (1769 - 1821): Während der Französischen Revolution begann der Aufstieg des auf Korsika geborenen Generals. 1799 kam er mit anderen Militärs an die Macht.
1804 krönte er sich zum → *Kaiser* (→ *Kaisertum Napoleons*) und leitete zahlreiche Reformen ein. Mit seinen Truppen und seiner Bündnispolitik eroberte er fast ganz Europa. Erst die Niederlage im Russlandfeldzug (1812) und die deutschen Befreiungskriege (1813/14) führten zur Wende seiner Herrschaft. 1814 musste er abdanken und wurde nach Elba verbannt. Im März 1815 kehrte Napoleon nach Frankreich zurück, wurde aber nach der „Herrschaft der hundert Tage“ bei Waterloo endgültig besiegt und danach auf die Insel St. Helena verbannt.

*****Nation** (lat. *natio*: Herkunft, Abstammung): Als Nation wird seit dem 18. Jh. eine große Gruppe von Menschen mit gleicher Abstammung, Geschichte, Sprache und Kultur oder mit gemeinsamer Regierung und Staatsordnung (→ *Verfassung*) bezeichnet. Seit der nordamerikanischen Unabhängigkeitserklärung (1776) und der Französischen Revolution (1789) gehen die Anhänger des → *Liberalismus* davon aus, dass die Angehörigen einer Nation das Recht haben, in Freiheit und nach eigenem Recht in einem eigenen Staat (Nationalstaat) zu leben.

*****Nationalismus**: weltanschauliches Bekenntnis zur eigenen → *Nation* bzw. dem Staat, dem man angehört. Diese Weltanschauung enthielt von Anfang an zwei Tendenzen: Auf der einen Seite stand die Überzeugung, dass alle Völker einen Anspruch auf nationale Selbstbestimmung haben, auf der anderen die besondere Hochschätzung des eigenen Volkes. Die Abwertung anderer Nationen trug seit der Mitte des 19. Jh. zu einem übersteigerten Nationalbewusstsein bei.

******Nationalsozialismus**: Von 1933 bis 1945 übte die republikfeindliche und antisemitische (→ *Antisemitismus*) Nationalsozialistische Deutsche Arbeiterpartei (NSDAP) die Herrschaft im Deutschen Reich aus (→ *„Drittes Reich“*). Nach der → *„Machtergreifung“* führten das Ermächtigungsgesetz und die → *„Gleichschaltung“* zum Ende der parlamentarischen → *Republik* und des Rechtsstaates. Die nationalsozialistische Politik war verantwortlich für die Entfesselung des Zweiten Weltkrieges und für den Völkermord an den Juden (→ *Holocaust*), Sinti und Roma.

******NATO** (*North Atlantic Treaty Organization*): Zehn westeuropäische Staaten, die USA und Kanada gründeten 1949 die *Nordatlantische Verteidigungsgemeinschaft* als Militärbündnis, um sich gemeinsam gegen einen möglichen Angriff der Sowjetunion zu verteidigen und politisch für Frieden und Freiheit einzutreten. Die Bundesrepublik Deutschland trat ihr 1955 bei. Seit 2004 gehören ihr 26 Staaten an, ihr Sitz ist Brüssel.

****Neuzeit**: in der europäischen Geschichte die Zeit, die das → *Mittelalter* ablöst. → *Renaissance*, → *Humanismus*, die Entdeckung Amerikas, der Buchdruck, die Entstehung des → *Territorialstaates* sowie Veränderungen im Glauben (→ *Reformation*), in der Wirtschaft und in der Kunst an der Wende vom 15. zum 16. Jahrhundert werden als Gründe für den Beginn der Neuzeit genannt.

******Nord-Süd-Konflikt**: Spannungen zwischen den hoch entwickelten Industriestaaten auf der nördlichen und den „Entwicklungsländern“ auf der südlichen Erdhalbkugel. Diese Länder sind geprägt durch ein starkes Bevölkerungswachstum, schlechte Ernährung, Mängel im Gesundheits- und Bildungswesen, fehlende Arbeitsplätze, niedrige Löhne und eine wirtschaftliche Abhängigkeit von den Industrienationen.

******„Nürnberger Gesetze“**: Bezeichnung für die am 15. September 1935 von den Nationalsozialisten (→ *Nationalsozialismus*) auf dem „Reichsparteitag der Freiheit“ in Nürnberg verabschiedeten antisemitischen Rassegesetze (→ *Antisemitismus*). Juden verloren das Wahlrecht und durften keine öffentlichen Ämter mehr übernehmen. Eheschließungen zwischen Juden und Nichtjuden wurden verboten. Verstöße konnten mit Gefängnis bestraft werden.

*****Oktoberrevolution**: Sturz der Provisorischen Regierung in Russland am 25./26. Oktober (7./8. November) 1917 und gewaltsamer Aufbau einer kommunistischen Gesellschafts- und Wirtschaftsordnung.

***Olympische Spiele**: Seit etwa dem 11. Jh. v. Chr. fanden in Olympia regelmäßig Feiern zu Ehren der Götter statt, zu denen auch Sportwettkämpfe gehörten; ab 776 v. Chr. sind die Namen von Olympia-Siegern bekannt. An den „großen Olympiaden“, die bald alle vier Jahre in Olympia stattfanden, durften in der Regel nur wehrfähige Männer teilnehmen. Die Zählung nach Olympiaden wurde in der griechischen → *Antike* als Zeitmaß verwendet.
394 n. Chr. wurden die Olympischen Spiele als heidnischer Brauch verboten. 1896 fanden in Athen erstmals wieder Olympische Spiele statt.

*******Osterweiterung der EU**: 2004 wurden in die EU zehn, 2007 zwei weitere Mitglieder neu aufgenommen, davon zehn ehemalige „Ostblockstaaten“. Sie hatten sich nach dem Ende des → *Kalten Krieges* und der Auflösung des sowjetischen Machtbereiches um Aufnahme bemüht und die von der EU festgelegten Beitrittskriterien (demokratische Staatsordnung, Marktwirtschaft etc.) erfüllt.

*******Ostverträge**: die von der SPD/FDP-Koalition unter Bundeskanzler *Willy Brandt* (SPD) zwischen 1970 und 1973 abgeschlossenen Verträge mit der Sowjetunion, Polen, der Tschechoslowakei sowie der DDR (→ *Grundlagenvertrag*) waren Bestandteil der → *Entspannungspolitik*. Die Bundesrepublik Deutschland bestätigte in den Ostverträgen die nach 1945 entstandenen Grenzen und hielt fest, dass sie „auf einen Zustand des Friedens in Europa" hinarbeiten wolle, „in dem das deutsche Volk in freier Selbstbestimmung seine Einheit" wiedererlangen könne.

Ostsiedlung: die Vergrößerung und Missionierung des deutschen Siedlungsraumes zwischen dem 11. und 14. Jh. über Elbe und Saale hinaus nach Osten. Der „Deutsche Orden" schuf dort mithilfe von Siedlern einen gut funktionierenden Ordensstaat.

Parlament: ursprünglich eine von einem Herrscher einberufene Versammlung angesehener Männer seines Reiches (Klerus und → *Adel*). Seit 1295 wurde in England der Große Rat des → *Königs* durch gewählte Vertreter des Landadels und der Städte ergänzt. Diese Versammlungen waren die Keimzelle des englischen Parlaments. Es teilte sich seit dem 14. Jh. in eine Vertretung des Hochadels (*House of Lords*) und eine Vertretung des niederen Adels und der Städte (*House of Commons*) auf.

***Parteien**: Vereinigung von Personen, die sich zur Durchsetzung politischer Ziele dauerhaft zusammenschließen. Die Anfänge der deutschen Parteien gehen auf die Wahlvereinigungen und politischen Klubs von 1848/49 zurück. Kennzeichen einer Partei sind: dauerhafte Organisation, Parteiprogramm (in dem die Ziele formuliert sind) und der Wille ihrer Mitglieder, in gewählten Volksvertretungen die Verhältnisse im Staat politisch mitzugestalten.

*****Perestroika**: → *Glasnost*

***Pharao**: zunächst Bezeichnung des Königspalastes im alten Ägypten; seit dem 2. Jt. v. Chr. einer der Titel des ägyptischen Herrschers. Pharaonen galten als göttlich. Sie waren die weltlichen und geistlichen Oberhäupter der alten Ägypter.

***Polis**: zunächst die griechische Bezeichnung für eine Burg und die dazugehörige Siedlung, ab etwa 800 v. Chr. für einen Ort, der aus einem städtischen Zentrum und Umland bestand. Das Zentrum war geschützter Wohnort, Sitz der Regierung und Mittelpunkt der religiösen Feiern (Tempel). Auf dem Umland wurde die Nahrung für die Einwohner angebaut. Im 5. Jh. v. Chr. gab es rund 700 griechische Stadtstaaten (*Poleis*).

***Polytheismus** (griech. *poly*: viel; *theos*: Gott): Glaube an viele Götter. Die alten Ägypter, Griechen und Römer verehrten mehrere Götter. Das Gegenteil zum Polytheismus ist der → *Monotheismus*.

***Pyramide**: über einer quadratischen Grundfläche mit dreieckigen, spitz zulaufenden Seiten errichtetes Grabmal. Grabanlagen dieser Art wurden von etwa 3000 bis 1500 v. Chr. in Ägypten allein für die Pharaonen (→ *Pharao*) erbaut, danach konnten auch andere Ägypter Pyramiden errichten lassen. Unabhängig von den ägyptischen Bauwerken entstanden später in Kambodscha, Mittel- und Südamerika Tempelpyramiden.

***Quellen**: alle Texte, Bilder und Sachgegenstände, aus denen wir Kenntnisse über die Vergangenheit gewinnen können. Sie sind die Grundlagen für die Geschichtsschreibung.

****Reformation** (lat. *reformatio*: Wiederherstellung, Zurückformung): von → *Luther* ausgehende Bewegung, die eine Glaubensreform zum Ziel hatte und in einer Spaltung der katholischen Kirche in verschiedene Glaubensbekenntnisse (*Konfessionen*) endete.

****Reichskirche**: Die mittelalterlichen deutschen → *Könige* bemühten sich, die Kirche in den Dienst des Reiches zu stellen. Sie setzten dazu Bischöfe, Äbte und Äbtissinnen in ihre Ämter ein (*Investitur*) und übertrugen ihnen Land aus dem Königsgut als Lehen (→ *Lehnswesen*). Diese hatten damit nicht nur geistliche Aufgaben zu erfüllen, sondern auch weltliche. Sie waren zu Diensten und Heeresfolge im Reich verpflichtet. Im 11./12. Jh. trug der → *Investiturstreit* zum Zerfall dieser Verhältnisse bei.

****Reichsstadt**: Stadt, die vom → *König* auf königlichem Grund oder auf Reichsland gegründet wurde. Die Reichsstädte waren anders als Landstädte nur dem König bzw. → *Kaiser* unterstellt, sie waren also reichsunmittelbar. Reichsstädte waren z. B. Augsburg, Frankfurt am Main, Hamburg, Nürnberg und Regensburg. Ihre besondere Stellung verloren sie erst beim Untergang des *Heiligen Römischen Reichs Deutscher Nation* 1806.

*****Reichstag**: Bezeichnung für die Volksvertretung (→ *Parlament*) des → *Deutschen Kaiserreichs*. Ihre Abgeordneten wurden nach dem allgemeinen, gleichen, geheimen und direkten Männerwahlrecht gewählt. Der Reichstag konnte Gesetzesanträge stellen und den Staatshaushalt (*Budget*) genehmigen. Reichskanzler und Reichsregierung waren aber dem Reichstag gegenüber nicht verantwortlich und der → *Kaiser* konnte ihn jederzeit auflösen.

****Renaissance**: moderner Begriff für die „Wiedergeburt" der Kunst und Kultur der → *Antike*, die seit 1300 von Italien ausging, bis etwa 1600 anhielt und die Kultur aller europäischen Staaten beeinflusste. In dieser Zeit machte sich der Mensch zum Mittelpunkt jeder Erfahrung, wurden zahllose Dinge erfunden, wurde die Sonne zum Zentrum der Welt erklärt, der Glaube infrage gestellt und Amerika entdeckt.

***Republik** (lat. *res publica*: öffentliche Angelegenheit): nach der Vertreibung der etruskischen Könige in Rom um 500 v. Chr. entstandene Staatsform mit jährlich wechselnder Regierung hoher Beamter. Mit → *Augustus* verloren Beamte, → *Senat* und Volksversammlung an Einfluss, die → *Kaiserzeit* begann. Seit der amerikanischen *Unabhängigkeitserklärung* (1776) und der Französischen Revolution (1789) wird der Begriff Republik für eine von der → *Monarchie* unterschiedene Staatsform gebraucht. Die → *Weimarer Verfassung* von 1919 machte das Deutsche Reich zu einer parlamentarischen Republik.

**Ritter: Sie gehörten zum niederen → *Adel* und leisteten den Waffendienst auf Pferden. Zu ihren Idealen gehörten eine christliche Lebensführung, Tapferkeit, Treue und Gerechtigkeit. Höhepunkt der ritterlichen Kultur stellt die Zeit der Staufer im 12. und 13. Jh.dar.

*Senat (lat. *senatus*: Rat erfahrener Politiker): Seine Mitglieder bestimmten die öffentlichen Angelegenheiten im alten Rom. Senatoren stammten vor allem aus vornehmen Familien (→ *Patrizier*) und waren vorher Regierungsbeamte.

***Soziale Frage: Bevölkerungswachstum, Massenarmut und -arbeitslosigkeit sowie Wohnungsnot kennzeichneten die Zeit vor und während der → *Industriellen Revolution*. Staat, Kirche, Unternehmer und Arbeitnehmer suchten nach Lösungen für diese sozialen Herausforderungen. Die von → *Bismarck* eingeführte → *Sozialgesetzgebung* (Sozialversicherungen) war ein Beitrag des Staates zur Lösung der Sozialen Frage.

***Sozialgesetzgebung: Kranken-, Unfall- und Altersversicherung. Sie wurden zwischen 1883 und 1889 im → *Deutschen Kaiserreich* eingeführt und waren die Antwort → *Bismarcks* auf die → *Soziale Frage*.
Die 1927 eingeführte Arbeitslosenversicherung und die 1995 gestartete Pflegeversicherung haben die Sozialgesetzgebung ergänzt.

***Sozialismus (lat. *socius*: Genosse): eine Wirtschafts- und Gesellschaftsordnung, die den staatlichen bzw. gemeinsamen Besitz der vorher privaten Unternehmen anstrebt, um so eine gerechtere Verteilung der Güter an alle Mitglieder der Gemeinschaft zu erreichen. Der Sozialismus zielt gegen die liberale Wirtschafts- und Gesellschaftsordnung (→ *Liberalismus*).

***Sozialistengesetz: von 1878 bis 1890 gültiges Ausnahmegesetz, um die → *Arbeiterbewegung* zu unterdrücken. Es verbot alle sozialdemokratischen, sozialistischen (→ *Sozialismus*) oder kommunistischen Vereine, Versammlungen und Schriften.

*Staatsreligion: eine von den Herrschern für ihre Untertanen festgelegte Form des Glaubens. Ende des 4. Jh. wurde das → *Christentum* im römischen Weltreich zur Staatsreligion erklärt.

**Stadtrecht: Weltliche und geistliche Herren gründeten im → *Mittelalter* Städte als Mittelpunkte für Handel und Landesausbau. In den Gründungsurkunden gewährten sie ihren → *Bürgern* besondere Rechte und Freiheiten (*Privilegien*), um Einwohner zu gewinnen. Diese zahlten im Gegenzug Steuern und Abgaben. Die Stadtrechte räumten den Bürgern dazu ein hohes Maß an Selbstverwaltung und Rechtsprechung ein.

**Ständewesen: Herkunft und Abstammung (Geburt) gliederten die mittelalterliche Gesellschaft (→ *Mittelalter*) in die drei Stände → *Adel*, Klerus (Bischöfe und Vertreter der Klöster) und → *Bürger* und Bauern. Diese Stände unterschieden sich durch jeweils besondere Pflichten, Vorrechte (*Privilegien*) und gesellschaftliche Funktionen (Beruf) sowie durch ihre besondere Lebensführung. Gegenüber dem Landesherrn beanspruchten die Vertreter der Stände ein Mitspracherecht (→ *Territorialstaat*).

**Territorialstaat (lat. *territorium*: Gebiet): Bezeichnung für ein Herrschaftsgebiet (Territorium), über das ein Landesherr ohne Einmischung eines anderen Herrn regierte. Die Landesherren waren allerdings im → *Mittelalter* auf die Zustimmung der Stände (→ *Ständewesen*), d. h. des → *Adels*, des Klerus (Vertreter der Klöster) und der Städte (→ *Bürger*), angewiesen, um ihre Kriege und aufwändige Hofhaltung bezahlen zu können. Sie versammelten die Ständevertreter daher auf Landtagen und gaben ihnen bestimmte Mitspracherechte, versuchten aber, diese Mitsprache so gering wie möglich zu halten (→ *Parlament*).

****UNO (*United Nations Organization*): Die Weltorganisation wurde 1945 in San Francisco als Nachfolgerin des → *Völkerbundes* gegründet. Ihr gehören inzwischen fast alle Staaten der Welt an. Ihre Hauptziele sind die Erhaltung des Friedens, Abrüstung und Garantie der → *Menschenrechte*; Sitz ist New York.

***Verfassung: Staatsgrundgesetz, das die politischen Rechte und Aufgaben der → *Könige*, Regierungen, Stände (→ *Ständewesen*) bzw. → *Bürger* festlegt. Zu den ersten Staatsgrundgesetzen zählen die *Magna Charta libertatum* (1215) und die *Bill of Rights* (1689); sie regeln die Beziehungen zwischen König und Ständevertretern (→ *Ständewesen*) bzw. → *Parlament* oder → *Reichstag* und halten deren Rechte und Freiheiten fest.

*****Vertrag von Maastricht: Das Abkommen von 1992 war ein Meilenstein auf dem Weg der → *Europäischen Einigung*. Der Vertrag erweiterte die Zuständigkeiten der Europäischen Gemeinschaft, machte den Weg frei für die Wirtschafts- und Währungsunion und kündigte eine gemeinsame Außen- und Sicherheitspolitik an.

***Vertrag von Versailles: Ergebnis der Pariser Friedenskonferenz von 1919, an der das Deutsche Reich und Sowjetrussland nicht teilnehmen durften. Der Vertrag wurde am 28. Juni 1919 im Spiegelsaal von Versailles unterzeichnet, trat am 10. Januar 1920 in Kraft und beendete – zusammen mit anderen Verträgen – formal den Ersten Weltkrieg. Er machte das Reich und seine Verbündeten verantwortlich für den Kriegsausbruch (*Art. 231*) und belastete es mit weitreichenden Forderungen wie Gebietsabtretungen und Reparationen. Die Alliierten bestanden auf eine vorbehaltlose Anerkennung des Vertrages. Die Bedingungen führten vor und nach der Unterzeichnung zu scharfen innenpolitischen Auseinandersetzungen im Reich.

***Völkerbund: durch den → *Vertrag von Versailles* 1920 gegründete internationale Organisation zur Wahrung des Friedens und zur Zusammenarbeit aller Völker mit Sitz in Genf. Der Völkerbund litt von Anfang an darunter, dass die Vereinigten Staaten von Amerika der Organisation nicht beitraten.

*****Volkssouveränität** (frz. *souveraineté*: oberste politische und militärische Macht im Staat): der während der → *Aufklärung* am Ende des 18. Jh. entwickelte Grundsatz, wonach das Volk Inhaber aller Staatsgewalt sei. Grundlage für Herrschaft sollten Wahlen und Abstimmungen sein. Die Volkssouveränität bildet eine Grundvoraussetzung für jede demokratische Ordnung (→ *Demokratie*).

******Währungsreform**: Einführung einer neuen Währung und Neuordnung des durch die Kriegsfinanzierung zerrütteten deutschen Geldwesens von 1948 durch die Siegermächte; in den westlichen → *Besatzungszonen* wurde die Deutsche Mark, in der Sowjetischen Besatzungszone die D-Mark (später Mark der DDR) eingeführt. Die unterschiedlichen Währungen vertieften die Teilung Deutschlands (→ *Deutsche Frage*).

******Warschauer Pakt** (*Warschauer Vertragsorganisation*): Das Bündnis bestand von 1955 bis 1991. Unter Führung der Sowjetunion fasste es alle militärischen Kräfte Osteuropas, einschließlich der DDR, gegen die → *NATO* zusammen.

******Weimarer Verfassung**: die 1919 von der in Weimar tagenden Nationalversammlung erarbeitete → *Verfassung*. Sie trat am 11. August 1919 in Kraft und machte das → *Deutsche Kaiserreich* zur → *Republik* und parlamentarischen → *Demokratie* (→ *Parlament*). Die Verfassung hatte einen umfangreichen Grundrechtekatalog (→ *Menschenrechte*) und wies dem → *Reichstag* eine zentrale Rolle im Gesetzgebungsverfahren zu. Trotzdem war der Reichspräsident das mächtigste Verfassungsorgan, da der Reichskanzler sein Vertrauen benötigte, er den Reichstag auflösen konnte und das Recht hatte, Notverordnungen zu erlassen. Dieses Nebeneinander von Präsidentenmacht und Parlamentsdemokratie führte zu Problemen.

****Westfälischer Friede**: Er beendete den Dreißigjährigen Krieg (1618-48). Durch ihn verlagerte sich das politische Schwergewicht vom *Heiligen Römischen Reich Deutscher Nation* auf die → *Territorialstaaten*, gleichzeitig gewannen andere europäische Mächte durch ihn mehr Einfluss auf die deutsche Politik.

******Westintegration**: die politische, wirtschaftliche, militärische und kulturelle Einbindung der Bundesrepublik nach 1945 in die westliche Welt (Westeuropa und die Vereinigten Staaten von Amerika). Als ihr Wegbereiter gilt der erste Bundeskanzler *Konrad Adenauer* (CDU).

******Widerstand**: allgemein die Bezeichnung für die Opposition gegen *Hitler* und den → *Nationalsozialismus*. Im engeren Sinne war Widerstand das Verhalten von Personen und Gruppen, die das NS-Regime als Ganzes ablehnten und beseitigen wollten. Höhepunkt des militärischen Widerstandes war der 20. Juli 1944. Zu den eindrucksvollsten Beispielen des zivilen Widerstands zählen der Versuch des Tischlers Georg Elser, Hitler am 9. November 1938 im Münchener Bürgerbräukeller umzubringen, und die Flugblattaktionen der „Weißen Rose“ von 1942/43.

Wo steht was?

*Auf den mit * gekennzeichneten Seiten sind die Begriffe erklärt. Das Grundwissen auf den Seiten 121 bis 132 wurde hier nicht mehr erfasst.*

Wer steht wo?

Das Grundwissen auf den Seiten 121 bis 132 wurde hier nicht mehr erfasst.

Lesetipps

Themenübergreifende Titel

Jacques LeGoff, Die Geschichte Europas. Frankfurt/Main: Campus ^{6}2007
Ein Historiker erzählt jungen Lesern die Geschichte Europas.

Manfred Mai, Weltgeschichte. München: dtv 2006
Ein anschaulicher Überblick unserer Geschichte von den Anfängen bis zur Gegenwart.

Manfred Mai, Europäische Geschichte. Mit einer Länderkunde der europäischen Staaten. München: Hanser 2007
Der Autor erzählt die europäische Geschichte von den Anfängen in der Antike bis zum Ringen um ein vereintes Europa.

Peter Zolling, Deutsche Geschichte von 1871 bis zur Gegenwart. Wie Deutschland wurde, was es ist. München: dtv 2007
Der Autor erzählt die deutsche Geschichte von der Reichsgründung bis zur Wiedervereinigung.

Deutsche Geschichte von den 1960er-Jahren bis heute

Barbara Bollwahn, Der Klassenfeind + ich. Stuttgart: Thienemann 2007
Einblicke in den DDR-Alltag zwischen 1984 und 1990.

Franziska Groszer, Rotz und Wasser. Eine Jugend in Ostberlin. München: Terzio 2007
Oli lebt in Ost-Berlin. Als seine Freundin Nana in den Westen verschwindet und seine Mutter immer stärker vom Staatssicherheitsdienst unter Druck gesetzt wird, erwacht er aus seiner Arglosigkeit.

Hermann Vinke, Die DDR. Eine Dokumentation mit zahlreichen Biografien und Abbildungen. Ravensburg: Ravensburger 2008
Illustriertes Jugendsachbuch.

Klaus Kordon, Krokodil im Nacken. Weinheim: Beltz ^{3}2006
Roman, der von der vergeblichen Republikflucht eines Mannes ausgeht und die deutsch-deutsche Nachkriegsgeschichte erzählt.

Waltraut Lewin, Mauersegler – Ein Haus in Berlin – 1989. Ravensburg: Ravensburger ^{4}2006
Erzählung, die an die Öffnung der Mauer erinnert.

Claudia Rusch, Meine freie deutsche Jugend. Frankfurt/Main: Fischer ^{2}2005
Die 1971 geborene Autorin berichtet über ihre Jugend in der DDR.

Peter Sis, Die Mauer. Wie es war, hinter dem Eisernen Vorhang aufzuwachsen. München: Hanser 2007
Illustrierter Bericht über das Leben in der DDR.

Anne C. Voorhoeve, Lilly unter den Linden. Ravensburg: Ravensburger 2008
Nach dem Tod ihrer Mutter will Lilly 1988 zu ihrer Tante nach Jena. Sie entdeckt für sich die Geschichte zwischen Ost und West.

Europa und die Welt von den 1960er-Jahren bis heute

Ghazi Abdel-Qadir, Die sprechenden Steine. Roman für Kinder. Weinheim: Beltz 1998
Leben und Alltag in einem Dorf auf der Westbank aus der Sicht eines zwölfjährigen palästinensischen Jungen während der ersten Intifada.

Suad Amiry, Sharon und meine Schwiegermutter. Tagebuch vom Krieg aus Ramallah, Palästina. Frankfurt/Main: Fischer 2004
Eine Architektin aus Palästina führt Tagebuch in Zeiten der israelischen Militärbesatzung.

Suad Amiry, Wenn dies das Leben ist. Frankfurt/Main: Fischer 2006
Geschichten aus Palästina.

Chen Danyan, Neun Leben. Eine Kindheit in Shanghai. Zürich: Nagel & Kimche 1995
Eine Journalistin erzählt von ihrer Kindheit und Jugend während der Kulturrevolution.

Zlata Filipovic, Ich bin ein Mädchen aus Sarajevo. Bergisch-Gladbach: Lübbe ^{3}2004
Die Tagebucheintragungen der zwölfjährigen Zlata beschreiben den Kriegsalltag.

David Grossmann, Diesen Krieg kann keiner gewinnen. Chronik eines angekündigten Friedens. Frankfurt/Main: Fischer 2000
Ein israelischer Schriftsteller setzt sich mit dem Israel-Palästina-Konflikt auseinander und erklärt aus seiner Sicht Zusammenhänge.

Khaled Hosseini, Drachenläufer. Berlin: Berliner Taschenbuchverlag 2007
Roman über eine tragische Jungenfreundschaft im afghanischen Kabul in den 1970er-Jahren.

Xavier L. Petit, Kriegskind. Frankfurt/Main: Fischer 2005
Über den Alltag im Balkankrieg.

Amal Rifái/Odelia Ainbinder, Wir wollen beide hier leben. Eine schwierige Freundschaft in Jerusalem. Berlin: Rowohlt 2007
Zwei siebzehnjährige Mädchen, die beide in Jerusalem leben, eine muslimische Palästinenserin und eine jüdische Israelin, versuchen sich in Gesprächen, Briefen und E-Mails näher zu kommen.

Martin Schäuble/Noah Flug, Die Geschichte der Israelis und Palästinenser. München: Hanser 2007
Zeitzeugen auf beiden Seiten berichten von ihrer leidvollen Geschichte und ihrem Leben im permanenten Ausnahmezustand.

Ange Zhang, Rotes Land Gelber Fluss. Eine Geschichte aus der chinesischen Kulturrevolution. München: Hanser 2007
Ein Künstler erzählt von seiner Jugend unter der maoistischen Diktatur.

Abkürzungen

APO	Außerparlamentarische Opposition
B 90/Grüne	Bündnis 90/Die Grünen
BRD	Bundesrepublik Deutschland
CDU	Christlich-Demokratische Union
COMECON	→ *RGW*
CSU	Christlich-Soziale Union
DDR	Deutsche Demokratische Republik
DM	Deutsche Mark
DVP	Demokratische Volkspartei
EAG	Europäische Atomgemeinschaft (Euratom)
EEA	Einheitliche Europäische Akte
EG	Europäische Gemeinschaft
EGKS	Europäische Gemeinschaft für Kohle und Stahl (Montanunion)
EU	Europäische Union
EWG	Europäische Wirtschaftsgemeinschaft
FDGB	Freier Deutscher Gewerkschaftsbund
FDJ	Freie Deutsche Jugend
FDP	Freie Demokratische Partei
GG	Grundgesetz für die Bundesrepublik Deutschland
GUS	Gemeinschaft Unabhängiger Staaten
IM	Inoffizieller Mitarbeiter des → *MfS*
IWF	Internationale Währungsfonds
KPCh	Kommunistische Partei Chinas
KPD	Kommunistische Partei Deutschlands
KPDSU	Kommunistische Partei der Sowjetunion
KSZE	Konferenz über Sicherheit und Zusammenarbeit in Europa
KZ	Konzentrationslager
MfS	Ministerium für Staatssicherheit
NATO	North Atlantic Treaty Organization (Nordatlantische Verteidigungsgemeinschaft)
NVA	Nationale Volksarmee
OEEC	Organisation für Europäische Wirtschaftliche Zusammenarbeit
OECD	Organisation für Wirtschaftliche Zusammenarbeit und Entwicklung
OIC	Organization of the Islamic Conference (Organisation der Islamischen Konferenz)
OSZE	Organisation für Sicherheit und Zusammenarbeit in Europa
PDS	Partei des Demokratischen Sozialismus
PLO	Palestine Liberation Organization (Palästinensiche Befreiungsbewegung)
RGW	Rat für Gegenseitige Wirtschaftshilfe
SALT	Strategic Arms Limitation Talks (Verhandlungen über die Beschränkung strategischer Nuklearwaffen)
SBZ	Sowjetische Besatzungszone
SEATO	South-East-Asia Treaty Organization
SMAD	Sowjetische Militäradministration in Deutschland
START	Strategic Arms Reduction Talks (Verhandlungen über den Abbau strategischer Rüstungssysteme)
Stasi	Staatssicherheit; Ministerium für Staatssicherheit
UdSSR	Union der Sozialistischen Sowjetrepubliken
UNO	United Nations Organization (Vereinte Nationen)
USA	Vereinigte Staaten von Amerika
WVO	Warschauer Vertragsorganisation (Warschauer Pakt)

Textnachweise für die Auftaktseiten

Seite 7 Erstes Zitat: Archiv der Gegenwart 33 (1963), Seite 10620 f.
Zweites Zitat: Auswärtiges Amt (Hrsg.), Außenpolitik der Bundesrepublik Deutschland. Eine Dokumentation, Bonn 1989, Seite 253.
Drittes Zitat: Geschichte. Lehrbuch für Klasse 10, Berlin (Ost) 1983, Seite 218.

Seite 47 Erstes Zitat: www.berlin.de/berlin-im-ueberblick/geschichte/mauerfall.de.html
Zweites Zitat: Hans Georg Lehmann, Deutschland-Chronik 1945 bis 1995, Bonn 1995, Seite 357.
Drittes Zitat: www.tagesspiegel.de/politik/div/;art771,2221648

Seite 71 Erstes Zitat: Marie-Louise von Plessen (Hrsg.), Idee Europa. Entwürfe zum „Ewigen Frieden“, Berlin 2003, Seite 367.
Zweites Zitat: Thomas Meyer, Die Identität Europas. Der EU eine Seele?, Frankfurt a. M. ^{2}2004, Seite 228 f. und 231.

Bildnachweis

Amnesty International, Bonn – S. 89; Argum / Thomas Einberger, München – S. 114; The Associated Press GmbH, Frankfurt – S. 88; Atlas der Globalisierung, Berlin 2007, S. 62 – S. 92; Bayerische Staatsbibliothek, München – S. 20; Bündnis 90 / Die Grünen – Bundesgeschäftsstelle, Berlin – S. 27; Bundesarchiv, Koblenz – S. 21; Der Bundesbeauftragte für die Unterlagen des Staatssicherheitsdienstes der ehemaligen Deutschen Demokratischen Republik, Berlin – S. 41, 43, 65; Bundeszentrale für politische Bildung / Informationen zur politischen Bildung Nr. 278/2003 – S. 28, 84, 85; C C C - Cartoon-Caricature-Contor, Pfaffenhofen a.d. Ilm – S. 48, 67, 72, 118, 120; J. H. Darchinger, Bonn – S. 26; Deutsches Historisches Museum, Berlin – S. 19, 24, 28, 31, 39, 58 (2), 60, 62; DIZ – Süddeutscher Verlag/Bilderdienst, München – S. 11, 18; dpa Picture-Alliance, Frankfurt – S. 17 (2), 19, 22, 50, 53, 61, 68, 80, 82, 86, 88, 90, 95; Edition Staeck, Heidelberg – S. 25; Milliyet Gazetesi – S. 77; Globus Infografik, Hamburg – S. 74; Anne Gold, Aachen – S. 70/71; Bodo Harenberg (Hrsg.), Chronik Bayerns, Dortmund 1987 – S. 102 (4); Haus der Bayerischen Geschichte, Augsburg – S. 115; Haus der Geschichte, Bonn – S. 52; Institut für Zeitungsforschung, Dortmund – S. 8, 9, 29, 32, 35; Matthias Judt (Hrsg.),DDR-Geschichte in Dokumenten. Beschlüsse, Berichte, innere Materialien und Alltagszeugnisse, Berlin 1997, S. 545 – S. 56; Keystone Pressedienst, Hamburg – S. 51, 57; Birgit Kinder, Erkner – Einband; Markus Knebel, Bamberg – S. 111; Nato Media Library, Brüssel – S. 93; The New York Times, New York – S. 94; Ostfoto Jürgens, Berlin – S. 42, 51; Presse- und Informationsamt der Bundesregierung, Berlin – S. 34, 36; Jürgen Ritter, Berlin – S. 46/47; Michael Ruetz, Berlin – S. 38; Ruhrlandmuseum, Essen – S. 113, 116; Borislav Sajtinac / VG-Bild, Bonn – S. 78; Erich Schmidt Verlag, Berlin – S. 73; Tom Sello, Berlin – S. 27; Sven Simon, Berlin – S. 23, 33; ; Der Spiegel, Hamburg – S. 33, 54, 96; Staatsbibliothek, Bamberg – S. 105, 106, 107, 108; Stadtarchiv, Erlangen – S. 112; Stadtmuseum Deggendorf / Fotosammlung Martin Regner, Deggendorf – S. 113; Karl Stehle, München – S. 104; TIME – S. 90; Transit/Peter Hirth, Leipzig – S. 64; Manfred Treml, Geschichte des modernen Bayern. Königreich und Freistaat, München, 3.Aufl. 2006, S. 293 – S. 104; Ullstein-Bild, Berlin – S. 81, 114; UN Photo Library, New York – S. 97, 100.

Trotz entsprechender Bemühungen ist es uns nicht in allen Fällen gelungen, den Rechtsinhaber ausfindig zu machen. Gegen Nachweis der Rechte zahlt der Verlag für die Abdruckerlaubnis die gesetzlich geschuldete Vergütung.

Denkmäler untersuchen

Denkmäler (Mahnmale) erinnern nicht nur an eine Person oder ein Ereignis. Sie berichten auch über die Vorstellungen der Menschen, die sie geplant, entworfen und bezahlt haben. Daher lohnt es sich, ihre Entstehungszeit und -geschichte, ihren Typ, ihre Gestaltung, Lage und Wirkung zu untersuchen.
Berücksichtige folgende Untersuchungsschritte:

1. Beschreibe Aussehen, Größe, Erscheinungsform und Lage des Denkmals.
2. Bestimme den Denkmalstyp (Standbild, Mahnmal, Sieges-, Helden- oder Nationaldenkmal).
3. Wer gab den Auftrag und wie wurde es finanziert?
4. Wann wurde das Denkmal errichtet und eingeweiht?
5. Kläre die verwendeten Symbole und Figuren.
6. Welche Funktion hatte das Denkmal in seiner Entstehungszeit?
7. Welche Wirkung sollte es erzielen?
8. Welche Bedeutung hat es heute?

Plakate erklären

Parteien setzen seit Langem besonders im Wahlkampf Plakate ein, um für ihre Ziele zu werben. Sie werden vor allem dort geklebt und aufgehängt, wo täglich viele Menschen vorbeikommen – an befahrenen Straßen, auf Bahnhöfen und in Stadtzentren.
Plakate werden meist so gestaltet, dass sie auffallen und auf den ersten Blick wirken. Die Texte sind in der Regel kurz – sie sollen sich schon beim flüchtigen Lesen einprägen. Die Gestaltung und die Texte von Plakaten enthalten interessante Informationen über die Zeit, in der sie entstanden sind. Insofern sind sie historische Quellen. Aus ihnen erfahren wir etwas über die Parteien und ihre politischen Vorstellungen.

Karikaturen analysieren

Politische Karikaturen sind gezeichnete Kommentare zu Ereignissen oder zu Entscheidungen von Politikern. Anders als Journalisten melden sich Karikaturisten in einer Zeitung nicht mit einem längeren Text, sondern mit einer Skizze zu Wort. Oft setzen sie eine erläuternde Textzeile unter ihre Karikatur oder sie legen einer Figur eine Äußerung in den Mund. Karikaturen vereinfachen oder verzerren die Wirklichkeit, um etwas hervorzuheben.
Sie zeigen Schwächen von Personen, bemängeln Zustände und Entwicklungen. Um Karikaturen als historische Quelle auswerten zu können, solltest du zunächst beschreiben, wer oder was auf welche Weise dargestellt ist. Kläre, in welchem politischen Zusammenhang die Zeichnung entstanden ist und woher sie kommt.

1. Was wollen die Zeichner ausdrücken?
2. Welche Darstellungsmittel wenden sie an?
3. Lassen sich politische Standorte bestimmen?
4. Überlege, welche Wirkungen die Karikaturen erzielt haben könnten.

Fotos untersuchen

Wir müssen den Quellenwert eines Fotos prüfen, denn es gibt viele Möglichkeiten, es zu bearbeiten: Es können unerwünschte Bildteile entfernt, bestimmte Inhalte vergrößert oder so retuschiert werden, dass sie eine Wirklichkeit vortäuschen. Durch die digitale Bildbearbeitung ist diese Gefahr noch gewachsen.
Bei der Deutung eines Fotos können dir diese Anregungen und Fragen helfen:

1. Beschreibe, wer oder was abgebildet ist.
2. Lässt sich bei genauem Hinsehen mehr über die Situation und den Zeitpunkt der Aufnahme erkennen, als dir die Legende mitteilt?
3. Für wen und in welcher Absicht könnte das Foto gemacht worden sein?
4. Wurde eine bestimmte Perspektive gewählt oder nur ein Ausschnitt vergrößert? Warum?
5. Lassen sich Hinweise auf nachträgliche Veränderungen erkennen?
6. Legt das Foto eine bestimmte Deutung einer Person oder eines Ereignisses nahe?
7. Inwiefern bereichert das Foto unsere Kenntnisse über die Vergangenheit?
8. Dient die Wiedergabe eines Fotos einer bestimmten Deutung der Geschichte, die über das Abgebildete hinausgeht?

Siehe dazu die Beispiele auf den Seiten 11 und 33.

Was zeigen Filme?

Filme sind historische Quellen. Alle Filmgattungen (Spiel-, Dokumentar-, Historien- und Unterrichtsfilme, aber auch Mischformen aus Spiel- und Dokumentarfilmen) bieten zum einen Einblicke in die dargestellte Zeit und zum anderen Hinweise aus der Zeit, in der sie produziert wurden. Gleichzeitig drücken sie die Vorstellungen der Filmemacher aus.
Da Filme zum Teil durch Steuervorteile und Wettbewerbe gefördert werden oder – wie in der DDR – durch staatliche Lenkung oder Zensur beeinflusst wurden, zeigen sie oft eine bestimmte Weltanschauung. Um das zu erkennen, müssen wir genau hinsehen und hinhören und uns auch aus anderen Quellen informieren.
Wie bei jeder Quelle sind die im Film vermittelten Informationen zu prüfen. Dabei ist auf spezifische Mittel dieses Mediums zu achten.

Fachliteratur finden und nachweisen

Wenn du ein Thema gründlich erarbeiten und darüber ein Referat halten sollst, benötigst du Fachliteratur. In der Bibliothek sind Bücher alphabetisch in einem Verfasser- und in einem Sachkatalog aufgelistet. Auf einer Karteikarte oder einem Bildschirm erhältst du Angaben über Verfasser, Erscheinungsort und -jahr sowie die Signatur: eine Folge von Zahlen und Buchstaben, mit denen das Werk in der Bibliothek eingetragen und leicht auffindbar ist.
Findest du zu deinem Thema mehr Bücher, als du auswerten kannst, musst du einige auswählen. Prüfe anhand des Inhaltsverzeichnisses, der Einführung und/oder der Zusammenfassungen, ob das Buch für dich ergiebig sein könnte. Benutze im Zweifel das neueste.
Hast du ein Buch für dein Referat verwendet, nennst du es am Schluss deines Textes. So weist du nach, woher du dein Wissen hast. Also schreibe dir genau auf, welche Bücher du gelesen hast. Aussagen, die du wörtlich oder indirekt zitierst, belegst du mit Seitenangaben. So kann jeder deine Aussagen im Zusammenhang nachlesen und überprüfen. *Achtung*: Auch Informationen aus dem Internet musst du nachweisen!
Und so sieht eine korrekte *Literaturangabe* aus:

Vorname und Name des Autors
Titel

Ingrid Gilcher-Holtey, Die 68er-Bewegung. Deutschland – Westeuropa – USA, München [4]*2008*

Verlagsort
Jahr der Veröffentlichung
Angabe der Auflage

Ein Beitrag in einem *Sammelband* wird so nachgewiesen:

Vorname und Name des Autors
Titel
Vornamen und Namen der Herausgeber des Sammelbandes

Arthur Marwick, Die 68er Revolution, in: Peter Wende (Hrsg.), Große Revolutionen der Geschichte. Von der Frühzeit bis zur Gegenwart, München 2000, S. 312-332

Seitenangabe
Titel des Sammelbandes
Verlagsort
Jahr der Veröffentlichung

Manchmal findest du neue Erkenntnisse in einem *Zeitschriften- oder Zeitungsaufsatz*; dann zitierst du so:

Vorname und Name des Verfassers
Aufsatztitel

Michael Lühmann, Geteilt, ungeliebt, deutungsschwach? Die 68er-Generation in der DDR, in: Deutschland Archiv. Zeitschrift für das vereinigte Deutschland, 41. Jg. (2008), H. 1, S. 102-107.

Name der Zeitschrift
Jahrgang
Heft
Seitenangabe

Zitierst du mehrere Werke, solltest du die Angaben alphabetisch nach den Nachnamen der Verfasser oder der Herausgeber ordnen.

Im Archiv forschen

Vor allem für lokal- und regionalgeschichtliche Themen findest du Material im Archiv. Das ist ein Ort, an dem alte Akten, Zeitungen, Flugblätter, Protokolle, Briefe, Tagebücher, Fotos und andere Unterlagen von Behörden, Firmen, Vereinen und Privatleuten aufbewahrt werden.
Voraussetzung für die vertiefende Arbeit im Archiv sind Grundkenntnisse des Themas. Wenn du weißt, welche Aspekte du bearbeiten willst, solltest du dazu Fragen formulieren. Dann ermittelst du, welches Archiv darüber Material besitzt.
Kläre per Telefon mit den Mitarbeitern des Archivs dein Anliegen und vereinbare einen Besuchstermin. Beachte die Verhaltens- und Benutzungsregeln im Archiv. Zögere nicht, die Experten um Rat zu fragen.
Hast du das Erhoffte gefunden, mache dir umfassende Notizen – immer mit genauer Quellenangabe. Wahrscheinlich darfst du die Akten gar nicht oder nicht selbst kopieren. Auch eine Ausleihe ist nicht üblich. Nach der Rückkehr aus dem Archiv muss das gesammelte Material gesichtet, geordnet und zu einer gegliederten, gut verständlichen Darstellung verarbeitet werden.

Zeitzeugen befragen

Über noch nicht so lange zurückliegende Ereignisse kannst du Betroffene, Handelnde oder Zuschauer befragen. Du findest sie in der Familie, in der Bekanntschaft, in Parteien oder im Internet.
Beachte: Jeder Gesprächspartner kann dir nur aus seiner persönlichen Sicht berichten. Ein anderer Zeitzeuge hat vielleicht dieselben Ereignisse anders wahrgenommen. Vergleiche daher die Aussagen mit anderen Quellen.

Siehe dazu auch Seite 59.